Business-Software

ERP, CRM, EAI, E-Business - eine Einführung

von

Carsten Dorrhauer und Andrej Zlender

Tectum Verlag
Marburg 2004

Dorrhauer, Carsten/Zlender, Andrej:
Business-Software.
ERP, CRM, EAI, E-Business - eine Einführung.
/ von Carsten Dorrhauer
- Marburg : Tectum Verlag, 2004
ISBN 978-3-8288-8628-5

Tectum Verlag
Marburg 2004

Inhaltsverzeichnis

Vorwort.. **11**

1 Einführung **13**

1.1 Betriebswirtschaftliche Software...................................... 13

1.2 Individual- und Standardsoftware.................................... 14

    1.2.1 Die Bedeutung von Standard- und Individualsoftware.......... 14

    1.2.2 Anpassung von Standardsoftware 17

    1.2.3 Argumente für und gegen den Einsatz von Standard- und
    Individualsoftware... 18

    1.2.4 Die Auswahl von Standardsoftware 24

    1.2.5 Auswahlkriterien für betriebswirtschaftliche Software 25

1.3 Kategorien betriebswirtschaftlicher Software 29

2 Marktüberblick **33**

2.1 Marktentwicklung 33

    2.1.1 Siebziger Jahre: die ersten Standardanwendungen 33

    2.1.2 Achtziger Jahre: die ersten ERP-Systeme..................... 34

    2.1.3 Neunziger Jahre: Konsolidierung der ERP-Anbieter............. 36

    2.1.4 Heute: eine Vielzahl von Softwarekategorien.................... 39

2.2 Dienstleistungen im Umfeld betriebswirtschaftlicher Software 40

    2.2.1 Übersicht 40

    2.2.2 Application Service Provision (ASP) 42

2.3 Einige wichtige Anbieter 43

    2.3.1 SAP 43

    2.3.2 Oracle.. 44

2.3.3   Peoplesoft... 44

2.3.3.1 Unternehmensgeschichte 44

2.3.3.2 J.D.Edwards 45

2.3.4   Navision, Great Plains, Microsoft 46

2.4   Informationsquellen 47

3   Systemeinführung 49

3.1   Einführungsstrategien 49

3.1.1   Modulare Einführung 49

3.1.2   Bereichsweise Einführung 50

3.1.3   "Big Bang" 50

3.2   Vorgehensmodelle für den Projektablauf 51

3.2.1   Projektphasen nach Steffens' OrgIS-Vorgehensmodell 51

3.2.2   Vorgehensmodelle der Softwarehäuser 52

3.2.3   Business-Process-Reengineering und verwandte Konzepte . 53

3.2.4   Vorgehensmodelle des Software Engineering 54

3.3   Projektplanung und -management 54

4   Architekturen betriebswirtschaftlicher Software 55

4.1   Gegenstand und Konsequenzen der Systemarchitektur 55

4.2   Einzelplatzsysteme 56

4.3   Hostbasierte Systeme 57

4.4   Client/Server-Systeme 59

4.4.1   Grundlagen 59

4.4.2   Client 60

4.4.3   Applikationsserver 61

4.4.4   Datenbankserver 61

4.4.5   Architekturen 62

4.4.5.1 Zweistufig, Thin-Client 62

4.4.5.2 Zweistufig, Fat-Client 64

4.4.5.3 Dreistufig, Thin-Client 65

4.4.5.4 Dreistufig, Fat-Client 66

4.4.5.5 n-stufig 67

4.4.6   Architekturvarianten 69

4.4.6.1   Datennahe Logik auf dem Datenbankserver 70

4.4.6.2   Mobiler Code 71

4.4.6.3   Web-Client 71

4.4.6.4   Lose Kopplung 73

5   Enterprise-Resource-Planning (ERP) 75

5.1   Basistechnologie 75

5.1.1   Plattformen 75

5.1.1.1   Betriebssysteme 75

5.1.1.2   Datenbanken 76

5.1.2   Installation 76

5.1.3   Releasewechsel 77

5.1.4   Schnittstellen 78

5.1.5   Entwicklungsumgebung 81

5.1.6   Laufzeitumgebung 82

5.1.7   Administration 84

5.2   Funktionsüberblick 85

6   Customer-Relationship-Management (CRM) 89

6.1   Gegenstand von CRM-Systemen 89

6.1.1   IT-Systeme im Vertrieb 89

6.1.2   Ein Beispiel für eine intakte Kundenbeziehung 90

6.2   Funktionen von CRM-Systemen 91

6.2.1   Unterstützung aller Vertriebsphasen 91

6.2.2   Unterstützung aller Kombinationen von
          Anwendungsbereichen und Kundenkontaktkanälen 94

6.2.3   Beispiele für konkrete Anwendungen 96

6.3   Technologie 97

6.4   Integration mit ERP-Systemen 99

6.5   Marktentwicklung 102

6.5.1   Nachfrage 102

6.5.2   Angebot 102

5

6.6   Einige wichtige Anbieter 103

   6.6.1   Peoplesoft/Vantive 103

   6.6.2   SAP 103

   6.6.3   Siebel... 104

   6.6.4   Weitere Anbieter... 105

6.7   Auswahlkriterien für CRM-Systeme................................... 106

7   Enterprise-Application-Integration (EAI)................... 109

7.1   Einsatzzweck.. 109

7.2   Einsatzbeispiele... 110

   7.2.1   Neue Front-End-Anwendung................................... 110

   7.2.2   Integration der Back-End-Landschaft....................... 111

      7.2.2.1   Integration mittels EAI................................. 111

      7.2.2.2   Proprietäre Schnittstellen als Alternative bei homogenen Systemlandschaften 113

   7.2.3   Mergers & Acquisitions.. 114

7.3   Funktionen.. 114

7.4   Technologie 119

7.5   Exkurs: Sind Web-Services u.ä. eine Alternative zu EAI? 120

7.6   Kategorien von Systemintegration..................................... 122

   7.6.1   Nach den zu integrierenden Systemen 122

   7.6.2   Nach der Integrationsebene 123

   7.6.3   Nach dem Objekt der Integration 125

   7.6.4   Nach der Mittelbarkeit der Kommunikation 126

   7.6.5   Nach der Synchronisierung der Kommunikation....... 126

   7.6.6   Nach der Schreibberechtigung der Systeme für bestimmte Daten 127

   7.6.7   Nach dem Ort der Konvertierung 129

   7.6.8   Nach der Anzahl der beteiligten Systeme 129

   7.6.9   Nach der Heterogenität der beteiligten Systeme...... 129

   7.6.10   Intra-Enterprise vs. Inter-Enterprise 129

   7.6.11   Funktionsaufrufe vs. Nachrichten............................ 130

7.7   Marktentwicklung 130

7.8   Auswahlkriterien für EAI-Systeme 133

8   B2B-Systeme 135

8.1   E-Business 135

8.1.1   Gegenstand des E-Business 135
8.1.2   Kategorien elektronischer Geschäfte 137

8.2   Elektronische Marktplätze 138

8.2.1   Aufgabe elektronischer Marktplätze 138
8.2.2   Anforderungen an elektronische Marktplätze 140

8.3   E-Procurement 141

8.4   Unternehmensübergreifende Geschäftsprozesse 144

8.4.1   Austausch von elektronischen Geschäftsdokumenten 144
8.4.2   RosettaNet 145
8.4.3   ebXML 146

8.5   E-Selling 147

8.6   Marktentwicklung 148

9   B2C-Systeme: Online-Shops 151

9.1   Mögliche Architekturen für Online-Shops 151

9.2   Benutzer 153

9.3   Funktionen 153

9.4   Zahlung 154

10   Portale 157

10.1   Architektur 157

10.2   Funktionen 158

11   Web-Application-Server 161

11.1   Der Zweck von Web-Application-Servern 161

11.2   Java 2 Enterprise Edition (J2EE) 162

7

11.3 Funktionen von Web-Application-Servern 164

11.4 Anbieter 165

12 Supply-Chain-Management 167

12.1 Der Begriff des Supply-Chain-Management 167

12.2 Das Supply Chain Operation Reference (SCOR) - Modell 171

12.3 Supply-Chain-Management-Systeme im Überblick 173

    12.3.1 Aufbau und Typen von SCM-Systemen 173
    12.3.2 Marktüberblick 176

13 Data-Warehouse-Systeme 181

13.1 Datenanalysen in Unternehmen 181

13.2 Der Begriff des Data-Warehouse 182

13.3 Multidimensionale Auswertungen 186

13.4 Das SAP Business Warehouse 188

14 Praktische Anwendungen am Beispiel SAP R/3 ... 193

14.1 R/3-Grundlagen 193

    14.1.1 Funktionaler Aufbau des Systems SAP R/3 193
    14.1.2 Die SAP R/3 – Modellfirma IDES 195
    14.1.3 Systemzugang zum SAP R/3 196
    14.1.3.1 Voraussetzungen für einen SAP R/3-Systemzugang 196
    14.1.3.2 Anmelden an das SAP R/3 – System 197
    14.1.3.3 Abmelden vom SAP R/3 – System 197
    14.1.3.4 Die Benutzeroberfläche von SAP R/3 198

14.2 Beispielprozeß: Kundenauftragsabwicklung mit SAP R/3 200

    14.2.1 Betriebswirtschaftliche Grundlagen 200
    14.2.1.1 Unternehmensfunktionen 200
    14.2.1.2 Der betriebswirtschaftliche Umsatzprozeß 202
    14.2.2 SAP-Planungsstrategien 203
    14.2.3 IDES-Beispielprozeß: Kundenauftragsabwicklung mit Endmontage (Montageauftrag) 206
    14.2.3.1 Kundenauftrag anlegen 208

14.2.3.2 Bedarf aus Sicht der Bedarfsplanung überprüfen 209

14.2.3.3 Montageauftrag rückmelden 210

14.2.3.4 Abrechnung des Fertigungsauftrags kontrollieren 210

14.2.3.5 Lieferung anlegen 210

14.2.3.6 Faktura anlegen 210

14.2.3.7 Kosten und Erlöse des Kundenauftrags kontrollieren 211

14.2.3.8 FI-Beleg ausziffern 211

14.2.3.9 Belegflußanzeige im Vertrieb 211

15   Literatur 213

15.1   Betriebswirtschaftliche Grundlagen 213

15.2   Speziellere Literatur zu einzelnen Themen 213

15.3   Speziellere Literatur zu einzelnen Systemen 214

Vorwort

Will man eine Einführung in betriebswirtschaftliche Software im Rahmen einer einsemestrigen, zweistündigen Veranstaltung geben, so gibt es zwei grundsätzliche Möglichkeiten: Entweder gibt man einen detaillierten Einblick in die Anwendung eines beispielhaft ausgewählten Standardsoftwaresystems, vermittelt die zur Bedienung notwendigen Grundkenntnisse, beschränkt sich aber zwangsläufig auf einen kleinen Ausschnitt aus der zur Verfügung stehenden Funktionalität. Oder man gibt einen breiten Überblick über den Markt betriebswirtschaftlicher Anwendungssysteme, die Funktionen, die sie bieten, die zugrundeliegende Technologie und die wichtigsten Anbieter. Ersteres hat den Vorzug, daß die Leser und Studenten in die Lage versetzt werden, Systeme, die sie in der Praxis antreffen, im besten Fall unmittelbar zu bedienen. Letzteres vermittelt ihnen ein grundlegendes Verständnis, befähigt sie, an fachlichen Diskussionen teilzunehmen und Artikel der Fachpresse zu verstehen und einzuordnen. Hier soll letzterer Weg eingeschlagen werden.

Zielgruppe dieser Veröffentlichung sind dementsprechend alle Interessierten, die bislang nicht mit betriebswirtschaftlicher Software in Berührung gekommen sind und diejenigen, die nur mit einer der hier vorgestellten Softwarekategorien arbeiten und sich gerne einen Überblick über neuere Entwicklungen auf den anderen Gebieten verschaffen möchten. Es ist auffällig, daß viele ERP-Spezialisten zwar großes Interesse an EAI, CRM oder E-Business haben, aufgrund ihrer beruflichen Beanspruchung aber nicht die Zeit finden, sich anhand spezialisierter, ins Detail gehender Werke in diese Themenfelder einzulesen. Ihnen soll hier ein Einstieg an die Hand gegeben werden. Angehörige dieser Zielgruppe werden die einleitenden ersten drei Kapitel überspringen können und sich gleich dem Spezialgebiet zuwenden, das ihr besonderes Interesse findet.

Diese Veröffentlichung entstand auf der Grundlage einer Vorlesung an der Fakultät für Mathematik und Informatik der Universität Mannheim. Ziel ist es, den Studenten im Bachelor-Studiengang Software- und Internettechnologie, deren Studienplan ansonsten im wesentlichen Informatikinhalte vorsieht, die betriebswirtschaftlichen Anwendungsmöglichkeiten der von ihnen beherrschten Technologien nahezubringen. Damit ist die zweite Zielgruppe definiert: Studenten und Absolventen von Informatikstudiengängen, die mehr über wirtschaftlich bedeutende Einsatzfelder der IT in den Unternehmen erfahren möchten.

Die Kapitel 1 bis 11 stammen von Carsten Dorrhauer, die Kapitel 12 bis 14 von Andrej Zlender.

Mannheim, im Herbst 2003

Dr.rer.pol. Carsten Dorrhauer

Dipl.-Kfm. Andrej Zlender

1 Einführung

1.1 Betriebswirtschaftliche Software

Schon immer haben technische Entwicklungen dazu beigetragen, die Erstellung von Produkten zu verbessern, zu vereinfachen, zu verbilligen und zu beschleunigen. So wie seit Jahrhunderten Maschinen die Produktion mehr und mehr automatisieren, können wir seit einigen Jahrzehnten beobachten, daß automatisierte Systeme der Informationstechnik menschliche Arbeit in der Administration unterstützen und ersetzen. Durch ihren Einsatz steigt die Produktivität administrativer Tätigkeiten: Eine gegebene Menge an Geschäftsvorfällen kann von weniger Mitarbeitern in kürzerer Zeit bewältigt werden. Informationen werden zuverlässiger oder überhaupt erst verfügbar.

Wo Informationstechnik (IT) zur Unterstützung betriebswirtschaftlicher Aufgaben zum Einsatz kommt, da ist Software ihr wesentliches Gestaltungselement. Während Systemsoftware anwendungsunabhängig Funktionen wie Hardwarezugriff, Datenbankverwaltung und Laufzeitumgebung zur Verfügung stellt, muß sich Anwendungssoftware unmittelbar an den Anforderungen der Unternehmen orientieren. Der Umfang an Funktionen, der dem Anwendungsentwickler systemseitig zur Verfügung gestellt wird, hat sich im Lauf der Zeit mehr und mehr erhöht. Neben das Betriebssystem traten Datenbank, Applikations- und Webserver, Entwicklungsumgebungen, Klassenbibliotheken für bestimmte Einsatzfelder und mehr. Die dahinter stehende Technologie hat sich im Vergleich zu anderen Wirtschaftsbereichen rasant entwickelt: Erste IT-Anwendungen im Unternehmen basierten noch auf Lochkarten und nächtlichen Batch-Läufen, später auf Dialogsystemen mit Großrechnern und Terminals. Heute kommen PCs und Server, objektorientierte Methoden und Internettechnologien zum Einsatz.

Wurde betriebswirtschaftliche Software zunächst nur verwendet, um bestehende Abläufe zu verbessern, so hat sie sich in den letzten Jahren zunehmend zum organisatorischen Gestaltungsmittel gemausert. Statt lediglich die Produktivität vorhandener Arbeitsabläufe zu erhöhen, berücksichtigt man ihre Potentiale heute bereits beim Design organisatorischer Abläufe und gestaltet diese so, daß die verfügbare Technik möglichst weitgehend genutzt werden kann. Dadurch entstehen vollkommen neuartige Abläufe,

Arbeitsformen und sogar Geschäftsmodelle. Freilich ändert sich damit auch das Arbeitsumfeld der administrativen Berufe radikal. Betriebswirte und Kaufleute kommen heute nicht mehr umhin, sich zumindest als Anwender mit Software auseinanderzusetzen. Aus wirtschaftlicher Sicht ist der Einsatz von Software in Unternehmen sicherlich das bedeutendste Anwendungsfeld der Informatik.

Während noch vor wenigen Jahrzehnten Software eher als Zugabe zu großen Hardwareinvestitionen verstanden wurde, ist heute die Entscheidung für einen bestimmten Hardwarehersteller in den meisten Anwendungsprojekten eher nachrangig. Primärer Erfolgsfaktor ist neben den beteiligten Menschen die Software. Ihre Abstimmung auf die zu unterstützenden Geschäftsprozesse definiert wesentlich den Nutzen des IT-Einsatzes. Allein die betriebswirtschaftliche Standardsoftware selbst stellt einen Milliardenmarkt dar; hinzu kommen alle damit verbunden Dienstleistungen. Ein großer Teil des Informatikerarbeitsmarktes besteht aus Beratung, Entwicklung, Vertrieb und Schulung im Umfeld dieser Systeme.

Als wissenschaftliche Disziplin und Teilgebiet der BWL beschäftigt sich die Wirtschaftsinformatik mit betrieblichen Anwendungen der Informationstechnik. Die Unterstützung betriebswirtschaftlicher Aufgaben durch Standard- und Individualsoftware ist daher ein wesentlicher Teil ihres Gegenstands.

1.2 Individual- und Standardsoftware

1.2.1 Die Bedeutung von Standard- und Individualsoftware

Die beiden grundlegendsten Entscheidungen eines Softwareprojektes sind die Wahl zwischen Individual- und Standardsoftware sowie die Auswahl eines Anbieters im Falle der Standardsoftware.

Arbeitsplatzanwendungen wie Officeprogramme werden schon immer als Standardsoftware erstellt und an eine Vielzahl von Anwendern vertrieben. Bei betriebswirtschaftlichen Anwendungen gab es dagegen zunächst vor allem Individualentwicklungen einzelner Unternehmen für den eigenen Bedarf. Erst in den siebziger Jahren begannen die ersten Softwarehäuser, Standardapplikationen für den Unternehmenseinsatz zu vertreiben, begünstigt durch den Umstand, daß die etablierten IT-Anbieter ihr Geschäftsfeld nach wie vor bei Hardware und Systemsoftware sahen.

Hinter dem Einsatz betriebswirtschaftlicher Standardanwendungssoftware steckt der Kerngedanke, daß verschiedene Unternehmen ähnliche Aufgaben, Abläufe und damit auch Anforderungen haben. Dafür gibt es vor allem zwei Gründe: Die zu beachtenden rechtlichen Rahmenbedingungen sind identisch (Beispiele: externes Rechnungswesen und Personalwirtschaft) oder den Abläufen liegen allgemeine betriebswirtschaftliche Erkenntnisse zugrunde (Beispiel: Controlling).

Standardanwendungssoftware ist durch die folgenden Eigenschaften gekennzeichnet:

- Sie ist *universell einsetzbar*, also nicht unternehmensspezifisch entwickelt.

- Sie löst eine klar *definierte Aufgabe,* stellt also nicht nur die Werkzeuge dafür zur Verfügung.

- Sie ist *mit geringem Aufwand anpaßbar.* D.h. es gibt Parameter zum Customizing des Systems ohne weitere Programmierung.

- Sie wird zum *Festpreis* angeboten. D.h. sie wird z.B. nach der Anzahl der gleichzeitig angemeldeten oder der angelegten Benutzer, nach der Anzahl der Prozessoren, nach den genutzten Modulen oder Funktionen abgerechnet, nicht jedoch nach Entwicklungszeit oder -aufwand.

In der betriebswirtschaftlichen Literatur finden sich viele Definitionen, die zum Teil noch andere Eigenschaften fordern, z.B. Plattformneutralität, Branchenneutralität oder Internationalität.

Da die Erstellung von Software zu einem sehr großen Anteil Fixkosten verursacht, ergeben sich für beide Seiten Vorteile durch Standardsoftware:

- Die Lizenzkosten sind i.d.R. niedriger als die Kosten der Eigenentwicklung (Vorteil für den Anwender).

- Die gesamten Lizenzeinnahmen sind (hoffentlich) höher als die Entwicklungskosten (Vorteil für den Anbieter).

Diesen Zusammenhang verdeutlicht Abb. 1. Sie basiert auf folgenden, simplifizierenden Annahmen:

Einführung

- Entwicklungskosten für anpaßbare Standardlösung 5000 k€

- Entwicklungskosten Individuallösung 2500 k€

- Lizenzkosten Standardlösung 1000 k€

- Wartungskosten sind nicht berücksichtigt.

- Variable Kosten des Herstellers sind nicht berücksichtigt.

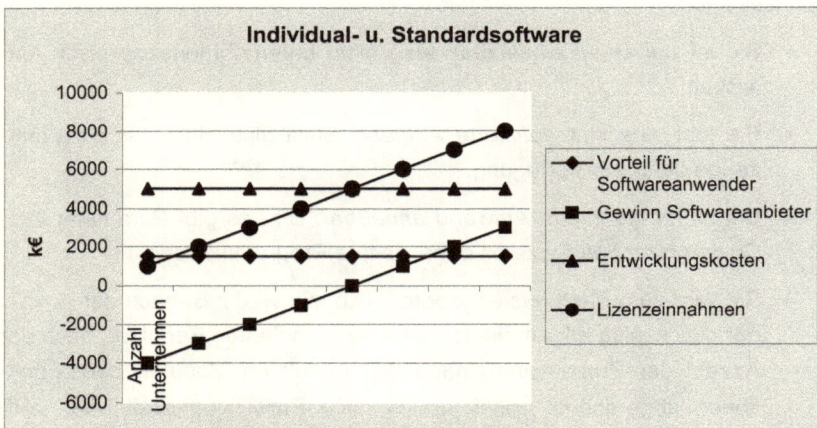

Abb. 1: Individual- und Standardsoftware

Der Kostenvorteil der Standardlösung für den Anwender beträgt 1500 k€

Der Gewinn der Hersteller von Standardanwendungen steigt natürlich bei einer großen Anzahl von Kunden mehr und mehr an, da kaum variable Kosten anfallen. In den ersten Jahren einer jeweils neuen Gattung betriebswirtschaftlicher Software handelt es sich zudem fast immer um einen Anbietermarkt, auf dem hohe Preise durchsetzbar sind. Der Markt für ERP-Software beispielsweise ist dagegen inzwischen saturiert. Hier herrscht ein Preiskampf, der die Margen schmelzen läßt. Allerdings dürften die meisten ERP-Anbieter ihre initialen Entwicklungskosten auch längst wieder erwirtschaftet haben.

Eine wirkliche Wahl zwischen Standard- und Individualsoftware hat ein Anwender nur, wenn seine Anforderungen einem Standard ausreichend nahe kommen. Es gibt sehr spezielle Anforderungen einzelner Organisationen, die sich kaum durch Standardlösungen abdecken lassen. Beispiele hierfür sind sehr stark spezialisierte Unternehmen oder Behörden, die zwar ihre Lohnbuchhaltung oder ihre Beschaffung, nicht aber ihr eigentliches Tätigkeitsfeld durch Standardsoftware unterstützen können.

1.2.2 Anpassung von Standardsoftware

Um Standardsoftware an betriebliche Anforderungen anzupassen, gibt es drei grundsätzliche Vorgehensweisen, die sich hinsichtlich des Aufwandes und der Flexibilität unterscheiden:

- Man vollzieht Anpassungen, die bei der Entwicklung der Software bereits vorgesehen waren. Das anwendende Unternehmen paßt die Software durch Einstellung von *Parametern* an seine Anforderungen an. Diese Anpassungen sind mit wenig Aufwand durchführbar. Sie sind aber auf die Einstellungen beschränkt, die die Software mitbringt, und daher nicht so individualisierbar wie dies durch Programmierung möglich ist. Da die Applikation die eingestellten Parameter in ihren Datenbanktabellen hält, bleiben sie bei einem Releasewechsel erhalten. Die Funktionalität muß dann zwar sicherheitshalber neu getestet werden, sollte aber ohne weiteren Aufwand erhalten bleiben.

- Viele betriebswirtschaftliche Softwarepakete werden mit einer eigenen *Entwicklungsumgebung* ausgeliefert. Da die Anwendungssoftware selbst in der gleichen Umgebung entwickelt ist und viele Hersteller den Quellcode mit ausliefern, fällt es leicht, Funktionen zu ergänzen und dabei auf vorhandene Programmteile zuzugreifen. Zudem kann man mit einfachen Mitteln auf den gleichen Datenbestand wie die Standardmodule zugreifen, ohne die Integrität des Systems zu gefährden. Da die Funktionalität der Ergänzungen im Standard nicht vorgesehen sein muß, ist man flexibler als bei der Einstellung von Parametern, muß seine Ergänzungen aber bei Releasewechseln in vielen Fällen neu pflegen oder zumindest testen.

- Die flexibelste Methode der Anpassung ist die Programmierung von Ergänzungen auf beliebigen Plattformen. Dies ist i.d.R. mit einem höheren Aufwand verbunden. Die Pflege solcher Ergänzungen für neuere Releases der Standardsoftware kann problematisch sein. Im günstigsten Fall verfügt die Standardsoftware über Schnittstellen, die von der verwendeten Plattform aus nutzbar sind. Einige Hersteller garantieren die Abwärtskompatibilität ihrer Schnittstellen über Releasewechsel hinweg. Sind solche Schnittstellen nicht verfügbar, so bleibt die manuelle Integration durch Zugriff auf gemeinsame Datenbestände, die fehleranfällig und schwer wartbar ist.

Die Anpassung von Standardsoftware an Kundenanforderungen wird im allgemeinen als *Customizing* bezeichnet. Die von den Herstellern verwendete Terminologie unterscheidet sich diesbezüglich. Einige Hersteller verstehen darunter Parametrisierung, andere auch oder ausschließlich Ergänzungsprogrammierung.

Je umfangreicher die Möglichkeiten zur Parametrisierung der Software sind, desto flexibler ist man bei ihrem Einsatz, desto weniger Zusatzprogrammierung ist erforderlich, desto aufwendiger ist aber auch ihre Einführung. Immerhin muß man jede der möglichen Einstellungen beachten, sich ihre Funktion verdeutlichen und eine Entscheidung treffen. Da die Vielzahl von Einstellungen umfangreicher Softwarepakete schwer überschaubar ist, dauern die Einführungsprojekte länger als bei kleineren Lösungen. Große Unternehmen können auf diese Flexibilität üblicherweise nicht verzichten, haben aber auch mehr Möglichkeiten, komplexe Softwarepakete zu handhaben. Um auch das untere Marktsegment abzudecken, bietet z.B. die SAP zusätzlich zu ihrer umfangreichen inzwischen mit Business One auch eine einfachere, aber weniger umfangreiche Lösung für kleinere Unternehmen an, die kurze Projektlaufzeiten verspricht.

1.2.3 Argumente für und gegen den Einsatz von Standard- und Individualsoftware

Jedes Unternehmen muß sich bei Bedarf an betriebswirtschaftlichen Softwarelösungen zwischen

- dem Kauf von Standardsoftware,

- einer Individualentwicklung und

- einer Kombination aus beidem

entscheiden. Dabei sollten die folgenden Argumente pro und kontra Standardsoftware beachtet werden, die im Einzelfall sehr unterschiedlich ins Gewicht fallen können.

Der wesentliche Vorteil von Standardanwendungssoftware ist der bereits erläuterte, durch Fixkostendegression entstehende *Kostenvorteil* gegenüber Individualentwicklungen. Die Kosten eines Standardsystems sind oft in der Summe geringer, auf jeden Fall aber besser abschätzbar. Neben den in beiden Fällen anfallenden Kosten der Installation, der Hardware, der Ausbildung und der organisatorischen Einführung fallen beim Fremdbezug lediglich der Anschaffungspreis, eine eventuelle Anpassung des Systems und die vor der Entscheidung für ein System einzuholenden Informationen als Kosten an. Bei einer Eigenerstellung schlagen dagegen die komplette Entwicklung und Dokumentation zu Buche. In beiden Fällen benötigt man i.d.R. externe Berater und muß eigene Mitarbeiter ausbilden.

Auch der *Wartungsaufwand* der Systeme ist bei Standardlösungen deutlich besser abschätzbar. Wenn die Entscheidung für das Produkt eines renommierten Anbieters fällt, so kann man davon ausgehen, daß dieser auch langfristig die Anpassung des Produktes an sich verändernde Gegebenheiten und Gesetze gewährleistet. Individuallösungen dagegen müssen selbständig gewartet werden. Dazu ist es nötig, daß die Entwicklungsmannschaft rechtzeitig über anstehende rechtliche und sonstige Änderungen informiert ist. Da solche Anpassungen in unregelmäßigen Abständen nötig werden, ist es schwierig, die Entwickler gleichmäßig zu beschäftigen. Gegebenenfalls müssen extern Arbeitskräfte hinzugekauft werden. Der Bedarf an Personalkapazität schwankt bei einem Entwicklungsprojekt sehr stark. Nach der Fertigstellung werden deutlich weniger Mitarbeiter zur Wartung des Systems gebraucht als zu seiner Entwicklung nötig waren. Dieses kleinere Team muß dennoch für alle Module des System die erforderliche Expertise vorhalten.

Gegenüber individuell erstellten Lösungen für eine Anwendungssituation erleichtert die Parametrisierbarkeit von Standardprodukten auch die spätere *Anpassung an Änderungen*, die nicht wie rechtliche oder technologische Entwicklungen alle Unternehmen betreffen, sondern lediglich die Geschäftsprozesse eines einzelnen Unternehmens beeinflussen. Ein neues Entwicklungsprojekt wird dann oft nicht nötig sein, vielmehr kann durch einfache Parametrisierung das System an neue Anforderungen angepaßt werden. Standardsoftware kann i.d.R. auch schneller als Individualsoftware an neue technologische Entwicklungen angepaßt werden, weil ein Softwarehersteller viel umfangreichere Möglichkeiten zur Modernisierung seines Systems hat als ein anwendendes Unternehmen. Ein Beispiel ist die Internetfunktionalität wie Online-Bestellungen in betriebswirtschaftlichen Anwendungssystemen, die recht früh von den Anbietern von Standardanwendungssystemen in ihre Systeme integriert wurde.

Die Einführung eines Standardanwendungssystems ist i.d.R. *kurzfristiger* möglich als eine Neuentwicklung. Das fertige System kann installiert werden und muß dann organisationsspezifisch parametrisiert und gegebenenfalls ergänzt werden. Zudem kann es bereits vor der Beschaffung geprüft werden, während zu diesem Zeitpunkt höchstens Prototypen einer Individualentwicklung zur Verfügung stehen.

In die Erstellung von Standardsoftware gehen Erfahrungen und Erkenntnisse über betriebswirtschaftliche Zusammenhänge ein. Mit der Anschaffung eines Standardanwendungssystems kann daher *betriebswirtschaftliches Wissen* zugekauft werden, das im Unternehmen noch nicht existiert. Für manches Unternehmen kann schon alleine die Nutzung der in der Software implementierten Prozesse zu effizienteren Arbeitsabläufen führen. Im Falle einer Individualentwicklung muß entsprechendes Wissen teuer zusätzlich eingekauft werden. Bei der Beschaffung von Standardanwendungssystemen zur Unterstützung der Kernprozesse und damit der Kernkompetenzen eines Unternehmens muß bedacht werden, daß diese eventuell mit dem gleichen System wie die entsprechenden Prozesse der Wettbewerber unterstützt werden. *Strategische Vorteile* in diesem Bereich lassen sich eher mit Individualsoftware erzielen. Es gilt aber zu bedenken, daß der Vergleichsmaßstab in Form der auf dem Markt verfügbaren Standardsysteme recht hoch anzusetzen ist. Man muß in der Lage sein, für die eigenen Prozesse bessere Anwendungen zu entwickeln als die großen und spezialisierten Teams der großen Hersteller. In vielen Fällen dürfte das Entwicklungsteam eines Anwenders diesen Ansprüchen nicht genügen können. Zudem ist es durchaus möglich, mit den gleichen Programmen ganz verschiedene Arbeitsabläufe zu unterstützen, wenn sie entsprechend flexibel einstellbar sind. Ein Benutzer, der an mehreren Modulen arbeiten muß, findet sich in einem einheitlich gestalteten System schneller zurecht. Integrierte Standardsysteme bieten eine einheitliche Benutzerschnittstelle und damit eine erhöhte *Ergonomie* gegenüber Lösungen, die Einzelentwicklungen für eine Vielzahl von Anwendungen beinhalten. Dem kann im Falle von Individualsoftware mit der Definition unternehmensweit gültiger Gestaltungsrichtlinien (Styleguides) für Benutzeroberflächen begegnet werden.

Nebenleistungen des Softwareanbieters wie Service, Dokumentation, Schulungen oder Beratung können aus einer Hand bezogen werden. Im Fall einer Individualentwicklung müssen sie selbst organisiert werden. Dies beansprucht zusätzliche Zeit und Personalkapazität.

Viele Standardanwendungssysteme sind *integrierte Systeme*, die alle betriebswirtschaftlich relevanten Anwendungen abdecken, ohne daß für den Anwender Schnittstellenprobleme auftreten. Bei Eigenentwicklungen ist eine solche Integration kaum zu leisten, da die dafür notwendige Entwicklerkapazität die Möglichkeiten der meisten Anwender bei weitem übersteigt. Es sind also Schnittstellen zu alten Eigenentwicklungen oder zugekauften Modulen zu entwickeln. Diese Schnittstellen können nicht nur fehleranfällig sein, sie bergen auch das Problem, daß es bei Schwierigkeiten nicht nur einen verantwortlichen Ansprechpartner gibt. Eine einheitliche und konsistente Datenhaltung, die Standardanwendungssysteme bieten, ist zwar im Prinzip auch in Eigenentwicklung möglich, setzt dann aber die Anbindung von fremdbeschafften Modulen verschiedener Hersteller oder von älteren Eigenentwicklungen voraus. Seit mit EAI-Werkzeugen professionelle Integrations-Middleware zur Verfügung steht, ist dies zwar möglich, erfordert aber nach wie vor zusätzlichen Aufwand.

Da in Standardsysteme bereits die Erfahrungen aus anderen Installationen eingeflossen sind, kann man davon ausgehen, daß sie jedenfalls in den höheren Releaseständen weitgehend *ausgereift* sind. Die Qualität der Entwicklung wird daher die Qualität der ersten Versionen einer neu erstellten Individuallösung i.d.R. übertreffen. Startschwierigkeiten, die die Funktionsfähigkeit der Software betreffen, sind beim Einsatz von Standardsystemen in geringerem Umfang zu erwarten. Ihre Betriebssicherheit erhöht sich mit jedem neuen Release durch die Rückmeldung von Problemen, die bei anderen Anwendern aufgetreten sind.

Zu den Nachteilen von Standardlösungen gehört das aufwendige Auswahlverfahren, das die Projektlaufzeit verlängert und an dessen Ende auch das Ergebnis stehen kann, daß keines der angebotenen Systeme beschafft werden soll und ein eigenes entwickelt werden muß. Diese *Auswahl* kostet sowohl Zeit als auch Geld. Fehlende Erfahrung mit Standardsoftware kann bei der Systemauswahl insbesondere dann zum Problem werden, wenn das zuständige Team bislang mit der Erstellung von Individualsoftware beschäftigt war. Die Fähigkeit, Anforderungen an das zu beschaffende System zu formulieren und ihre Abdeckung durch geeignete Produkte festzustellen, muß dann zunächst aufgebaut werden. Dieser Vorgang wird häufig dadurch erschwert, daß die Systeminformationen, die vor der Beschaffung von den Herstellern zur Verfügung gestellt werden, gerade auf kritische Fragen keine Antwort ermöglichen und daher für den Auswahlprozeß nur eingeschränkt verwendbar sind. Sich anhand der Informationen der Anbieter ein objektives Bild zu verschaffen, ist sehr schwierig. Informationen über Schwachpunkte der Systeme erhält man aus naheliegenden Gründen nicht oder nur auf gezielte Nachfrage.

Das wichtigste Argument gegen Standardsoftware ist ihre eingeschränkte *Anpaßbarkeit* an Unternehmensspezifika. Das Customizing von Standardanwendungssystemen gestaltet sich zwar immer flexibler, es wird aber nie den Grad von Flexibilität erreichen können, den eine individuell entwickelte Anwendung erzielen kann. Sowohl die Anpassung an die zu lösenden Probleme wie auch an die Geschäftsprozesse und die speziellen Wünsche der Benutzer ist bei einer Eigenentwicklung flexibler handhabbar. Die Anpassung von Standardprodukten mittels einer Vielzahl von Parametern erfordert darüber hinaus eine - allerdings i.d.R. am Arbeitsmarkt erhältliche - spezielle Qualifikation. Individuallösungen können so gestaltet werden, daß sie bestehende organisatorische Lösungen 1:1 abbilden. Bei Standardsoftware ist das oft nicht gewährleistet, so daß organisatorische Anpassungen notwendig werden. Bestehende ablauforganisatorische Lösungen müssen aber nicht optimal sein. Die Einführung eines Anwendungspaketes stellt eine gute

Gelegenheit dar, betriebswirtschaftliche Abläufe zu überdenken. In solchen Fällen wird oft sogar eine von einem Standardsystem unterstützbare Lösung besser als der Status Quo sein.

Für bestehende Anwendungen auf älteren Plattformen hat sich der Begriff *"Legacy"* (Vermächtnis) durchgesetzt. Besteht der Wunsch, solche Systeme mit neuen Lösungen zu verknüpfen, so kann dies ebenfalls durch individuelle Entwicklungen unter Berücksichtigung der bestehenden Schnittstellen einfacher gelöst werden als mit der Anschaffung von integrierten Systemen. Auch diese berücksichtigen jedoch Standardschnittstellen, so daß im Einzelfall zu prüfen ist, ob sie zu einem Altsystem verträglich sind. Eine Integration solcher Speziallösungen ist ein typisches Beispiel für Ergänzungsprogrammierungen bei der Systemeinführung.

Der Einsatz von Standardanwendungssystemen führt zu einer *Abhängigkeit* des Anwenders vom Hersteller. Ist die Entscheidung für ein System einmal gefallen, so ist sie schwer wieder rückgängig zu machen. Der Hersteller hat dann eine gewisse Machtposition. Er könnte die Preise für Dokumentation, Schulung, Beratung und Service erhöhen oder die Konditionen zu seinen Gunsten bestimmen. Es ist daher aus Sicht des Anwenders wichtig, bereits bei der Entscheidung für das System diese Punkte vertraglich festzulegen. Der Anwender, der Individualsoftware erstellt, begibt sich nur in einem weit geringeren Maße in die Abhängigkeit der Hersteller von Entwicklungstools, die er verwendet. Bei der Beschaffung von Standardanwendungssoftware muß daher dem Softwarehersteller selbst besonderes Augenmerk gelten. Er könnte die Einstellung der Produktlinie planen oder die Gewähr für eine längere wirtschaftliche Existenz vermissen lassen. Besteht das Softwarehaus nicht weiter, so könnten Support, Wartung und Service eingestellt werden. Insbesondere die Beschaffung von Software bei kleineren Anbietern birgt insofern ein unternehmerisches Risiko. Übrigens stellt dieser Zusammenhang umgekehrt eine große Gefahr für Softwarehäuser dar. Schlechte Unternehmensnachrichten können zu Kundenzurückhaltung führen und damit zur selbsterfüllenden Prophezeiung werden.

Während man bei der Erstellung von Individualpaketen auf die vorhandene *Systemlandschaft* Rücksicht nehmen kann, bedingt die Anschaffung von Standardanwendungen meist die Beschaffung neuer Hardware. Die Hersteller bemühen sich jedoch, ihre Systeme offener, d.h. für viele Hardware-, Betriebssystem- und Datenbankplattformen verfügbar zu machen.

Mitunter ist der wesentliche Grund für eine Individualentwicklung darin zu finden, daß es für spezielle Anforderungen schlechterdings keine Standardprodukte gibt. Der funktionale Umfang von Standardpaketen ist, insbesondere in kleinen Branchen, für die Anforderungen der Anwender bisweilen zu gering. Je kleiner die Anzahl potentieller Kunden ist, desto weniger Anreiz besteht für Softwarehersteller, in diesem Bereich tätig zu werden. Für *Spezialanwendungen* oder für Unternehmen mit ausgefallenen Rahmenbedingungen kann daher Individualsoftware die einzig mögliche Lösung sein. Insbesondere kann die Ergänzung von Standardpaketen um eigene Programme mit Hilfe der integrierten Entwicklungsumgebungen oder auf einer eigenen Plattform unter Zuhilfenahme standardisierter Schnittstellen in diesen Fällen eine vertretbare Lösung sein.

1.2.4 Die Auswahl von Standardsoftware

Hat ein Unternehmen sich entschieden, betriebswirtschaftliche Standardsoftware zu beschaffen, so gibt es zwei grundsätzliche Strategien, die es bei der Auswahl verfolgen kann:

- Der *"Best-of-breed"-Ansatz* (engl.: Das jeweils Beste seiner Art) beruht auf der Annahme, daß es für jede Kategorie von Software jeweils einen Anbieter gibt, der den Anforderungen des Unternehmens am besten genügt. Das Produkt dieses Anbieters wird dann für diesen Einsatzbereich beschafft. Für andere Einsatzbereiche wird ebenfalls ein Produkt ausgewählt, das am besten geeignet ist. So wird für jede Teilaufgabe die jeweils beste Lösung gesucht. Im Ergebnis sollte die Gesamtlösung die Prozesse des anwendenden Unternehmens optimal unterstützen. Es kann früh neue Technologien einsetzen und sich von seinem Wettbewerb abheben. Allerdings sind die unterschiedlichen, unabhängig voneinander beschafften Softwareprodukte i.d.R. nicht miteinander integriert und man ist selbst für ihr reibungsloses Zusammenspiel verantwortlich. Wenn unklar ist, welche Software einen Fehler verursacht, könnten alle beteiligten Anbieter die Verantwortung ablehnen. Üblicherweise wird der reine Best-of-breed-Ansatz daher dahingehend modifiziert, daß schon im Vorfeld Informationen über verfügbare Schnittstellen, Partnerschaften zwischen den Anbietern und anbieterseitige Integration mit in die Entscheidung einbezogen werden. Zwischen mehreren Gesamtlösungen kooperierender Anbietergruppen wird dann eine Auswahl getroffen. Nicht zu verwechseln mit dem strategischen Best-of-breed-Ansatz ist eine unplanmäßige Aggregation vielfältiger Insellösungen aufgrund dezentraler Entscheidungsstrukturen wie man sie in der Praxis zuweilen findet.

- Die gegenteilige Strategie beruht auf der Annahme, daß die Integration verschiedener Lösungen außerordentlich schwierig ist und hohen Aufwand mit sich bringt. Daher wählt man *alles aus einer Hand*. Die Integration der verschiedenen Softwarepakete wird in diesem Fall vom Anbieter unterstützt, er garantiert eine Gesamtlösung. Allerdings gibt es nur wenige Hersteller, die alle wesentlichen Softwarekategorien abdecken können. Zu nennen sind insbesondere SAP, Oracle und Peoplesoft. Ein Nachteil besteht darin, daß neuere Entwicklungen sich im Portfolio dieser "One-stop-shops" im Vergleich zu Spezialanbietern oft erst mit einiger zeitlicher Verzögerung finden.

Welche der Strategien die finanziell günstigere ist, läßt sich nicht grundsätzlich beantworten, sondern hängt vom Einzelfall ab. Da beide Vorgehensweisen Vor- und Nachteile haben, kommen häufig Mischformen zur Anwendung, etwa indem die meisten Anwendungen von einem Hersteller beschafft, aber um einige Spezialpakete anderer Hersteller ergänzt werden.

1.2.5 Auswahlkriterien für betriebswirtschaftliche Software

Wesentliches Kriterium für die Beschaffung einer Softwarelösung muß eine Kosten-Nutzen-Rechnung (Business-Case) sein. Dabei ist es entscheidend, dem entstehenden Nutzen (zusätzlicher Umsatz oder eingesparte Kosten) nicht nur die Anschaffungskosten, sondern die Gesamtkosten einer Software gegenüberzustellen. In diesem Zusammenhang hat sich der Terminus *"Total Cost of Ownership" (TCO)* durchgesetzt. Neben den Lizenzkosten gehen in diese Summe z.B. auch Wartungskosten ein. Es wird betrachtet, welche Hardware eine Softwarelösung voraussetzt und welche Kosten dadurch entstehen, welche Anforderungen an das Netzwerk gestellt werden, welche Bearbeitungszeiten Benutzer für bestimmte Abläufe benötigen etc.

Üblicherweise werden nach einer Vorauswahl lediglich 2-3 Systeme einer eingehenden funktionalen Untersuchung in bezug auf die gestellten Anforderungen unterzogen. Eine Möglichkeit der Auswahl bezüglich dieses Kriteriums ist die Zusammenstellung großer Anforderungskataloge. Sind diese aber zu detailliert, so wird keine wirkliche Objektivität erreicht. Ein wichtiger Hinweis auf die Hinlänglichkeit der angebotenen *Funktionalität* ist die Erfahrung des Herstellers mit Installationen, die bezüglich Branche, Land und Betriebsgröße dem geplanten Einsatz entsprechen.

Bedeutend für die Einsetzbarkeit eines Systems im konkreten Anwendungsfall sind die Möglichkeiten seiner *Anpaßbarkeit* an die speziellen Anforderungen durch umfangreiche Parametrisierung. Im Standard nicht vorhandene, aber erforderliche Funktionalität muß durch Ergänzungen des Systems gewährleistet werden können. Daher ist auch die Erweiterbarkeit ein wesentliches Kriterium bei der Systemauswahl. Anpassungen, die über reine Parametrisierung hinausgehen, müssen mit einer mitgelieferten Entwicklungsumgebung oder zumindest durch die Verwendung offiziell vorgesehener und durch den Hersteller freigegebener und dokumentierter Schnittstellen gewährleistet werden können. Die Verwendung von Kommunikationsstandards durch das System ist dabei sehr hilfreich. Unterstützt das zu integrierende Teilsystem den gleichen Standard, so kann auf die Definition einer eigenen Schnittstelle verzichtet werden. Auf vom Hersteller weder durch eigene Normen noch durch Standards vorgesehene Änderungen und Ergänzungen sollte ganz verzichtet werden können.

Möchte man die Systeme auf einer technischeren Ebene betrachten, so sollte außer der reinen Funktionalität ihre *Datenstruktur* geprüft werden. Die in der geplanten Anwendungssituation erforderlichen Entitäten müssen abbildbar und durch die vorgesehenen Attribute ausreichend beschreibbar sein. In diesem Zusammenhang ist auch zu beachten, ob ein System bezüglich seiner Daten integriert ist, ob also Anwendungen aus den verschiedenen Unternehmensbereichen auf der gleichen Datenbasis arbeiten. Damit werden nicht nur Mehrfacherfassungen, sondern auch Dateninkonsistenzen vermieden.

Die *Ergonomie* der Systeme, die wesentlich durch die Gestaltung der Benutzeroberfläche determiniert wird, ist ebenfalls zu prüfen. Denkbar ist beispielsweise eine Messung der Zeit, die ein Vertriebssachbearbeiter zur Erfassung eines Standardauftrages benötigt. Gerade Systeme mit umfangreicherer Funktionalität, die über Jahre gewachsen und von Release zu Release erweitert worden sind, offenbaren oft eine sehr kontraintuitive Benutzerführung. Wesentliche Determinanten der Benutzerfreundlichkeit sind die Übersichtlichkeit der Menüstruktur und ein ergonomischer Bildschirmaufbau. Durch einen hohen *Zeitaufwand* bei der Durchführung der Transaktionen durch den Benutzer, der aus mangelnder Bedienerfreundlichkeit resultiert, können Rationalisierungseffekte zunichte gemacht werden. Neben der Zeit, die der Benutzer zur Bedienung des Systems benötigt, ist auch die Zeit wichtig, in der er auf Antworten des Systems warten muß. Die Performanz eines Standardanwendungssystems ist für das erreichbare Rationalisierungspotential von wesentlicher Bedeutung. Nach Möglichkeit sollte man anhand von Beispielen mit ähnlichem Datenaufkommen und ähnlicher Benutzerzahl oder durch geeignete Testwerkzeuge die Antwortzeiten in Abhängigkeit von der Hardwareausstattung beziffern können. Im Hinblick auf eine langfristige Vergrößerung des Betriebes sollte auch die Skalierbarkeit des Anwendungssystems, der ihm zugrundeliegenden Datenbank und des Betriebssystems beachtet werden. Im Idealfall sollten ein größeres Datenaufkommen und eine steigende Anzahl von Benutzern einfach durch eine Erweiterung der Hardware bewältigt werden können.

Mit der Bedienerfreundlichkeit steht die *Dokumentation* des Systems in engem Zusammenhang. Die Benutzer müssen in der Lage sein, selten verwendete Funktionen schnell anhand übersichtlicher Online-Hilfen und druckbarer oder in Papierform vorhandener Informationen nutzbar zu machen. Mangelhaftes Dokumentationsmaterial erfordert zusätzliche Arbeit auf allen Ebenen und macht gegebenenfalls zusätzliche externe Berater notwendig. Wenn bereits im Vorfeld der Einführung Schulungen von Key-Usern beim Anwender durchgeführt werden sollen, ist es darüber hinaus hilfreich, eine Schulungsversion des Systems mit Beispieldaten zur Verfügung gestellt zu bekommen.

Wenn untersucht wird, inwiefern angebotene Systeme mit im Hause gebräuchlicher anderer Software vereinbar sind, ist nicht nur auf technische oder betriebswirtschaftliche Insellösungen zu achten, die beibehalten werden sollen, da das zu beschaffende Standardsystem sie nicht ersetzen kann, sondern auch auf die verwendeten Officeprodukte. Für erstere sollte eine *Schnittstelle* programmierbar sein; die Standards dafür müssen vom Hersteller der angebotenen Standardanwendungssoftware definiert sein. Für letztere sollte eine Datenübernahme möglichst bereits vorgesehen oder mit Drittsoftware zu ermöglichen sein. So sollten beispielsweise Auswertungen, die das Anwendungssystem durchführt, mit Hilfe der verwendeten Tabellenkalkulationsprogramme weiterverarbeitet werden können.

Ein für den Produktivstart vorgesehenes System sollte *stabil* und zuverlässig arbeiten, d.h. die Gefahr fehlerhafter Verarbeitung und vor allem die Gefahr eines Systemausfalls sollten minimal sein. Dieses Kriterium betrifft insbesondere die Wahl zwischen verschiedenen Versionen des gleichen Systems. I.d.R. sind neuere Versionen zwar mit erhöhter Funktionalität versehen, aber zunächst nicht so stabil wie ältere, bereits mehrfach im Einsatz befindliche Versionen. Die Anzahl bereits produktiver Installationen kann als Indikator für die Stabilität dienen. Die Zuverlässigkeit eines Systems wird freilich auch von den integrierten Mechanismen für Datenschutz und Datensicherheit bestimmt.

Auch nach technologischen Gesichtspunkten sollten die zur Auswahl stehenden Systeme untersucht werden. Von Bedeutung ist etwa, ob sie über eine moderne *Systemarchitektur* verfügen. Auch die Modularität des Systems ist von Bedeutung, da sie eine schrittweise Implementierung erleichtert. Leider steht die Modularität in einem gewissen Zielkonflikt zur datenbezogenen Integration des Systems. Ein ähnlicher Konflikt ergibt sich daraus, daß bewährte, vielfach installierte Software i.d.R. nicht den letzten technologischen Neuerungen Rechnung trägt.

Da *Releasewechsel* produktiver Systeme oft mit hohem Aufwand verbunden sind, ist darauf zu achten, wie häufig sie durchgeführt werden müssen. Die Techniken, die die Hersteller für den Wechsel auf eine neue Version ihrer Systeme zur Verfügung stellen, sind sehr unterschiedlich.

Aus Sicht eines global tätigen Anwenders ist auch die *Internationalität* des Systems von Bedeutung. Sie betrifft nicht nur die im besten Fall simultan verfügbaren Sprachen, deren Vielfalt die Verwendung von Unicode voraussetzt, sondern vor allem auch rechtliche Besonderheiten.

Um sich nicht mit der Entscheidung für ein Standardanwendungssystem auch von einem Applikationsserver, einer Datenbank und einer Hardware- und Betriebssystemplattform abhängig zu machen, sollte man auf die Verfügbarkeit des gewählten Anwendungssystems für *mehrere Plattformen* achten. So ist eine spätere Portierung möglich, wenn ein dem Anwendungssystem zugrundeliegendes Element später nicht weiter unterstützt wird, etwa weil der Hersteller in wirtschaftliche Schwierigkeiten gekommen ist. Im Idealfall ist bei der Einführung eine Übernahme der vorhandenen Systemlandschaft möglich.

Über das eigentliche Softwareprodukt hinaus sind einige *weitere Prüfsteine* zu beachten. Je nach Verbreitung des Systems sind Experten auf dem Arbeits- und Beratungsmarkt sehr unterschiedlich verfügbar. Ein besonderes Augenmerk bei der Wahl eines Standardsystems sollte auch dem Hersteller selbst gelten. Wenn er in der Vergangenheit schnell auf neue Anforderungen mit Aktualisierungen reagiert hat, so kann man davon ausgehen, daß auch in der Zukunft Anpassungen beispielsweise an neue gesetzliche Regelungen zeitnah in die Software einfließen werden. Das Unternehmen sollte finanziell stabil sein, damit die Wartung und Weiterentwicklung des Systems gewährleistet ist. Ein umfassendes Angebot an Wartung, Beratung und Schulung sollte möglichst nicht nur durch Drittanbieter, sondern durch den Hersteller selbst gewährleistet sein. Die Planung des Einführungsbudgets wird erleichtert, wenn dafür Pauschalpreise angeboten werden. Auch vertraglich angebotene Garantien sind zu berücksichtigen.

Abgesehen von diesen generellen Auswahlkriterien gibt es für jede Softwarekategorie zusätzliche Kriterien, die ein Produkt wesentlich von anderen abgrenzen. Darauf wird in den folgenden Abschnitten jeweils zurückzukommen sein.

1.3 Kategorien betriebswirtschaftlicher Software

Als man in den sechziger und siebziger Jahren begann, Informationstechnik für administrative Zwecke in Unternehmen einzusetzen, entwickelte man i.d.R. zunächst separate Systeme für einzelne Anwendungen, etwa Buchhaltungssysteme, Warenwirtschaftssysteme, Fertigungssteuerungssysteme oder Lohn- und Gehaltsabrechnungssysteme. Da es Geschäftsprozesse gibt, die mehrere dieser Systeme betreffen (Bsp: Schichtplanung beeinflußt Lohn-abrechnung; Materialverbrauch beeinflußt Lagerbuchhaltung), wurden ent-weder Daten doppelt erfaßt oder Schnittstellen, i.d.R. für Stapelverarbeitung, geschaffen.

Später gingen die Standardsoftwareanbieter dazu über, immer mehr dieser Funktionen zusammenzufassen und auf einheitlichen Datenbasen arbeiten zu lassen, um Schnittstellen zu sparen. Bis etwa Mitte der neunziger Jahre gab es für betriebswirtschaftliche Anwendungen im wesentlichen nur solche transaktionale Systeme, die auf einer zentralen Datenbank basierten, be-stimmte Funktionen abdeckten und unter dem Begriff "Enterprise-Resource-Planning" (ERP) zusammengefaßt wurden. ERP-Systeme sind nach wie vor im Einsatz, sie werden weiter vertrieben und bei immer kleineren Unterneh-men eingeführt.

Der Einsatz eines ERP-Systems ist Voraussetzung, um alle weiterführenden betriebswirtschaftlichen Softwaresysteme sinnvoll einsetzen zu können. Die-se sollten in ein bestehendes ERP-System integriert werden. So scheiterten z.B. viele neugegründete Unternehmen mit Online-Shops für Endverbrau-cher in den letzten Jahren daran, daß ihre Shoplösungen zwar Aufträge ent-gegennehmen, speichern und ausgeben konnten, die Unternehmen aber mit der Verwaltung von Auftragsabwicklung, Versand und Lagerhaltung überfor-dert waren. Deshalb konnten sie z.B. ihre Kunden nicht oder nicht schnell genug beliefern, keine Auskunft über die Verfügbarkeit von Produkten geben oder ihre Finanzströme nicht adäquat kontrollieren.

Online-Shops sind ein Beispiel für Softwaregattungen, die seit Beginn der neunziger Jahre aufkommen und die zusätzliche Funktionen abdecken, wel-che über ERP, also die Unterstützung bereichsübergreifender Geschäftspro-zesse mittels zentraler Datenhaltung, hinausgehen.

Kategorien von Software für betriebswirtschaftliche Anwendungen, die im folgenden näher beschrieben werden, sind z.B.:

- Customer-Relationship-Management (CRM) (Anbieter z.B. Siebel),

- Supply-Chain-Management (SCM) (Anbieter z.B. i2),

- Business-To-Consumer (B2C) (Anbieter z.B. Intershop),

- Business-To-Business (B2B) (Anbieter z.b. Ariba),
- Enterprise-Application-Integration (EAI) (Anbieter z.b. Webmethods),
- Data-Warehouses (Anbieter z.b. SAS Institute)

sowie als technische Grundlage vieler dieser Systeme:

- Web-Application-Server (Anbieter z.b. Bea).

Die großen ERP-Anbieter (z.b. SAP und Oracle) bedienen durch Zukäufe oder Eigenentwicklungen inzwischen viele oder alle dieser Märkte und bieten darüber hinaus z.b. auch Portallösungen, Employee-Self-Service Module und weitere Zusatzfunktionen an.

2 Marktüberblick

2.1 Marktentwicklung

2.1.1 Siebziger Jahre: die ersten Standardanwendungen

Bis in die siebziger Jahre hinein waren weite Teile der IT-Industrie vor allem am Verkauf von Hardware interessiert. Die Erstellung der Software für betriebswirtschaftliche Zwecke wurde weitgehend den Kunden überlassen. Allenfalls bot man Systemsoftware, Compiler, Datenbanken und ähnliches an, um ihnen diese Arbeit zu erleichtern. Die Branche lebte gut vom Geschäft mit Rechenanlagen und Zubehör und so versäumten es die großen Anbieter, in das Geschäft mit Anwendungssoftware einzusteigen.

Diese Zurückhaltung ließ Raum für einige findige Neugründungen, heute würde man sie Start-Ups nennen, die mittlerweile zu Weltkonzernen aufgestiegen sind. Sie kamen auf die eigentlich naheliegende Idee, daß alle Unternehmen die gleichen gesetzlichen Rahmenbedingungen zu beachten haben und sie daher offenbar immer wieder von neuem, jedes für sich, die gleichen Aufgaben bei der Erstellung ihrer Programme für das Rechnungswesen lösten. Für andere Anwendungsfelder galten zwar keine einheitlichen gesetzlichen Vorgaben, aber allgemein verbreitete betriebswirtschaftliche Erkenntnisse, die in Software für Kostenrechnung, Logistik und Produktion einflossen. Was lag also näher, als diese Systeme einmal zu erstellen und dann an eine Vielzahl von Kunden zu verkaufen?

Diese ersten Beispiele betriebswirtschaftlicher Standardanwendungssoftware liefen auf Großrechnern. Zielgruppe der Anbieter waren vor allem große Konzerne, die eigene Rechenzentren unterhielten. Das erste Produkt der SAP, System RF, ist ein Beispiel für solche Software, die das Rechnungswesen großer Unternehmen verwaltete. "R" stand dabei für Realtime, damals eine Besonderheit gegenüber der üblichen Stapelverarbeitung und kurioserweise bis heute Bestandteil des Produktnamens von R/3 Enterprise.

Mit der Zeit kamen mehr und mehr Anbieter auf den Markt, die sich nicht mehr nur auf Großrechner als Plattform beschränkten. Sie boten auch Software für Minirechner (Midrange-Systeme), insbesondere für die Abteilungsrechner der IBM, an. Die Kundengruppe wurde dadurch um mittelgroße Unternehmen erweitert. Viele dieser Anbieter sind inzwischen durch Unternehmensübernahmen oder Insolvenzen wieder vom Markt verschwunden, einige jedoch sind bis heute erfolgreich.

Zusammenfassend läßt sich festhalten: Die Systeme der siebziger Jahre

- liefen vor allem auf Großrechnerplattformen, später auch auf Midrange-Systemen,

- verfügten über textbasierte, noch nicht über graphische Benutzeroberflächen,

- liefen noch nicht auf relationalen Datenbanken, sondern auf den Vorgängertechnologien (Hierarchische und Netzwerkdatenbanken),

- deckten in aller Regel noch nicht alle Anforderungen eines Unternehmens ab, sondern beschränkten sich auf einen Bereich, häufig das Rechnungswesen oder die Personalverwaltung.

2.1.2 Achtziger Jahre: die ersten ERP-Systeme

Die ersten betriebswirtschaftlichen Applikationen bedienten jeweils einen Teilbereich des Unternehmens. Da zwischen Finanz- und Güterströmen innerhalb eines Unternehmens aber zahlreiche Verbindungen bestehen, lag es nahe, die entsprechenden Anwendungssysteme auf einer gemeinsamen Plattform laufen zu lassen und sie auf gemeinsame Daten zugreifen zu lassen. Schließlich betraf der Verkauf eines Produktes die Buchhaltung, die die Höhe des Umsatzes erfaßte, ebenso wie die Logistiksysteme, die Produktion und Lieferung verwalteten. Waren dafür Sonderschichten notwendig, so war auch das Personalverwaltungssystem involviert.

Arbeitete man mit getrennten Systemen, so mußten viele Vorgänge mehrfach erfaßt und diese Systeme von Hand konsistent gehalten werden. Natürlich konnte man Schnittstellen entwickeln, die dieses Problem behoben; naheliegender war es jedoch, alle Aufgaben gleich einem einzigen System anzuvertrauen. Aus dieser Erkenntnis heraus entstanden in den achtziger Jahren integrierte Anwendungssysteme für alle Abteilungen eines Unternehmens. Sie operierten auf einer einheitlichen Datenbank und Laufzeitumgebung. Für sie hat sich der Begriff *Enterprise-Resource-Planning (ERP)* durchgesetzt. ERP-Systeme sind bis heute unverzichtbarer Kern jeder Anwendungslandschaft in einem Unternehmen.

Eines dieser ersten ERP-Systeme war das R/2-System der SAP. Es war für große Konzerne konzipiert und lief auf Großrechnerplattformen, deckte aber mit Finanzwesen, Rechnungswesen, Logistik, Produktion und Personalwesen schon alle wichtigen Einsatzfelder im Unternehmen ab.

Quasi alle großen Konzerne entschieden sich für R/2 oder ein anderes dieser ersten ERP-Systeme auf Großrechnerplattformen. Einige dieser Installationen sind bis heute im Einsatz.

In den achtziger Jahren traten viele neue Anbieter auf den Markt für Business-Software. Der niederländische Hersteller Baan war ausgesprochen erfolgreich mit einem ausgeklügelten System für die Produktionsplanung und -steuerung (PPS), das später um andere Funktionen erweitert und zum ERP-System ausgebaut wurde.

Insbesondere in Deutschland entwickelte sich eine Vielzahl kleiner, lokal oder regional begrenzt auftretender Anbieter, die häufig auf bestimmte Branchen spezialisiert waren.

In vielen Fällen wurden Speziallösungen für einzelne Unternehmen zur Standardlösung ausgebaut und auf den Markt gebracht. Bekanntestes Beispiel ist Pamela Lopker, die als junge Mathematikerin auf einer Progress-Datenbank ein PPS-System für die Schuhfabrik ihres Mannes entwickelte. Da sich mehr und mehr Unternehmen für dieses System interessierten, überstieg der Gewinn aus dem Softwarevertrieb bald den aus dem Schuhgeschäft und die beiden konzentrierten sich fortan auf die Weiterentwicklung ihrer Anwendungssoftware zur ERP-Lösung. Pamela und Karl Lopker leiten bis heute das Unternehmen QAD, an dem sie die Aktienmehrheit halten.[1]

Als Plattformen kamen neben Großrechnern nun auch vermehrt Midrange-Rechner und gegen Ende der achtziger Jahre unixbasierte Rechner zum Einsatz. Vereinzelt liefen erste Systeme schon auf Microsoft-Plattformen. Erste Anbieter experimentierten mit graphischen Benutzeroberflächen (Gra-

---

[1] Vgl. http://www.marshall.usc.edu/web/Lloydgreif.cfm?doc_id=978; 21.2.2003

phical User Interface, GUI). Erstmals wurden auch kleinere Unternehmen als Kunden entdeckt.

2.1.3 Neunziger Jahre: Konsolidierung der ERP-Anbieter

Anfang der neunziger Jahre wuchs der ERP-Markt nach wie vor rasant. Einen Großteil dieses Wachstums konnten einige wenige Anbieter für sich verbuchen. Es entstand eine Gruppe von ERP-Herstellern, die sehr schnell an Umsatz, Gewinn und Mitarbeiterzahl zulegte. Andere Hersteller hatten es immer schwerer, mit dieser Gruppe gleichzuziehen. Da der Gesamtmarkt aber nach wie vor florierte, erzielten auch sie zunächst noch respektable Erfolge.

Mit der Zeit konnten viele der kleineren ERP-Anbieter in Deutschland dem Wettbewerbsdruck nicht mehr standhalten. Nur wenigen von ihnen gelang es, sich langfristig auf bestimmte Marktnischen zurückzuziehen, auf denen sie mit den Großen konkurrieren konnten. Hatten die Kunden Pech, so wurden die Produkte überhaupt nicht mehr weitergepflegt und -entwickelt. Hatten sie Glück, so wurde der Anbieter von einem Großen der Branche übernommen. Einige internationale ERP-Anbieter erleichterten sich den Aufbau eines Vertriebsnetzes in Deutschland, indem sie kurzerhand einen der kleineren deutschen Hersteller aufkauften.

Einige mittelgroße ERP-Softwarehäuser konnten sich dem Konsolidierungseffekt entziehen und lange selbständig bleiben, darunter Bäurer, PSI und die mit BIW zur Brain AG[2] zusammengeschlossene Rembold&Holzer.

SAP brachte 1992 das System R/3 auf den Markt, das als R/2-Alternative für den Client-Server-Markt konzipiert war und sich zu dessen Nachfolgeprodukt entwickelte. Es lief serverseitig vor allem auf Unix-Plattformen, seltener auf IBMs AS/400-Rechnern, später auch auf Windows-Plattformen und vereinzelt auf Großrechnern. Seine Client/Server-Architektur bezog die inzwischen aufgekommenen PCs an den Arbeitsplätzen der Endbenutzer mit in die Systemarchitektur ein, indem sie sie zur graphischen Darstellung der Benutzeroberfläche nutzte. Hauptanwender waren wiederum größere Unternehmen. Im Lauf der Jahre führten immer kleinere Unternehmen R/3 und

---

[2] Die Brain AG ist 2002 von Agilisys übernommen worden. Vgl. http://www.brainag.com/index_en.html; 21.2.2003

vergleichbare Produkte ein, Installationen bei Kleinstunternehmen mit nur wenigen Mitarbeitern blieben aber eine seltene Ausnahme.

Während SAP zunächst Finanzsoftware hergestellt hatte und dann durch ergänzende Produktions- und Logistikfunktionalität zum ERP-Anbieter geworden war, war der niederländische Hersteller Baan den umgekehrten Weg gegangen. Dementsprechend galt Baan Anfang der neunziger Jahre als der ERP-Anbieter mit besonders umfassenden Funktionen für die Produktionsplanung und -steuerung (PPS). Die Software verfügte allerdings erst recht spät über eine graphische Benutzeroberfläche.

Wiederum einen anderen Weg beschritt Peoplesoft. Die Amerikaner waren mit personalwirtschaftlicher Software gestartet und verzeichneten damit große Erfolge. Sie bauten diese Anwendungen mit PPS-, Finanz- und Logistikfunktionen zum ERP-System aus. Sie verfügten schon sehr früh über eine graphische Benutzeroberfläche.

Mit Oracle drängte einer der größten Datenbankanbieter mit zunehmendem Erfolg in den Markt für Business-Software. Dies wurde für andere Anbieter besonders deswegen unangenehm, weil ihre eigenen Applikationen zu einem nicht unerheblichen Teil auf Oracle-Datenbanken installiert waren. Sie waren gezwungen, einen Wettbewerber als Technologiepartner zu akzeptieren.

Die Anbieter betriebswirtschaftlicher Software für die AS/400-Plattform begannen, auf dem Markt für unix- und windowsbasierte Anwendungen aufzutreten. Viele von ihnen waren auf bestimmte Branchen spezialisiert, so etwa der amerikanische Anbieter Marcam auf die Prozeßindustrie. Unter den anderen Anbietern dieser Kategorie waren Intentia aus Schweden, JBA aus Großbritannien sowie SSA und J.D.Edwards aus den USA. Je später ihre neuen Systeme entstanden, desto moderner war ihre Basistechnologie im Vergleich mit etablierten Produkten. Sie setzten zum Teil bereits objektorientierte und internetbasierte Technologien bei der Entwicklung ein. Da sie bezüglich der Funktionalität aber ihrerseits einen Rückstand aufzuholen hatten, konnten sie diesen technologischen Vorsprung nur in begrenztem Umfang in wirtschaftlichen Erfolg umsetzen.

Die gängigen ERP-Systeme legten von Version zu Version an Funktionen, aber auch an Komplexität zu. Obwohl die Großen der Branche nicht müde wurden zu beteuern, daß ihre umfangreichen Softwarepakete auch für kleine und mittelgroße Unternehmen geeignet seien, stiegen im Lauf der neunziger Jahre einige Spezialanbieter zu Weltkonzernen auf, die genau dieses Manko ausnutzten. Sie verkauften ERP-Software, die sich auf die grundlegenden Funktionen beschränkte, entsprechend einfach zu überschauen und einzusetzen war und dank niedriger Preise und kurzer Projektlaufzeiten in kleinen Unternehmen dankbare Abnehmer fand. Dabei handelte es sich in aller Regel um windowsbasierte Systeme. Auf dem europäischen Markt wurde neben Sage KHK besonders die dänische Navision AG sehr erfolgreich, die 1984 nahe Kopenhagen von drei Studenten gegründet worden war.[3] In Nordamerika spielte Great Plains eine ähnliche Rolle. Beide Anbieter unternahmen Versuche, auf dem jeweils anderen Kontinent Fuß zu fassen, der ganz große Durchbruch blieb aber in beiden Fällen versagt. Inzwischen hat sich dieses Unterfangen im Grunde auch erübrigt, da die beiden ehemaligen Konkurrenten unter dem gemeinsamen Dach von Microsoft zusammenarbeiten.

Neben diesen beiden Akquisitionen gab es andere, die die Zahl der ERP-Anbieter weiter schrumpfen ließen. Baan und Marcam wurden von Invensys, einem Hersteller von Software für die Fertigungssteuerung, übernommen.[4] Invensys wurde damit zum Komplettanbieter von Software für die Produktion von der obersten betriebswirtschaftlichen Planungsebene bis zur Steuerung der Maschinen. Mittlerweile ist Baan wie SSA im Besitz einer Investorengruppe, die aus Cerberus Capital Management und General Atlantic Partners besteht.[5]

Die ersten Anbieter von Business-Software, die neue Softwaregattungen außerhalb des ERP-Marktes schufen, entstanden zu Beginn der neunziger Jahre. Im Bereich Customer-Relationship-Management sind vor allem Siebel und Vantive zu nennen. In beiden Fällen stammten die Gründer aus dem

---

[3] Vgl. http://www.fischbacher.at/partner.htm; 21.2.2003
[4] Vgl. http://www.baan.com/home/investorrelations/; 21.2.2003 sowie
http://www.invensys.com/news/news.asp?id=13; 21.3.2003
[5] Vgl. http://www.baan.com/home/press/modulepress/237864?version=1; 5.7.2003

Management von Datenbankherstellern. Im Bereich Supply-Chain-Management waren i2 und Manugistics besonders erfolgreich.

Den Großen im ERP-Geschäft, deren Kassen nach vielen erfolgreichen Jahren zumeist prall gefüllt waren, blieben im wesentlichen drei Strategien, auf den Aufstieg solcher Spezialisten zu reagieren:

- Sie schlossen Partnerschaften mit ihnen. (Beispiel: SAP und der E-Procurement-Spezialist Commerce One)

- Sie übernahmen sie samt ihren Produkten. (Beispiele: Baan kaufte den CRM-Spezialisten Aurum, Peoplesoft den Supply-Chain-Management (SCM)-Anbieter Red Pepper, J.D.Edwards übernahm Numetrix aus der selben Branche.)

- Sie entwickelten selbst entsprechende Produkte. (Beispiel: Die SCM-Software SAP APO)

In einigen Fällen schlossen sie auch zunächst Partnerschaften und traten erst später mit eigenen Produkten auf dem Markt auf.

In den meisten Fällen verfügten die Spezialanbieter zunächst über einen Entwicklungsvorsprung von einigen Jahren, den sie ausnutzen konnten, um Pioniergewinne zu realisieren. Häufig warteten Kunden aber auch einige Zeit auf die angekündigten Produkte der großen ERP-Anbieter, um alles aus einer Hand beziehen zu können. Die neuen Softwarekategorien gewannen in der zweiten Hälfte der neunziger Jahre gegenüber dem traditionellen ERP-Geschäft mehr und mehr an Bedeutung.

2.1.4 Heute: eine Vielzahl von Softwarekategorien

Heute unterteilt sich der Markt für Business-Software in eine Vielzahl von Kategorien wie CRM, EAI oder E-Business. Die wichtigsten darunter sollen im folgenden jeweils in einem eigenen Kapitel dargestellt werden.

Nur wenige "One-stop-shops" decken nahezu alle dieser Kategorien mit eigenen Produkten ab. Dabei handelt es sich um global auftretende Konzerne, die mit Hilfe einer weltweiten Kundenbasis den Umsatz erzielen können, der notwendig ist, um ihre enormen Entwicklungsaufwendungen zu amortisieren. Zu nennen sind besonders SAP, Oracle und Peoplesoft.

Daneben existiert eine Vielzahl von Spezialanbietern, die jeweils nur auf einem dieser Märkte auftreten, einige auch auf mehreren. Meist erheben sie gar nicht den Anspruch, alle Anforderungen selbst abzudecken, sondern konzentrieren sich auf ihr Kerngeschäft und gehen gegebenenfalls Partnerschaften mit Herstellern komplementärer Produkte ein. Viele von ihnen sind mit dem Aufkommen einer neuen Softwarekategorie schnell groß geworden, insbesondere während der Boomjahre der sogenannten New-Economy. Einige sind bis heute als Marktführer auf ihren jeweiligen Sektoren erfolgreich. Auf sie wird noch bei der Erläuterung der einzelnen Softwarekategorien zurückzukommen sein.

Von besonderem Interesse für die Hersteller ist heute der Markt der kleinen und mittelgroßen Unternehmen, nachdem zumindest der ERP-Großkundenmarkt zu einem guten Teil gesättigt ist. Microsoft tritt nach den beiden genannten Akquisitionen hier als Anbieter auf, ebenso wie Sage KHK und neuerdings die SAP mit ihrem Produkt Business One.

2.2 Dienstleistungen im Umfeld betriebswirtschaftlicher Software

Betriebswirtschaftliche Anwendungen stellen nicht nur einen riesigen Softwaremarkt dar, der für einen größeren Gesamtumsatz stehen dürfte als etwa der Markt für Entwicklungstools oder für graphische Anwendungen. Im Umfeld betriebswirtschaftlicher Software hat sich auch ein sehr bedeutender Informatikerarbeitsmarkt entwickelt. Um so bedauerlicher ist es, daß betriebswirtschaftliche Applikationen und die zugehörigen Basistechnologien von Teilen der informationstechnischen Fachpresse konsequent ignoriert werden.

2.2.1 Übersicht

Neben der Entwicklung und dem Vertrieb der Software selbst gibt es eine Reihe von Dienstleistungen rund um Business-Software:

- Die Softwarehersteller bieten im Rahmen von Wartungsverträgen *Service und Support* für ihre Produkte an. Meist gibt es verschiedene Kategorien von Service-Levels, die sich in den Verfügbarkeitszeiten, dem Umfang der Dienstleistung und natürlich im Preis unterscheiden. Der

Begriff Wartung ist im Zusammenhang mit Software ein recht unverblümter Euphemismus, da Software natürlich nicht verschleißt. Gemeint ist nicht nur die Korrektur von Fehlern, sondern auch die Ergänzung zusätzlicher Funktionen im Rahmen neuer Versionen und die Anpassung an sich ändernde - vor allem gesetzliche - Rahmenbedingungen. In aller Regel ist Business-Software viel zu geschäftskritisch, um ohne Wartungsvertrag betrieben werden zu können. Die Kosten für solche Verträge belaufen sich meist auf 10-20% der Softwarelizenzkosten pro Jahr. Nur in Ausnahmefällen werden Wartungsverträge mit anderen Anbietern als dem Softwarelieferanten selbst abgeschlossen. Oft wird beklagt, die Softwareanbieter nutzten diese Situation aus, um die Preise für Servicedienstleistungen sehr großzügig zu kalkulieren und damit die Software selbst zu subventionieren - ein naheliegender, aber nicht belegbarer Vorwurf.[6]

- Bei Projekten zur Einführung oder Erweiterung von Standardsoftware oder zur Erstellung von Individualsoftware wird meist auf externe *Beratungs*dienste zurückgegriffen. Die Softwarehersteller bieten diese Dienstleistung für ihre eigenen Produkte an; unabhängige Beratungshäuser unterhalten oft Partnerschaften mit mehreren Anbietern und beraten als Systemintegratoren bei der Anwendung und Einführung von deren Software. Zwischen Service, Support und Beratung gibt es einen Grenzbereich, der von den Anbietern unterschiedlich definiert wird. Schwierig abzugrenzen sind etwa einzeln bestellte und fakturierte Remote Services, bei denen sich Mitarbeiter des Anbieters auf das Kundensystem einwählen, um Arbeiten oder Prüfungen durchzuführen.

- Das *Training* der Endbenutzer wird in den meisten Fällen vom Projektteam selbst übernommen. Das Projektteam seinerseits besucht Schulungen über die Software, die der Softwareanbieter entweder vor Ort im Unternehmen oder in eigenen Schulungsräumen anbietet. Neben

---

[6] Allerdings ist das Vorgehen, die Verkaufspreise eines Produktes zuungunsten der Folgekosten niedrig zu halten, in allen möglichen Branchen gängige Praxis, man denke nur an die Preise für Drucker und die zugehörigen Tintenpatronen oder Toner.

den Softwareherstellern gibt es nur einige wenige unabhängige Schulungsanbieter, die für betriebswirtschaftliche Software ausbilden. In Deutschland von Bedeutung ist z.B. die Unilog Integrata Training.

• Nur in sehr begrenztem Umfang konnte sich in Bezug auf Business-Software bislang Application Service Provision (ASP[7]) durchsetzen. Dabei wird eine Software komplett vom Hersteller oder einem anderen Dienstleister betrieben. Der Anwender zahlt eine monatliche Gebühr dafür, sie nutzen zu können. Aus technischer Sicht ist dieses Modell heute auch bei großen Benutzerzahlen durchaus möglich: Die Anwender greifen über Mietleitungen oder über das Internet auf die Anwendung zu. Im Falle einer reinen Web-Oberfläche sind nicht einmal zusätzliche Öffnungen der Firewalls notwendig. Der Endanwender greift per Browser auf das System des Providers zu.

2.2.2 Application Service Provision (ASP)

ASP ist vor allem für kleinere Unternehmen interessant, für die sich der selbständige Betrieb eines hochverfügbaren Systems nicht lohnt. Ihnen bietet ASP folgende Vorteile:

• Die Einführungszeiten können verkürzt werden, da die Beschaffung von Hardware und Systemsoftware entfällt.

• Beim Betreiber ist Expertise über das zu verwendende System bereits vorhanden.

• Die Betriebskosten sind für die Vertragsdauer fest planbar.

• Der personelle, technische und organisatorische Aufwand für eine hochverfügbare Lösung verteilt sich auf mehrere Unternehmen.

Diesen Vorteilen stehen jedoch einige Nachteile gegenüber, die bisher dem durchgreifenden Erfolg des Konzepts im Wege stehen:

• Man begibt sich in eine Abhängigkeit vom Application Service Provider, da unternehmenskritische Geschäftsprozesse extern verantwortet werden. Ein Ausfall des Service kann im Falle eines ERP-Systems schnell die Existenz des Unternehmens bedrohen. Man stelle sich nur

---

[7] Nicht zu verwechseln mit der gleichnamigen Technologie der Active Server Pages von Microsoft

den Fall vor, daß tagelang keine Rechnungen gedruckt oder keine Produkte versendet werden können.

- Da der Provider mehrere Kunden bedienen muß, um rentabel arbeiten zu können, sind der Anpaßbarkeit der Standardlösung enge Grenzen gesetzt.

- Sensible Daten, im Extremfall Kunden- und Personaldaten werden extern gespeichert. Datenschutz und Datensicherheit werden extern verantwortet.

- Internes Wissen über das verwendete System wird auch langfristig nur auf Endbenutzerebene aufgebaut.

- Die Kosten, die pauschal pro Periode oder nach Nutzungsparametern erhoben werden, sind häufig so hoch, daß kaum Kostenvorteile gegenüber einer selbst betriebenen Lösung bestehen.

Weitaus häufiger als ASP ist bei Business-Software der Betrieb im eigenen Rechenzentrum des anwendenden Unternehmens, ggf. mit Unterstützung durch externe Dienstleister. Auch das vollständige Outsourcing des Systembetriebs im eigenen Rechenzentrum ist ein gängigeres Modell als eine reine ASP-Lösung.

2.3 Einige wichtige Anbieter

Ein Überblick über die Anbieter kann natürlich nie vollständig sein. In einem so bewegten Geschäft wie dem mit Business-Software ändert sich die Marktsituation zudem sehr schnell. Im folgenden sollen deshalb nur grobe Unternehmensdaten zu einigen wichtigen Anbietern genannt werden. Aktuelle und detaillierte Informationen sind in allen Fällen den Internetpräsenzen der betroffenen Unternehmen zu entnehmen.

2.3.1 SAP

Die Abkürzung SAP steht für "Systeme, Anwendungen und Produkte in der Datenverarbeitung" oder "Systems, Applications and Products in data processing. Die SAP wurde 1972 gegründet. Sie hat ihren Hauptsitz in Walldorf. Wie bereits erwähnt, vertrieb sie zunächst ein System für das Finanz- und Rechnungswesen, später mit R/2 ein komplettes ERP-System. 1992 kam

R/3 auf den Markt. Seit 1988 ist sie in Deutschland börsennotiert, seit 1998 auch in den USA. In den letzten Jahren bietet sie auch Nicht-ERP-Anwendungen an, z.B. Software für elektronische Marktplätze und Portale. Heute arbeiten nach eigenen Angaben etwa 10 Millionen Benutzer an über 60000 Installationen mit SAP-Software.[8] Aktuelles Produkt ist mysap, eine Gesamtlösung, die neben den ERP-Anwendungen viele neuere Produkte umfaßt.

2.3.2 Oracle

Die Firma Oracle wurde 1977 gegründet.[9] Ihr Hauptsitz befindet sich in Redwood Shores, Kalifornien. Als eine der ersten brachte sie ein relationales Datenbanksystem für kommerzielle Anwendungen auf den Markt. Oracle gilt bis heute als eines der führenden Unternehmen in diesem Bereich, viele Konkurrenzapplikationen arbeiten auf der Grundlage einer Oracle-Datenbank. Oracle ist seit 1986 börsennotiert. Inzwischen entwickelt man außer Datenbanken auch alle Arten betriebswirtschaftlicher Anwendungssoftware. Oracle gilt als ein Softwarehaus, das besonderen Wert auf die Technologie legt, die seinen Anwendungen zugrunde liegt. Als eines der ersten hat es sich auf eine webbasierte Architektur festgelegt.

2.3.3 Peoplesoft

2.3.3.1 Unternehmensgeschichte

Das jüngste unter den hier beschriebenen Unternehmen ist Peoplesoft. Es wurde 1987 in Kalifornien gegründet und erlebte in den ersten Jahren einen rapiden Aufstieg. Bereits kurz nach der Gründung wurde ein zweistufiges Client/Server-System für personalwirtschaftliche Anwendungen entwickelt und vertrieben. Zunächst konzentrierte man sich auf strategische Human-Resources-(HR)-Anwendungen wie Personalentwicklung, dann erweiterte man die Software zunächst um operative Funktionen wie Lohn- und Gehaltsabrechnung. Schließlich entwickelte man sie zur kompletten ERP-Suite weiter, indem man Logistik- und Finanzanwendungen ergänzte. Seit 1992 werden die Aktien von Peoplesoft öffentlich gehandelt.[10]

---

[8] Vgl. http://www.sap-ag.de/germany/aboutSAP/; 06.06.2003
[9] Vgl. http://www.amanet.org/books/catalog/0814406394_pressrelease.htm; 06.06.2003
[10] Vgl. http://www.peoplesoft.com/corp/en/about/overview/corp_chron.jsp; 15.7.2003

Mit der Version Peoplesoft 7 ging Peoplesoft recht spät auf eine dreistufige Architektur (Benutzerrechner, Anwendungsserver, Datenbankserver) über. 1999 übernahm Peoplesoft mit Vantive einen der großen Anbieter von Software für das Customer-Relationship-Management (CRM) und integrierte das System mit seiner ERP-Lösung. Das aktuelle Produkt heißt Peoplesoft 8.

2003 übernahm Peoplesoft den Wettbewerber J.D.Edwards. Die Produktpaletten der Unternehmen ergänzen sich, da J.D.Edwards vor allem bei mittelgroßen Unternehmen der Fertigungsindustrie verbreitet ist, Peoplesoft selbst dagegen insbesondere große Konzerne zu seinen Kunden zählt. Kurz nach dieser Übernahme startete Oracle einen Versuch zur feindlichen Übernahme von Peoplesoft. Der Ausgang ist zum Zeitpunkt der Fertigstellung dieses Buches noch offen.

2.3.3.2 J.D.Edwards

Als Anbieter von Software für IBM-Midrange-Rechner startete J.D.Edwards 1977. Der Stammsitz des Unternehmens befindet sich in Denver. Ein Meilenstein der Unternehmensgeschichte war die Markteinführung der ERP-Lösung World Mitte der achtziger Jahre. Sie lief auf der AS/400-Plattform der IBM und verhalf J.D.Edwards zu einem großen Kundenstamm, vor allem in den Vereinigten Staaten.

1996 wurde OneWorld auf den Markt gebracht, eine ERP-Suite, die außer auf der angestammten AS/400 auch auf Unix- und Windows-Rechnern lief.[11] Daß J.D.Edwards sich relativ spät für andere Plattformen öffnete, war Vor- und Nachteil zugleich: Einerseits hatte man gegenüber Wettbewerbssystemen, deren Konzeption in die achtziger Jahre zurückreichte, einen technologischen Vorsprung. Man konnte moderne Techniken bereits im Systemdesign berücksichtigen, während andere einen älteren Systemkern mühsam an neuere Entwicklungen anpassen mußten. Andererseits kam OneWorld zu einem Zeitpunkt auf die Märkte für Unix- und Windows-basierte Anwendungen, als vor allem ersterer schon heiß umkämpft war - die Pioniergewinne hatten andere eingestrichen. Auch der Gang an die Börse kam 1997 verhältnismäßig spät.

---

[11] Vgl. http://www.jdedwards.com/public/0,2489,0%257E101%257E,00.html; 13.07.2003

Herausragendes Merkmal der OneWorld-Suite war das sogenannte Confi-
gurable-Network-Computing, eine Architektur, die die freie Verteilung aller
Daten und Anwendungen auf beliebige Maschinen im Netz erlaubte. Sie ist
bis heute Bestandteil der Softwarelösungen von J.D.Edwards.

1999 übernahm J.D.Edwards die Firma Numetrix, einen der führenden Anbieter von Software für das Supply-Chain-Management, die mit der vorhandenen ERP-Software integriert wurde. Das aktuelle Produkt heißt JDE5.

Nach der Übernahme durch Peoplesoft soll J.D.Edwards als Tochterunternehmen samt seiner Produktpalette erhalten bleiben. Peoplesoft vermarktet
die eigene Produktpalette als Lösung für Konzerne, diejenige von J.D.Ed-
wards als Lösung für mittelständische Unternehmen.

2.3.4 Navision, Great Plains, Microsoft

In den ersten Jahren des ERP-Booms konzentrierten sich die meisten Anbieter auf große Unternehmen und Konzerne als Kunden. Hier war mit relativ geringem Vertriebsaufwand viel Umsatz zu erzielen, da diese Kunden jeweils große Anzahlen von Lizenzen beschafften. Dieser Umstand ermöglich-
te es Nischenanbietern, leicht konfigurierbare, aber funktional beschränkte
ERP-Lösungen mit großem Erfolg an kleinere Unternehmen zu vertreiben.
Inzwischen ist der ERP-Markt für Konzerne weitgehend gesättigt und alle
Anbieter versuchen, kleinere Unternehmen als Kunden zu gewinnen. Die
Mittelstandsspezialisten müssen daher heute mit den Generalisten konkur-
rieren.

Zwei der bedeutendsten Anbieter von ERP-Software für kleinere, mittelständische Unternehmen waren Navision und Great Plains, die inzwischen beide
von Microsoft übernommen wurden. [12]

Navision wurde 1984 in Dänemark gegründet [13] und spezialisierte sich früh
auf ERP-Software für Microsoft-Betriebssysteme, die damals noch als reine
Endbenutzerplattformen galten. 1995 wurde mit Navision Financials eine
ERP-Lösung mit Client/Server-Architektur auf den Markt gebracht. Funktionen für das Finanz- und Rechnungswesen waren im Standard enthalten,
die Anpassung an die Anforderungen der Kunden besorgten Implemen-

---

[12] Vgl. http://news.com.com/2100-1001-900683.html; 15.07.2003
[13] Vgl. http://www.navision.com/ma/view.asp?categoryID=409; 15.07.2003

tierungspartner, die bei Bedarf auch Logistikfunktionen ergänzten. Navision schloß sich im Jahr 2000 mit Damgaard, einem anderen dänischen ERP-Anbieter, zusammen.

Great Plains ist ein amerikanischen Unternehmen, das 1981 in Fargo gegründet wurde[14] und ebenfalls ERP-Systeme auf Microsoft-Plattformen entwickelte. Während Navision im europäischen Markt erfolgreich war, lag Great Plains Stärke in Nordamerika. Beide Unternehmen versuchten, auf dem jeweils anderen Kontinent Fuß zu fassen, beiden gelang es jedoch, ihren jeweiligen Heimatmarkt recht erfolgreich zu verteidigen.

Inzwischen werden die Produkte von Navison und Great Plains von Microsoft vertrieben und weiterentwickelt. Damit steht Microsoft im Wettbewerb zu etablierten ERP-Anbietern, deren Produkte zu großen Anteilen auf Microsofts Betriebssystemen und Datenbanken basieren.

2.4 Informationsquellen

Erste Informationsquelle zu Business-Software sind natürlich die Hersteller selbst. Um Objektivität bemühte, neutrale Informationen sind weit schwieriger zu finden.

Eine breite, aber wenig detaillierte Übersicht über das Gesamtangebot bieten Verzeichnisse und Kataloge wie z.B. http://www.nomina.de.

Spezialisierte Produktanalysen und -vergleiche werden regelmäßig von Analysten veröffentlicht. Sie sind in der Regel nicht billig und oft nur für Abonnenten erhältlich, dafür aber sehr detailliert. Einige bekannte Analysten sind z.B.

- die Gartner Group (http://www.gartner.com),
- die Metagroup (http://www.metagroup.com) und
- Forrester (http://www.forrester.com).

Wissenschaftliche Analysen zum Thema Business-Software finden sich beim BIT-Institut (http://www.bit-institute.com).

---

[14] Vgl. http://www.crmadvocate.com/company/gps.html; 15.07.2003

Auf Data-Warehouses und Business-Intelligence spezialisiert ist das Business Application Research Center (http://www.barc.de).

3 Systemeinführung

3.1 Einführungsstrategien

Kleinere ERP-Systeme für Unternehmen mit nur einigen wenigen Anwendern können, schenkt man den Anbietern glauben, in einigen Wochen eingeführt werden. Die konzernweite Implementierung eines großen ERP-Systems für Hunderte von Benutzern dagegen dauert Monate oder Jahre. Gleiches gilt für umfassende CRM- oder SCM-Einführungen. In diesem Fall bietet es sich an, Etappen zu definieren, auf denen das Gesamtziel erreicht werden soll. Wenn bereits nach einem Teil der Projektlaufzeit einige der Benutzer produktiv mit dem neuen System arbeiten können, erhöht sich die Akzeptanz des Projektes. Um dies zu erreichen, bieten sich verschiedene Strategien der Systemeinführung an, die im folgenden kurz gegenübergestellt werden sollen.

3.1.1 Modulare Einführung

Im Falle der modularen Systemeinführung werden Funktionsbereiche der Software identifiziert, die vor dem Einsatz des Gesamtsystems genutzt werden sollen.

Beispiel: Im Falle eines ERP-Systems werden die Finanz- und Controllingmodule zuerst angepaßt, die zugehörigen Geschäftsprozesse optimiert und die entstehende Lösung mit den überkommenen Logistik- und Produktionssystemen verbunden.

Vorteil: Da bei der Prozeßanalyse und bei der Anpassung der Software zunächst nur Teilbereiche des Unternehmens betrachtet werden, verringert sich die organisatorische Komplexität des Projektes immens.

Nachteil: Da Teile der bestehenden Lösung zunächst erhalten bleiben, müssen Schnittstellen zwischen den zuerst einzuführenden Teilen des neuen Systems und den zunächst weiterverwendeten Teilen des alten Systems geschaffen werden. Solche Schnittstellen können, je nach Offenheit der beteiligten Systeme, aufwendig und fehleranfällig sein. Es kann auch vorkommen, daß ein Altsystem bestimmte Daten überhaupt nicht online austauschen kann. In diesem Fall kann ein Offline-Datenaustausch an einer unerwünschten Stelle den eigentlich gewünschten Geschäftsprozeß oder Arbeitsablauf vollständig verhindern. Die eventuell teuren Schnittstellen werden nach Abschluß des Gesamtprojektes nicht mehr benötigt; man investiert in eine Wegwerflösung.

3.1.2 Bereichsweise Einführung

Viele Unternehmen bestehen als Folge von Unternehmenszusammenschlüssen und -aufkäufen aus mehreren Standorten, Geschäftsbereichen oder rechtlichen Einheiten, die weitgehend voneinander unabhängig sind. In diesem Fall bietet es sich an, ein Komplettsystem zunächst für einen Geschäftsbereich zu implementieren und später andere folgen zu lassen.[15]

Beispiel: Ein ERP-System wird zunächst an einem Produktions- und Vertriebsstandort komplett (d.h. mit Finanz-, Produktions- und Logistikmodulen) eingeführt. Später werden Tochtergesellschaften mit eigener Rechnungslegung und Produktion an anderen Standorten damit ausgestattet.

Vorteil: Das Unternehmen kann zunächst Erfahrungen mit dem Gesamtsystem sammeln, die Projektmitarbeiter bauen Wissen auf. Später kann das bereits erfahrene Team das System an weiteren Standorten oder in weiteren Geschäftsbereichen einführen. Die Prozesse innerhalb des Bereichs werden nicht gekappt, sondern wie vorgesehen eingeführt.

Nachteil: Bestehen die betroffenen Geschäftsbereiche nicht als eigenständige rechtliche und logistische Einheiten, so gibt es Beziehungen zwischen ihnen, die sich nicht als Kunden-Lieferanten-Verhältnis abbilden lassen. Beispielsweise kann es erforderlich sein, Kundenbestellungen mit Positionen aus verschiedenen Geschäftsbereichen zu bearbeiten. Dies erfordert wiederum temporäre Schnittstellen, in diesem Fall zwischen dem neuen System eines Bereichs und dem Altsystem eines anderen Bereichs. Der Schnittstellenaufwand ist tendenziell aber geringer als im Fall der modularen Einführung.

3.1.3 "Big Bang"

Die Einführung der vollständigen Systemfunktionalität auf einen Schlag wird als *Big Bang* bezeichnet. Schnittstellen zu Altsystemen sind nicht erforder-

---

[15] In Anlehnung an den englischen Terminus roll-out hat sich hierfür der Begriff *ausrollen* eingebürgert.

lich. Komplexität und Risiko des Projektes sind bei dieser Strategie am größten. Die Übernahme der Altdaten in das einzuführende System ist schwierig, da über alle beteiligten Altsysteme zu einem Zeitpunkt ein Schnappschuß gezogen werden muß, wenn das neue System "eingeschaltet" wird. Diese Vorgehensweise erfordert keine temporären Schnittstellen, ist aber leider nur für kleinere Unternehmen oder für kleinere Anwendungssysteme mit wenigen Benutzern praktikabel.

3.2 Vorgehensmodelle für den Projektablauf

Für den Ablauf von Softwareeinführungsprojekten gibt es eine Reihe von Vorgehensmodellen. Insbesondere verfügen alle wichtigen Unternehmensberatungen über ihre eigenen Modelle.[16] Im folgenden werden einige wichtige Modelle charakterisiert.

3.2.1 Projektphasen nach Steffens' OrgIS-Vorgehensmodell

Das OrgIS-Vorgehensmodell von Steffens beschreibt ausführlich den Ablauf von Projekten zur Entwicklung der Organisation.[17] Dazu gehört die Entwicklung von IT-Lösungen, die einer Organisation die Umsetzung optimierter Geschäftsprozesse ermöglichen. Im Rahmen dieser Einführung soll vereinfachend nur auf grundlegende Phasen eines Projektes kurz eingegangen werden.

- Zu Beginn wird eine *Ist-Analyse* getätigt, die die bestehende Organisation dokumentiert. Sie wird "top-down" durchgeführt, beginnend bei den höchsten Organisationseinheiten der Aufbauorganisation. Sie beschreibt die Funktionen, Zuständigkeiten und Systemunterstützung im Unternehmen.

- Auf den Ergebnissen der *Ist-Analyse* baut die Schwachstellenanalyse auf, die Rationalisierungspotentiale identifiziert.

- Das *Soll-Konzept* beschreibt den Zielzustand von Aufbauorganisation, Ablauforganisation und Systemkonfiguration. Dazu werden Geschäfts-

---

[16] Ein Überblick über verschiedene Ansätze findet sich bei Hess, T./ Brecht, L., State of the art des Business process redesign, 2. Aufl., Wiesbaden 1996

[17] Vgl. Steffens, Franz, OrgIS - ein Organisationsinformationssystem. Grundlagen und Grundideen. Lehrstuhl für Allgemeine Betriebswirtschaftslehre, Organisation und Wirtschaftsinformatik der Universität Mannheim, Mannheim o.J.

prozesse mit geeigneten Tools modelliert und die beteiligten Systeme spezifiziert.

- Das *Fachkonzept* definiert Datenmodell und Anwendungskonzept. Die genaue Spezifikation der Anforderungen an ein System ist ausgesprochen wichtig, um spätere Unstimmigkeiten und Unzufriedenheiten zu vermeiden.

- Im Rahmen der *Analyse und Auswahl der Softwarelösung* werden nach einer Vorauswahl die besten Systeme anhand echter Daten getestet.

- Der *Systementwurf,* heute wird auch häufig vom Systemdesign gesprochen, beschreibt die Systemarchitektur auf einer technischen E-bene im Detail.

- Er ist Grundlage der *Systemrealisierung,* der eigentlichen Entwicklung. Unter Entwicklung wird hierbei nicht nur Programmierung verstanden, sondern im Falle von Standardsoftware auch die Parametrisierung eines Systems auf die Anforderungen einer Organisation hin.

- Nach Systemtests und -abnahme erfolgt die *Organisationsumstellung* durch Datenaufbau und koordinierte Umstellung von Organisation und System.

3.2.2 Vorgehensmodelle der Softwarehäuser

Die meisten Anbieter betriebswirtschaftlicher Software haben Vorgehensmodelle zur Einführung ihrer Systeme entwickelt. Aus naheliegenden Gründen fehlt in diesen Modellen die Systemauswahl ebenso wie die Entscheidung zwischen Standard- und Individuallösung. Oft wird auch auf die Entwicklung eines Sollkonzeptes verzichtet, da die mit der eigenen Software realisierbaren organisatorischen Lösungen als optimiert betrachtet werden.

Oft werden diese Vorgehensmodelle durch Softwarewerkzeuge unterstützt, die speziell darauf abgestimmt sind. Diese Tools werden den Kunden meist ohne Zusatzkosten zur Verfügung gestellt. In einigen Fällen warten sie sogar mit kleineren Schnittstellen ins Customizing des einzuführenden Systems auf. Diese Werkzeuge können auch dann hilfreich sein, wenn man sich nicht am Vorgehensmodell des Softwarehauses orientiert, man verwendet in diesem Fall nur Teile davon.

Nachteil dieser Vorgehensmodelle ist sicherlich die "Herstellerbrille", mit der sie entwickelt sind. Sie tendieren dazu, zu einer Organisation zu führen, die sehr an die Software angepaßt ist.

Besonders kurze Projektlaufzeiten können erreicht werden, wenn man sich für ein Standardprodukt entscheidet und bewußt festlegt, auf Modifikationen verzichten zu wollen. Manche Hersteller bieten vorkonfigurierte Lösungen für bestimmte Branchen und Einsatzbereiche an, um diese Vorgehensweise zu unterstützen. Freilich verzichtet man damit darauf, die Organisation selbst zu optimieren. Gewählt wird dieser Ansatz von Unternehmen, die dringend eine Softwarelösung benötigen und unter großem Zeitdruck stehen. Insbesondere diejenigen, die sich seinerzeit zu spät über die Euro-Einführung und über die Jahr-2000-Fähigkeit ihrer Systeme Gedanken gemacht haben, mußten auf diesen Ansatz zurückgreifen.

3.2.3 Business-Process-Reengineering und verwandte Konzepte

Anfang der neunziger Jahre kam eine Managementmethode auf, die unter wechselnden Bezeichnungen bis heute bei den meisten Reorganisationsprojekten eine Rolle spielt: Business-Process-Reengineering (BPR).

Grundbegriff des BPR ist der Geschäftsprozeß. Er besteht aus einer Menge von Vorgängen zur Erstellung einer Leistung, die sich i.d.R. quer durch viele funktional spezialisierte Organisationseinheiten ziehen.

Die bestehenden Prozesse werden radikal in Frage gestellt. Neue Prozesse werden entworfen, als ob die Organisation "auf der grünen Wiese" neu aufgebaut werden müßte. Einziger Ausgangspunkt ist die zu erbringende Leistung. Beim Design der Prozesse werden die aktuellen Möglichkeiten der IT bewußt mit einbezogen.

So entsteht eine Sollorganisation, für die dann die geeigneten Softwaresysteme zu implementieren sind.

In Projekten zur Einführung von Business-Software wird die Prozeßoptimierung im wesentlichen aus zwei Gründen oft vernachlässigt:: (a) Ein reines Einführungsprojekt ohne umfassende Betrachtung der zu unterstützenden

Prozesse hat eine kürzere Laufzeit. (b) Es ist politisch viel einfacher durchsetzbar, da es weniger Besitzstände beschneidet.

3.2.4 Vorgehensmodelle des Software Engineering

Vorgehensmodelle, die aus dem Bereich des Software-Engineering stammen, haben ihren Fokus natürlich auf der Softwareentwicklung. Dies gilt sowohl für traditionelle Verfahren wie das Wasserfallmodell als auch für neuere Ansätze. Sie sind für die Einführung von Standardsoftware kaum geeignet.

3.3 Projektplanung und -management

Eine ausführliche Einführung in Projektplanung und Projektmanagement würde den Rahmen dieses Buches sprengen. Aus diesem Grunde sei hier nur auf einige Kerngedanken hingewiesen:

- Einer groben Anforderungsanalyse folgt i.d.R. eine Aufwandsschätzung. Dabei werden notwendige Funktionen identifiziert, für deren Analyse (falls im Detail noch ausstehend), Design, Implementierung und Test jeweils der Aufwand in Manntagen geschätzt wird.

- Drei wesentliche Variablen bestimmen das Projekt: Projektdauer, Projektkosten und funktionaler Umfang der Lösung. Es klingt banal, ist aber nicht selbstverständlich, daß eine dieser Variablen abhängig sein muß und nicht alle drei gesetzt sein können.

- Beim Staffing ist zu bedenken, daß die Projektdauer durch den Einsatz zusätzlicher Mitarbeiter nicht beliebig, sondern nur in einem gewissen Rahmen verkürzt werden kann.

- Vorab müssen Meilensteine definiert werden, z.B. Abschluß von Design, Implementierung und Integrationstest. Zu diesen Zeitpunkten muß geprüft werden, ob die vorab definierten Anforderungen erfüllt sind.

4 Architekturen betriebswirtschaftlicher Software

4.1 Gegenstand und Konsequenzen der Systemarchitektur

Neben der Funktionalität eines Softwaresystems ist zu seiner Beurteilung auch die Technologie von Bedeutung, auf der es basiert. Die meisten betriebswirtschaftlichen Anwendungssysteme werden mit einer eigenen Laufzeitumgebung, einer Entwicklungsumgebung und diversen Tools für Administratoren und Entwickler ausgeliefert. Die Gesamtheit dieser systemnahen Komponenten stellt die Basistechnologie des Systems dar. Sie stellt dem Programmierer betriebswirtschaftlicher Anwendungen z.b. komfortable Funktionen zur Verfügung, um auf Daten zuzugreifen und Benutzerdialoge zu entwickeln.

Die Architektur eines Softwaresystems bestimmt, wie diese Basistechnologie aufgebaut ist und wie sie sich konfigurieren läßt. Sie hat nicht unmittelbar mit der Funktionalität des Systems zu tun, gibt also nicht seinen Aufbau aus (funktionalen) Modulen an.[18]

Fast alle Business-Software-Systeme werden auf verschiedene Rechner verteilt, die jeweils eigene Aufgaben erfüllen. Voraussetzung für diese Verteilung ist, daß eine der folgenden Grundlagentechniken zur Anwendung kommt:

- Entfernte Aufrufe synchroner oder asynchroner Art[19], z.B. Remote Function Calls (RFC) oder Remote Method Invocation (RMI)

- Eine zentrale Vermittlungsinstanz, z.B. ein Object Request Broker. Die aufgerufene Komponente bleibt für die aufrufende Komponente dabei weitgehend transparent.

- Theoretisch gibt es noch eine dritte, hier im allgemeinen irrelevante Möglichkeit: Mobiler Code, der bei Bedarf von einem Rechner auf einen anderen übertragen und dort ausgeführt wird, z.B. Java-Applets.

---

[18] Wohl aber kann die Systemarchitektur mittelbar die Funktionalität beeinflussen. Ob z.B. eine Anwendung Offline-Funktionen anbieten kann, hängt von den Fähigkeiten der Basistechnologie ab.
[19] Asynchrone Aufrufe ermöglichen die Weiterverarbeitung des aufrufenden Systems vor der Antwort des aufgerufenen Systems. Sie erfordern mehrere Prozesse oder Threads und sind technisch komplexer. Näheres hierzu im Kapitel über EAI-Systeme.

Die Systemarchitektur definiert, aus welchen Bearbeitungsebenen ein System zusammengesetzt ist. Die wichtigsten Bearbeitungsebenen sind:

- die Benutzerschnittstelle,

- die Anwendungslogik und

- die Datenhaltung.

Sie definiert auch, wie innerhalb einer Ebene Aufgaben auf mehrere Rechner verteilt werden können, z.B. durch Maßnahmen zum Load-Balancing (Verteile die Last gleichmäßig auf mehrere Rechner) und zur Redundanz (Lasse einen Rechner automatisch einspringen, wenn ein anderer ausfällt).[20]

Von der Systemarchitektur werden wesentlich beeinflußt:

- Die Performanz (Wie schnell können wie viele Anfragen bearbeitet werden?)

- Die Skalierbarkeit (In welchem Umfang kann man durch zusätzliche Hardware die Performanz erhöhen oder für steigende Benutzerzahlen konstant halten?)

- Der Hardwarebedarf

- Die Netzwerklast zwischen den Verarbeitungsebenen.

4.2 Einzelplatzsysteme

Die Systemarchitektur einer Software bestimmt, wie sie auf verschiedene Hardwareplattformen verteilt werden kann. Der einfachste Fall trifft zu, wenn Benutzerinteraktion, Geschäftslogik und Datenhaltung auf einem Rechner vereint werden. Solche Einzelplatzsysteme, die nicht auf verschiedene Rechner verteilbar sind, haben Kleinstanwender zur Zielgruppe, beispielsweise Handwerker oder Freiberufler. Die Software verwaltet für sie z.B. die Auftragsabwicklung. Sie ist häufig im Fachhandel zu beziehen und soll ohne weitere Beratung einsetzbar sein.

---

[20] Zur Umsetzung sind vielfältige Verarbeitungsregeln möglich. Z.B. kann jede Anfrage an den gerade am wenigsten belasteten Rechner weitergeleitet werden, an den nächsten in der Reihe oder an den, der geographisch dem anfragenden Rechner am nächsten liegt.

Von diesem untersten Marktsegment der Business-Software zu unterscheiden sind Einzelplatzinstallationen großer, umfassender Softwaresysteme. Viele ERP-Systeme können nämlich durchaus auf einem einzelnen Rechner, z.B. auf einem leistungsfähigen Laptop, installiert werden. Hilfreich ist diese Fähigkeit vor allem für Schulungs- und Präsentationszwecke. Voraussetzung dafür ist, daß alle Module der Softwarearchitektur, also Benutzerschnittstelle, Logik und Datenhaltung, auf mindestens einer gemeinsamen Plattform (Hardware und Betriebssystem) lauffähig sind.

4.3 Hostbasierte Systeme

Hostbasierte Systeme werden heute i.d.R. nicht mehr neu eingeführt, sind aber in vielen Unternehmen noch im Einsatz. Beispiele sind SAP R/2 und World Software von J.D. Edwards.

Der Benutzer verfügt an seinem Arbeitsplatz nicht über einen eigenen Rechner, sondern über ein Terminal. Terminals haben keine eigene Rechenkapazität zur Verarbeitung von Geschäftsdaten und -logik. Sie stellen dem Benutzer lediglich die Ausgabe dar, die das Hostsystem ihnen liefert. Die Eingaben des Benutzers liefern sie an das Hostsystem zurück, wo alle Daten zentral verarbeitet und gespeichert werden. Dafür kommen in aller Regel Großrechner oder Midrangesysteme zum Einsatz.

Die Darstellung der Benutzeroberfläche auf den Terminals ist häufig zeichenbasiert. Während ungeübte Benutzer damit nur schlecht zurecht kommen, erreichen geübte Benutzer damit erstaunliche Bearbeitungsgeschwindigkeiten. Neuere Systeme verfügen zum Teil auch über graphische Oberflächen.

Die Hostbasierte Architektur hat einige Vorteile, die dazu führen, daß solche Systeme vereinzelt auch heute noch zur Anwendung kommen. Wenn ein Benutzer nicht ohnehin für Office-Anwendungen einen PC benötigt, so reicht statt dessen ein Terminal aus, das einen geringeren Wartungsaufwand erfordert.

Eine recht moderne Technik basiert auf einer ähnlichen Architektur wie der hostbasierten: Ein Terminal Server kann als "Aufsatz" auf beliebige Client/Server-Architekturen verwirklicht werden, die einen PC als Endbenutzergerät erfordern. Er fungiert aus Sicht des Serversystems als Client und bedient seinerseits die eigentlichen Clients an den Benutzerarbeitsplätzen. Diese dienen, wie Terminals, nur der graphischen Darstellung und der Dateneingabe.

Vorteil dieses Konzeptes sind die geringe Netzlast zum Client und die sehr geringen Hardwareanforderungen an Arbeitsplatzrechner. Der PC wird gewissermaßen als Terminal mißbraucht. Dadurch kann ältere Hardware weitergenutzt werden.

In dem Maße, wie ein Server Aufgaben des Clients übernimmt, benötigt er aber freilich auch zusätzliche Hardware. Zudem fallen Lizenzkosten für die Terminallösung selbst an.

Hostbasierte Systeme

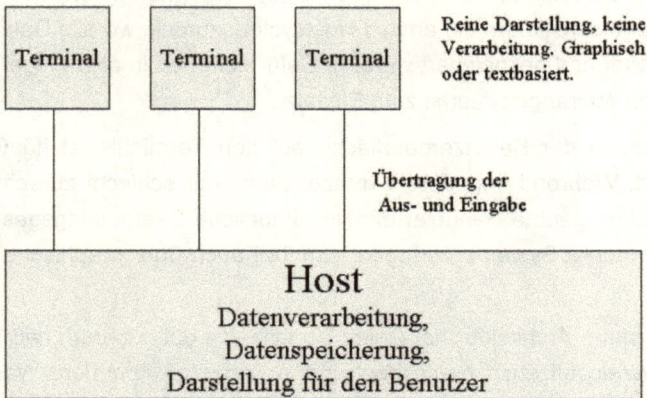

Terminal	Terminal	Terminal	Reine Darstellung, keine Verarbeitung. Graphisch oder textbasiert.

Übertragung der
Aus- und Eingabe

Host
Datenverarbeitung,
Datenspeicherung,
Darstellung für den Benutzer

Abb. 2: Hostbasierte Systeme

4.4 Client/Server-Systeme

4.4.1 Grundlagen

Mit der zunehmenden Verbreitung der Personal Computer wurde Rechenleistung auf dieser Gerätegattung immer billiger. Zudem wurden mehr und mehr Arbeitsplätze ohnehin mit PCs ausgestattet, um Officefunktionen zu erledigen. Es lag also nahe, nur noch diejenigen Aufgaben zentral auf teuren, großen und mittleren Rechnern ausführen zu lassen, die dies zwingend notwendig machten.

Inzwischen hat sich diese Aufgabenteilung durchgesetzt. Rechner, die zentral Dienste für andere Rechner zur Verfügung stellen, werden als Server bezeichnet. Sie stehen üblicherweise in einem Rechenzentrum unter ständiger Kontrolle von Operatoren, so daß eine hohe Verfügbarkeit gewährleistet werden kann. Dagegen kommen am Benutzerarbeitsplatz PCs zum Einsatz. Sie nehmen Dienste der Server in Anspruch und werden deshalb als Clients bezeichnet. Ihre Aufgaben sind die Darstellung der Benutzeroberfläche für den Anwender und die Entgegennahme seiner Eingaben. Im Gegensatz zu Terminals können sie auch Anwendungslogik selbst verarbeiten, wenn diese keine Verbindung zum Server erfordert.

Auf diese Weise ist jeder Rechner auf diejenigen Aufgaben spezialisiert, für die er am geeignetsten ist. Im Vergleich zu hostbasierten Systemen sind Aufgaben vom Großrechner auf den Arbeitsplatzrechner verlagert worden. Die Vorteile sind die Nutzung vergleichsweise billiger PCs, die in großen Stückzahlen gefertigt werden, die Bedienungsfreundlichkeit und die Möglichkeit der Interaktion zwischen Client-Software und Arbeitsplatzanwendungen.[21]

Die häufigsten Serverdienste sind im Zusammenhang mit Business-Software die zentrale Datenhaltung und die Applikationslogik betriebswirtschaftlicher Programme.

In den Abschnitten 4.4.5 und 4.4.6 werden verschiedene Client/Server-Architekturen beschrieben. Es ist wichtig zu verstehen, daß es sich dabei um

---

[21] Z.B. können Auswertungen aus einem ERP-System in ein Tabellenverarbeitungsprogramm übertragen und dort aufbereitet werden.

Architekturen der Software, nicht der Hardware handelt. Eine Architektur erlaubt die Verteilung der Verarbeitungsebenen auf verschiedene Hardwarekomponenten, erzwingt sie i.d.R. aber nicht. Die meisten Anwendungssysteme unterstützen mehrere dieser Architekturmodelle. Je nach Hersteller und Produkt sind verschiedene dieser Client/Server-Architekturen entweder

- uneingeschränkt möglich und sinnvoll,

- einschränkt möglich (z.B. ein Webclient, mit dem sich nur Teile der Funktionalität eines Systems bedienen lassen),

- theoretisch möglich, aber unpraktikabel (z.B., weil sie eine sehr hohe Netzlast zur Folge hätten) oder

- unmöglich.

4.4.2 Client

Wichtigste Aufgabe der clientseitigen Verarbeitung ist die Darstellung der graphischen Benutzeroberfläche (Graphical User Interface, GUI) für Analyse- und Darstellungsfunktionen. Ihre Gestaltung hat großen Einfluß auf die Bearbeitungszeit, die ein Anwender für bestimmte Aufgaben benötigt und damit auf seine Produktivität. Bei ihrer Optimierung steht man vor konkurrierenden Zielen:

- Eine intuitive, weitgehend selbsterklärende Gestaltung verringert den Schulungsaufwand und erhöht die Bearbeitungsgeschwindigkeit für gelegentliche Benutzer.

- Eine auf geübte Benutzer optimierte Oberfläche reduziert die Bearbeitungszeit für häufig wiederholte Aufgaben durch geübte Benutzer.

Um beide Ziele erreichen zu können, bieten manche Systeme für kritische Geschäftsprozesse mehrere Bearbeitungsalternativen an.

Typisches Betriebssystem für Client-Anwendungen ist Windows, seltener kommen Apple- oder Linux-Rechner zur Anwendung. Vereinzelt werden auch Java-basierte Client-Applikationen angeboten, die theoretisch auf jedem Betriebssystem lauffähig sind, für das eine virtuelle Maschine verfügbar ist. Die meisten Systeme bieten heute auch den vollständigen Verzicht auf clientseitige Softwareinstallation an und erfordern zumindest für einen Teil der Funktionalität nur einen Webbrowser.

Ein wichtiges Kriterium bei der Beurteilung von Client/Server-Architekturen ist die Netzlast, die zwischen Clientrechnern und Servern entsteht. Im Gegensatz zu der Verbindung zwischen verschiedenen Servern, die meist in einem Rechenzentrum plaziert sind, müssen hierbei größere Distanzen überbrückt werden.[22]

4.4.3 Applikationsserver

Der Applikationsserver erledigt die eigentliche Verarbeitung der Daten. Auf ihm wird die betriebswirtschaftliche Logik ausgeführt. Die Anbieter liefern mit ihren Systemen eine Laufzeitumgebung aus, auf der die eigentlichen Anwendungsprogramme transaktionssicher ausgeführt werden. Nur wenige Hersteller bedienen sich dafür einer Basistechnologie von Drittanbietern, die meisten stellen sie selbst her. Mit Hilfe geeigneter Entwicklungswerkzeuge können die Kunden die Software erweitern. Die Entwickler können dabei recht einfach auf Datenbank und Benutzerschnittstelle zugreifen, indem sie die selben Techniken verwenden, die den Softwarehäusern selber zur Verfügung stehen.

Aus Gründen der Performanz und der Ausfallsicherheit kommen meist mehrere Applikationsserver parallel zum Einsatz. Typische Plattformen für Applikationsserver sind z.B. IBM i-series sowie Unix- und Windows-Server.

4.4.4 Datenbankserver

Fast alle Business-Software-Systeme nutzen zur Datenspeicherung ein relationales Datenbanksystem,[23] auf das ihre Anwendungen zugreifen. Nur wenige Anwendungshersteller treten aber selbst als Anbieter von Datenbanksystemen auf. Die meisten von ihnen stellen ihren Kunden mehrere Datenbanksysteme von Drittanbietern zur Auswahl. Eine Ausnahme bildet Oracle,

---

[22] Diese Netzlast kann in einem Zielkonflikt mit der Usability stehen. Ein hierfür optimiertes System wird die Eingabe kompletter Datensätze vom Benutzer erfordern und erst nach deren vollständiger Erfassung Eingabefehler bemerken. Will man Eingabefehler bereits bei der Eingabe eines Feldes erkennen, so ist in vielen Fällen eine zusätzliche Kommunikation mit dem Server erforderlich, etwa um Referenztabellen zu prüfen.
[23] Eine Einführung in relationale Datenbanken würde hier zu weit führen. In diesem Zusammenhang ist es lediglich wichtig zu wissen, daß relationale Systeme seit den achtziger Jahren ihre Vorgänger mehr und mehr verdrängt haben und heute das Gros der Datenbanksysteme ausmachen. Die potentiellen Nachfolger, insbesondere reine objektorientierte Datenbanken, haben sich als Basissysteme für Geschäftsanwendungen bislang nicht durchsetzen können. Greifen objektorientierte Anwendungen auf relational gespeicherte Daten zu, so muß jeweils der sogenannte Impedance-Mismatch überwunden werden, eine potentielle Quelle zusätzlicher Komplexität und Fehleranfälligkeit.

das mit seinen Anwendungen ausschließlich seine eigene Datenbank nutzt. Andere Anbieter nutzen neben Oracle vor allem die Systeme von Microsoft und IBM.

Ein Datenbanksystem nimmt dem Anwendungsentwickler die Organisation und Kontrolle der physischen Datenspeicherung ab. Es sichert die Datenintegrität, erlaubt einen schnellen Zugriff auf gespeicherte Informationen und hilft, Redundanz zu vermeiden. Es kontrolliert den Zugriff auf die Daten, gewährleistet Skalierbarkeit und Ausfallsicherheit und bietet etliche weitere Vorteile. Aus diesem Grund gibt es heute praktisch keine betriebswirtschaftlichen Anwendungssysteme mehr, die auf Dateibasis arbeiten, anstatt sich eines Datenbanksystems zu bedienen.

In den meisten Fällen greift eine Systeminstallation auf genau eine Datenbank zu. Aus diesem Grund ist der Datenbankserver i.d.R. die meistbelastete Komponente der Gesamtarchitektur und muß mit entsprechend leistungsfähiger Hardware ausgestattet sein. Werden Daten an mehreren Standorten verteilt gehalten und soll Transaktionssicherheit gewährleistet sein, so gestaltet sich die Konzeption des Datenzugriffs äußerst komplex (sogenannter 2-phase-commit). Aus diesem Grunde unterstützen nur sehr wenige Anbieter betriebswirtschaftlicher Software diese Architekturvariante.

Typische Plattformen für Datenbankserver sind Unix, IBM z-series und Windows Server.

4.4.5 Architekturen

Im folgenden werden einige, häufig vorkommende Architekturen dargestellt. Fast alle Anwendungssysteme unterstützen mehrere dieser Modelle. Man unterscheidet vor allem nach dem Umfang der Applikationen am Benutzerarbeitsplatz (Thin-Client vs. Fat-Client) sowie nach der Anzahl der beteiligten Verarbeitungsebenen (2-stufige, 3-stufige und n-stufige Architektur, oft auch als 2-tier, 3-tier und n-tier Architektur bezeichnet). Die Auswahl unter den verfügbaren Modellen hängt ebenso wie die Auswahl der zugrundeliegenden Hardware und Basissoftware vom Einsatzzweck ab.

4.4.5.1 Zweistufig, Thin-Client

Die zweistufige Thin-Client-Architektur hat Ähnlichkeit mit hostbasierten Systemen. Der Endbenutzer arbeitet jedoch nicht mit einem Terminal, sondern mit einem PC, auf dem eine eigene Applikation läuft. Sie stellt die Benutzer-oberfläche auf dem Bildschirm dar, nimmt Eingaben entgegen und kommuniziert mit dem Server. Dieser erledigt sowohl die Verarbeitung der Daten als auch ihre Speicherung.

Softwaresysteme, die proprietäre Thin Clients verwenden, können so optimiert werden, daß die übertragene Datenmenge zwischen Client und Server minimiert wird. Diese Systeme eignen sich daher insbesondere für Anwendungen, bei denen Anwender und Server geographisch oder netzwerktopologisch weit voneinander entfernt sind.

Client/Server-Systeme: 2-stufig, thin client

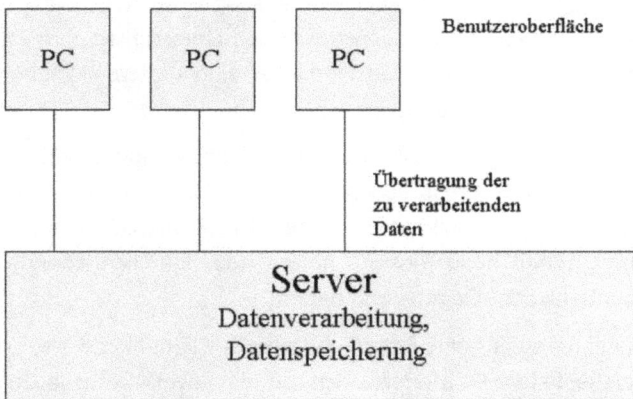

Benutzeroberfläche

PC   PC   PC

Übertragung der
zu verarbeitenden
Daten

Server
Datenverarbeitung,
Datenspeicherung

Abb. 3: 2-stufige Architektur mit Thin-Client

Die zweistufige Architektur hat den Nachteil, daß bei größeren Benutzerzahlen der Server leicht zum Flaschenhals werden kann, der die Anfragen nicht mehr in zufriedenstellender Zeit beantworten kann.

Die ersten Client-Server-Systeme bedienten sich oft dieser Architektur. Bei größeren Installationen ist sie heute kaum noch zu finden. Kleinere Systeme, die nur wenige Benutzer bedienen, arbeiten aber noch häufig nach diesem Prinzip.

Webbasierte Systeme, bei denen der Endbenutzer anstelle einer Client-Applikation nur einen Browser benötigt, werden zuweilen auch unter die Thin-Client-Systeme subsumiert. Da sie aber prinzipiell mit anderen Architekturen kombinierbar sind, wenn ein spezieller Web-Anwendungsserver die Benutzeroberfläche in Html-Code überträgt und an den Browser weiterleitet, werden sie hier als Architekturvariante betrachtet und im Kapitel 4.4.6 näher behandelt.

4.4.5.2 Zweistufig, Fat-Client

Das zweistufige Modell aus Clients und einem Server kann auch so aufgebaut sein, daß die Verarbeitung aller Daten, also die betriebswirtschaftliche Anwendungslogik auf dem Client-Rechner ausgeführt wird. Dieser Fall soll hier als Fat-Client bezeichnet werden, um den Unterschied zum Thin-Client herauszustellen. Die betreffenden Hersteller sind um wohlklingendere Bezeichnungen freilich nicht verlegen.

Der Server wird von Verarbeitungsaufgaben entlastet und nimmt nur die Datenspeicherung wahr. Entsprechend umfangreicher ist die Client-seitige Verarbeitung. Die Kommunikation zwischen Client und Server kann sich auf diejenigen Vorgänge beschränken, die lesende oder schreibende Zugriffe auf die Datenbank zum Gegenstand haben.

Diese Architektur stellt hohe Ansprüche an die Client-Hardware; i.d.R. sind sehr gut ausgestattete PCs erforderlich, um die jeweils aktuelle Version der Software ausführen zu können. Anwendungen, die häufige Datenzugriffe benötigen, erzwingen eine hohe Netzlast. Aufgrund dieser Nachteile sind Installationen dieser Art selten zu finden.

Client/Server-Systeme: 2-stufig, fat client

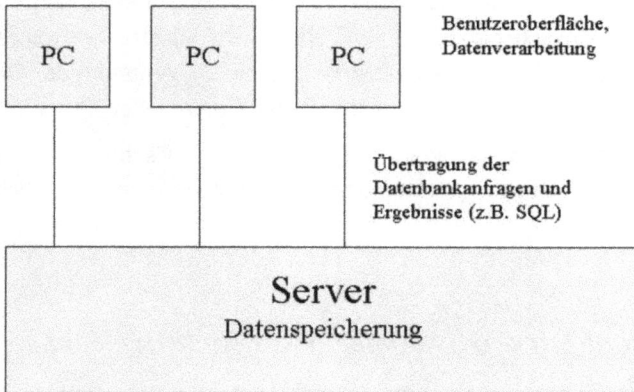

Abb. 4: 2-stufige Architektur mit Fat-Client

4.4.5.3 Dreistufig, Thin-Client

Bei großen Benutzerzahlen kommen die Server einer zweistufigen Systemumgebung schnell an ihre Grenzen. Wirklich vorteilhaft ist die Konzentration
der Serverfunktionen auf eine einzige Instanz aber eigentlich nur in einem
Fall: Zentrale Datenhaltung ist weitaus einfacher und robuster als verteilte
Datenhaltung. Die Verarbeitungsfunktionen der Anwendungslogik dagegen
lassen sich einfach und zuverlässig auf mehrere Rechner verteilen. Aus diesen Überlegungen heraus entstand die dreistufige Client-/Server-Architektur,
auf der heute die meisten ERP-Installationen beruhen.

Die Datenhaltung wird von einem einzigen Datenbankverwaltungssystem
übernommen. Die Anwendungen kommunizieren mit diesem Rechner, wenn
sie auf Daten zugreifen oder diese ändern. Sie laufen aber auf einem oder
mehreren anderen Rechnern. Diese Rechner werden als Applikationsserver
bezeichnet. Sie verarbeiten die betriebswirtschaftlichen Daten und kommuni-

zieren mit den clientseitigen Applikationen, wenn Benutzerinteraktion gefordert ist.

Gibt es mehrere Applikationsserver, so werden die Anfragen der Clients nach bestimmten Regeln auf diese Server verteilt. Im einfachsten Fall wird jeder Client statisch einem Server zugeordnet, kürzere Antwortzeiten gewährleistet eine dynamische Lastverteilung, die die Anfragen der Clients immer auf den gerade am wenigsten belasteten Server leitet.

Auch im Falle der dreistufigen Architektur kann zwischen Thin-Client und Fat-Client unterschieden werden, der Thin-Client übernimmt lediglich die Benutzerinteraktion.

Client/Server-Systeme: 3-stufig, thin client

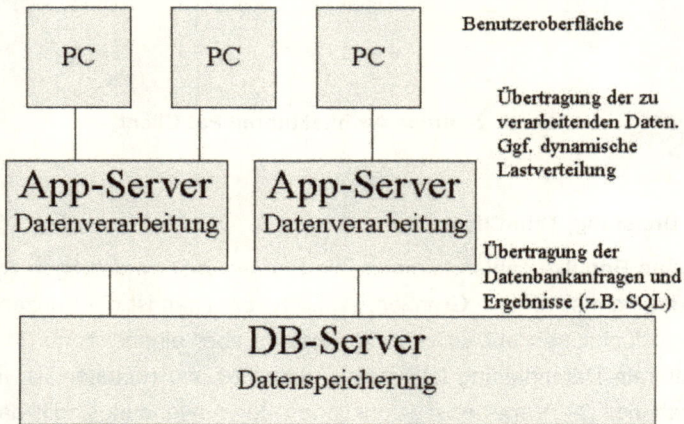

			Benutzeroberfläche
PC	PC	PC	
			Übertragung der zu verarbeitenden Daten. Ggf. dynamische Lastverteilung
App-Server Datenverarbeitung	App-Server Datenverarbeitung		
			Übertragung der Datenbankanfragen und Ergebnisse (z.B. SQL)
DB-Server Datenspeicherung			

Abb.5: 3-stufige Architektur mit Thin-Client

4.4.5.4 Dreistufig, Fat-Client

Ein Fat-Client einer dreistufigen Applikation kommuniziert selbstverständlich nicht direkt mit der Datenbank und übernimmt nicht alleine die vollständige Datenverarbeitung. Vielmehr werden gezielt diejenigen Bearbeitungsfunktionen, die eng mit der Benutzerinteraktion verbunden sind und die keinen Datenbankzugriff erfordern, auf den Client verlegt. Dazu kann beispielsweise die Aufbereitung von Daten und Kennzahlen gehören. Der Applikationsserver übernimmt weiterhin die restliche Anwendungslogik, insbesondere die Funktionen, die Zugriff auf die Datenbank erfordern.

Die meisten ERP-Systeme ermöglichen heute diese Architektur. Bei größeren Installationen wird sie häufig verwendet.

Client/Server-Systeme: 3-stufig, fat client

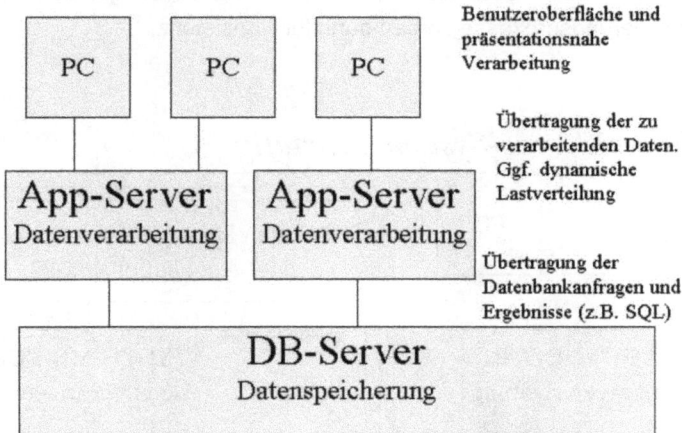

PC   PC   PC

Benutzeroberfläche und präsentationsnahe Verarbeitung

App-Server
Datenverarbeitung

App-Server
Datenverarbeitung

Übertragung der zu verarbeitenden Daten. Ggf. dynamische Lastverteilung

Übertragung der Datenbankanfragen und Ergebnisse (z.B. SQL)

DB-Server
Datenspeicherung

Abb.6: 3-stufige Architektur mit Fat-Client

4.4.5.5 n-stufig

Die dreistufige Client-/Server-Architektur ist in der Lage, große Benutzerzahlen performant zu bedienen. Insofern besteht auf den ersten Blick wenig Notwendigkeit, die Architektur weiter zu flexibilisieren. Einige wenige Systeme bieten dennoch eine zusätzliche Möglichkeit: die n-stufige Architektur.

Kerngedanke der n-stufigen Architektur ist, daß die optimale Verteilung von Daten und Anwendungen auf die Rechner im Netzwerk vom Einzelfall abhängt. Die betreffenden Systeme sind daher so flexibel konfigurierbar, daß es dem Administrator überlassen bleibt, welche Daten auf welchem Rechner liegen und welche Anwendungen auf welchem Rechner ausgeführt werden. Prinzipiell ist jeder Rechner in der Lage, Daten und Anwendungen zu beherbergen; die Grenzen zwischen Client und Server verschwimmen. Daten und Funktionen sind frei auf die Rechner im Netzwerk verteilbar.

Der PC eines bestimmten Endbenutzers kann zum führenden System für bestimmte Daten definiert werden. Er kann bestimmte, vorab festgelegte Anwendungslogik selbst ausführen, anderen Rechnern diesen Dienst zur Verfügung stellen und zu diesem Zweck selbst auf eine der Datenbanken zugreifen oder die benötigten Daten selbst halten. Dies alles ist frei definierbar. Daten können auch redundant auf mehreren Rechnern gehalten werden, Synchronisierungsprozesse sorgen dann für Konsistenz.

Client/Server-Systeme: n-stufig

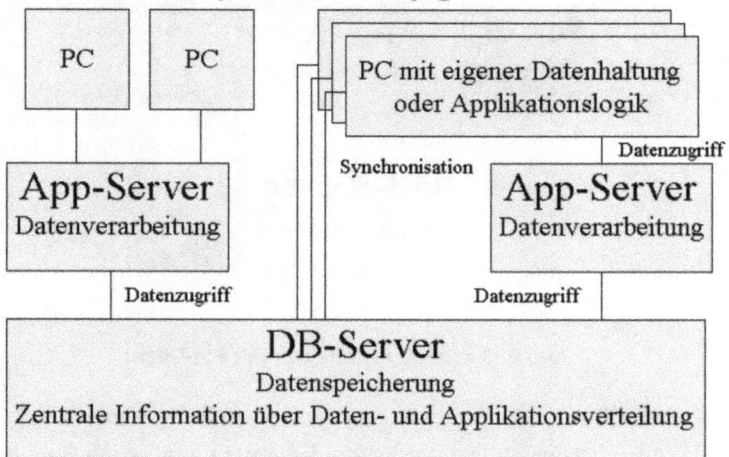

Abb.7: n-stufige Architektur

Ein zentraler Server hält die Informationen vor, welche Applikationen auf welchen Rechnern und welche Daten auf welchen Rechnern verfügbar sind. Er leitet Anfragen an die zuständigen Rechner weiter und überwacht die Verteilung von Funktionen und Daten.

N-Stufige Architekturen weisen eine gewisse Ähnlichkeit mit nichtkommerziellen Peer-To-Peer-Netzwerken auf, welche zwar große Benutzerzahlen bedienen, aber freilich eine weitaus geringere Komplexität der Daten und Anwendungen beherrschen müssen. Insbesondere sind sie filebasiert und müssen keine Konsistenz zwischen Daten auf verschiedenen Rechnern gewährleisten.

Die Vorzüge dieser Architektur kommen vor allem in Spezialfällen zur Geltung: Wenn bestimmte Daten nur von einem einzigen Benutzer gebraucht werden, so können sie auf seinem PC vorgehalten werden. Muß doch einmal ein anderer Benutzer darauf zugreifen, so verbindet sein Client sich über das Netzwerk mit diesem PC (der hoffentlich gerade verfügbar ist). Batchläufe, die ein Benutzer braucht, kann er zu jeder beliebigen Zeit anstoßen, ohne andere zu stören, weil sie auf seinem eigenen Rechner verarbeitet werden. Redundante Daten stehen offline zur Verfügung und werden bei Verbindung mit dem Netzwerk synchronisiert.

Die freie Verteilbarkeit der Anwendungen im Netzwerk bringt einen wesentlichen Nachteil mit sich: Der Administrator muß sehr genau beachten, welche Konsequenzen seine Einstellungen haben, sonst kann die Netzlast oder die Antwortzeit für eigentlich einfache Verarbeitungen inakzeptabel steigen. Noch kritischer sind die Nachteile bei der Verteilung von Daten: Die Gewährleistung der Transaktionssicherheit bei verteilter Datenhaltung ist aufwendig, komplex und fehleranfällig.

Die Konfigurationsmöglichkeiten von n-stufigen Systemen werden selten ausgeschöpft. Die meisten Installationen ähneln sehr stark dem dreistufigen Modell, eventuell mit einigen spezialisierten Anwendungsservern für bestimmte Verarbeitungen. Die Architektur ist natürlich flexibel genug, um auch dieses nachzubilden.

4.4.6 Architekturvarianten

Alle genannten Architekturen lassen sich mit einigen Varianten kombinieren. Diese werden deshalb nicht als eigene Architekturmodelle betrachtet, sondern im folgenden davon unabhängig vorgestellt.

4.4.6.1 Datennahe Logik auf dem Datenbankserver

Die meisten betriebswirtschaftlichen Anwendungen erfordern ständige Benutzerinteraktion. Daten werden eingegeben und abgerufen. Eher selten sind Anwendungsfälle, die eine längere Abarbeitung eines Algorithmus erfordern. Ein typisches Beispiel sind Produktionsplanungsläufe. Sie werden angestoßen, greifen dann ständig auf die Datenbank zu, beanspruchen nicht unerhebliche Verarbeitungszeit, erfordern aber nach ihrem Start keine weitere Benutzerinteraktion. Üblicherweise werden auch solche Verarbeitungen ohne Benutzerinteraktion auf den Applikationsservern ausgeführt. Ihr Ablauf wird mit geeigneten Administrationstools automatisch zu Zeiten angestoßen, in denen wenige Benutzer auf das System zugreifen. Auf diese Weise wird die Performanz nicht beeinträchtigt und die Benutzer werden mit akzeptablen Antwortzeiten bedient.

Aus technischer Sicht bietet es sich aber an, Abläufe ohne Benutzerinteraktion, die häufig auf die Datenbank zugreifen, direkt auf dem Datenbankserver auszuführen. Viele Hersteller von Datenbanksoftware bieten diese Möglichkeit an und einige ERP-Systeme können Gebrauch davon machen. Sie können so konfiguriert werden, daß ein Teil der Datenverarbeitung direkt durch das Datenbanksystem ausgeführt wird. Dadurch können bestimmte Zugriffe effizienter durchgeführt werden. Z.B. kann ein bestimmter Verarbeitungsschritt auch von einem Zustand der Daten getriggert (angestoßen) werden, d.h. ein Programm läuft automatisch immer genau dann ab, wenn eine bestimmte Datenkonstellation gegeben ist.

Bei der Einrichtung eines Systems unter Verwendung dieser Architekturvariante muß natürlich darauf geachtet werden, daß man diese Möglichkeiten nicht übertreibt und damit den Datenbankserver zum Flaschenhals des Gesamtsystems macht. Nicht ohne Grund hat man schließlich den Datenbankserver beim Übergang von der zwei- zur dreistufigen Architektur von Verarbeitungsaufgaben befreit.

Sehr flexibel konfigurierbar ist in dieser Beziehung die Anwendungssoftware von Oracle. Da der amerikanische Anbieter sich darauf beschränkt, mit seinen Applikationen sein eigenes Datenbanksystem zu unterstützen und keine anderen Datenbanksysteme berücksichtigen muß, hat er die Möglichkeit, mit seinen Anwendungen die Optimierungspotentiale der eigenen Datenbank voll auszureizen. Dazu gehört, daß datennahe Logik in sogenannten Stored-Procedures auf dem Datenbankserver ausgeführt werden kann, was die genannten Vorteile bringt.

4.4.6.2 Mobiler Code

Der Vollständigkeit halber sei eine Architekturvariante erwähnt, die im Bereich betriebswirtschaftlicher Anwendungen kaum gebräuchlich ist. Programmcode kann auf einem zentralen Rechner vorgehalten werden, ohne dort ausgeführt zu werden. Bei Bedarf wird er auf den Rechner geladen, der ihn ausführen soll. Eine Technik, die dieses Prinzip verfolgt, stellen Java-Applets dar. Die Benutzeroberfläche wird nicht auf dem Endbenutzerrechner installiert, sondern jeweils bei Bedarf dorthin übertragen. Ein Applet darf i.d.R. nicht auf lokale Ressourcen zugreifen und nur mit dem Rechner kommunizieren, von dem es geladen wurde. Im Falle von signierten Applets, deren Herkunft verifiziert ist, kann auch auf lokale Ressourcen ohne größere Einschränkungen zugegriffen werden.

4.4.6.3 Web-Client

Seit dem Aufkommen des World-Wide-Web werden immer mehr Anwendungen mit einer webbasierten Benutzerschnittstelle ausgestattet: Auf dem Rechner des Endbenutzers muß keine Client-Software installiert werden. Vielmehr reicht ein gängiger Webbrowser aus, um über Http[24] mit einem Webserver zu kommunizieren, der dynamisch erstellten Html-[25] und Java-script-Code an den Browser ausliefert.

Der Web-Client ist mit jeder der vorgestellten Architekturen kombinierbar. Der Applikationsserver dient dazu entweder selbst als Webserver oder kommuniziert mit einem zusätzlichen Webserver, der die Aufgabe hat, die Seiten in Html aufzubereiten und sie an die Clients auszuliefern.

Die Vorteile liegen auf der Hand:

- Ein Webbrowser ist heute auf quasi jedem Rechner installiert. Insbesondere bei geographisch verteilten Benutzergruppen erfordert die In-

---

[24] Http: Hypertext transfer protocol
[25] Html: Hypertext markup language

stallation proprietärer Client-Software einen gewissen *logistischen Aufwand*, der durch den Web Client entfällt.

- Die meisten Benutzer sind den Umgang mit dem Webbrowser gewohnt. Die *Einarbeitungszeit* verkürzt sich entsprechend, wenn auf gängige Design-Prinzipien geachtet wird, die sich im WWW durchgesetzt haben.

- Bestehen besondere Sicherheitsanforderungen, so kann die Kommunikation zwischen Client und Server auf einfache Weise geschützt werden, indem man auf das sichere Protokoll *Https* zurückgreift.

- Der Client kann von außerhalb des Unternehmensnetzwerkes auf den Server zugreifen. Dazwischen wird eine *Firewall* plaziert, die nur Http-Verkehr gestattet. Business-Software kann somit kontrolliert für externe Benutzer geöffnet werden, z.B. für Außendienstmitarbeiter, die sich über das Internet mit dem Server verbinden oder für Lieferanten, denen bestimmte Informationen zur Verfügung gestellt werden sollen.

Im Vergleich zu proprietärer Client-Software auf dem Rechner des Endbenutzers hat ein Web-Client aber auch einige Nachteile:

- Html und Http verursachen einen *Datentransfer*, der weit über die Menge der tatsächlich auszutauschenden Nutzdaten hinausgeht. Proprietäre Client-Software ist dagegen in der Lage, die Kommunikation zwischen Client und Server so zu optimieren, daß der Datentransfer auf das Notwendigste beschränkt wird. Da die Netzwerke immer leistungsfähiger werden, verliert dieses Argument allerdings mehr und mehr an Bedeutung.

- Html und Http sind ursprünglich nicht als Client-Schnittstelle für Anwendungen, sondern zur Beschreibung und Übertragung von Hyperlink-Seiten konzipiert worden. Sie für Applikationen zu verwenden, stellt in gewissem Sinne einen Mißbrauch dar. Inzwischen ist Html zwar ständig weiterentwickelt worden, um auch diesem Zweck zu genügen. Bis heute macht sich dieses Manko aber bemerkbar, wenn bestimmte Funktionen nicht oder nur sehr umständlich mit einem Browser wahrgenommen werden können. So ist z.B. die Eingabe von Daten in Tabellenform mit Client-Software weit effizienter möglich. Andere Funktionen sind zwar prinzipiell auch mit einem Web-Client möglich, müssen aber browserspezifisch implementiert werden und blähen so den Code weiter auf. Aus diesem Grund stellen viele Anwendungssysteme *nicht alle Funktionen* auch für Web-Clients zur Verfügung.

- Viele Business-Software-Systeme, insbesondere ERP-Systeme sind älter als die Webtechnologie, wurden also nicht dafür entwickelt. Die Hersteller mußten dieses Problem durch eine *Zwischenschicht* lösen, die zwischen Applikationsserver und Client steht. Sie ist entweder in den Applikationsserver integriert worden oder steht auf einem eigenen Server zur Verfügung und hat die Aufgabe, die Bildschirmseiten der Applikation in Html-Code darzustellen. Diese Zwischenschicht kostet zusätzliche Verarbeitungszeit. Relevant wird dies vor allem für Benutzer, die in schneller Abfolge immer wieder die gleichen Erfassungsschritte vollziehen.

Der Trend geht bei ERP-Systemen weg von proprietären Thin-Client-Applikationen. Statt dessen werden Fat-Clients für häufige Benutzer des Systems installiert. Gelegentlichen Benutzern stehen mit einem Web Client die meisten Systemfunktionen zur Verfügung, ohne daß sie eigens Client-Software installieren müssen. Nur wenige Anbieter integrieren den Web-Client grundsätzlich in ihre Architektur, die meisten belassen es bei dieser Option.

4.4.6.4 Lose Kopplung

In größeren Unternehmen und Konzernen wird üblicherweise nicht nur eine einzige Installation eines betriebswirtschaftlichen Softwaresystems verwendet. Entsprechend den organisatorischen Gegebenheiten und den rechtlichen Einheiten, gibt es mehrere Instanzen, die i.d.R. geographisch verteilt sind. In den meisten Fällen ist eine solche Struktur durchaus sinnvoll, etwa um den Datenverkehr zwischen Client und Server zum größten Teil im LAN abwickeln zu können. Oft ist sie historisch gewachsen, etwa durch Unternehmensaufkäufe und -zusammenschlüsse. Da die beteiligten Unternehmen meist von sehr unterschiedlicher Größe sind und unterschiedliche Anforderungen haben, kommen regelmäßig Systeme unterschiedlicher Hersteller zur Anwendung.

Auch in diesen Fällen besteht jedoch die Notwendigkeit, die Systeme miteinander kommunizieren zu lassen. Im einfachsten Fall kann man die Beziehungen zwischen Konzerngesellschaften als simple Kunden-Lieferanten-Beziehungen abbilden, was prinzipiell mit jedem betriebswirtschaftlichen Anwendungssystem möglich ist. In anderen Fällen reicht diese Lösung nicht aus. Man kann dann die Schnittstellen der beteiligten Systeme verwenden, um selbst eine Integrationslösung zu entwickeln; man kann Standardlösungen zur Integration einsetzen. Einige Anbieter bieten aber auch die Möglichkeit, ihre Systeme lose zu koppeln. Darunter versteht man den meist asynchronen Austausch von Daten zwischen verschiedenen Instanzen von Datenbank- und Applikationsservern.

Im Gegensatz zu einer echten verteilten Datenhaltung, die aufwendig und risikoreich ist, werden bei der losen Kopplung von Anwendungssystemen nur genau die benötigten Daten verteilt und diese nur genau dann, wenn sie benötigt werden oder sich ändern. Ausgetauscht werden nicht Datenbanktabellen oder -Datensätze, sondern anwendungsspezifische Datensichten.

Die Hersteller definieren Standardszenarien, die häufig benötigt werden. Dazu gehören z.B. die folgenden:

- Wenn Unternehmensabschlüsse für einen Konzern konsolidiert werden müssen, wird kein gemeinsames ERP-System für das Rechnungswesen benötigt. Es reicht vollkommen aus, bei Bedarf die benötigten Daten aus den beteiligten Systemen zusammenzuführen und zu konsolidieren.

- Sehr häufig stehen einigen zentralen Produktionsstandorten mit vielen Benutzern viele dezentrale Vertriebsstandorte mit wenigen Benutzern gegenüber. Planungs- und Abwicklungsprozesse, die alle Standorte umfassen, können dann durch periodischen Austausch der relevanten Daten verwirklicht werden.

- Nachdem ein zentraler Einkauf Rahmenkontrakte abgeschlossen hat, können die Lieferungen dezentral abgerufen werden.

5   Enterprise-Resource-Planning (ERP)

Wie im Rahmen der Einführung schon ausführlich beschrieben, haben die
ersten Anbieter von Business-Software sich entweder auf das Finanz- und
Rechnungswesen oder auf die Produktionsplanung und -steuerung konzentriert. Als später beide Gruppen die jeweils anderen Funktionen in ihre Systeme aufnahmen und diese zusätzlich mit personalwirtschaftlichen Funktionen versahen, entstanden die ersten umfassenden und integrierten betriebswirtschaftlichen Anwendungssysteme. Für sie hat sich, in Erweiterung
des aus der Produktionsplanung und -steuerung stammenden Begriffs Ma-
nufacturing-Resource-Planning (MRP II) der Name Enterprise-Resource-
Planning (ERP) durchgesetzt.

5.1   Basistechnologie

Ein zuverlässiges und sicheres Anwendungssystem bedarf einer soliden
technischen Grundlage. Die meisten Anbieter verlassen sich dafür nicht auf
Drittanbieter, sondern liefern selbst eine Laufzeitumgebung, Schnittstellen
und häufig auch eine komplette Entwicklungsumgebung mit ihren Anwendungen aus.[26]

5.1.1 Plattformen

5.1.1.1 Betriebssysteme

Wie bereits erwähnt, sind alle wichtigen betriebswirtschaftlichen Anwendungssysteme auf mehreren Plattformen lauffähig. Für die Server werden
i.d.R. mehrere Unix-Derivate unterstützt, in letzter Zeit zunehmend auch Li-
nux. Daneben kommen die Windows Serverversionen zum Einsatz, aber
z.B. auch die iSeries-Rechner der IBM. Clientseitig werden vor allem die
gängigen Windows-Versionen verwendet. Nur noch selten werden Clients
für andere Betriebssysteme angeboten, meist wird hierfür auf einen Web-
Client verwiesen.

Aufgrund dieser Unabhängigkeit der Anwendungssysteme von Hardwareplattformen und Systemsoftware braucht sich der Anwender mit der Ent-

---

[26] Erst in letzter Zeit bahnt sich ein Wandel dieses Paradigmas an: Mehr und mehr Anbieter nutzen die J2EE-
Architektur von Sun oder die .NET-Plattform von Microsoft.

scheidung für eine Anwendungssoftware nicht zugleich an einen Hardware-anbieter binden. Tatsächlich wird aber nur sehr selten von der Möglichkeit Gebrauch gemacht, bei einem betriebenen System die Plattform zu wechseln.

5.1.1.2 Datenbanken

Applikationen greifen auf ein Datenbanksystem mittels SQL[27] zu. Da SQL zwar prinzipiell standardisiert ist, dieser Standard aber von den meisten Herstellern um eigene Features bereichert wird, muß eine Applikation für jedes Datenbanksystem, auf das sie zugreifen soll, eigens angepaßt werden.

Fast alle gängigen Business-Software-Systeme sind auf verschiedenen Datenbanksystemen lauffähig. In den allermeisten Fällen handelt es sich dabei um die gängigen relationalen Datenbanken von Oracle, Microsoft und IBM. Oracle verzichtet bei seinen eigenen Anwendungen freilich darauf, Wettbewerbsprodukte zu unterstützen.

Das Risiko der Abhängigkeit von einem Plattformanbieter ist heute wohl geringer als das der Abhängigkeit von einem Applikationsanbieter. Dennoch werden nach wie vor auch neue Applikationen meist auf verschiedenen Hardware-, Betriebssystem- und Datenbank-Plattformen angeboten. Der Grund besteht darin, daß die Auswahl von Betriebssystemen und Datenbanken oft eine grundsätzliche, konzernweite Entscheidung ist. Die Hersteller von Anwendungssoftware vermeiden durch Unterstützung mehrerer Plattformen, daß sie allein aufgrund einer solchen Festlegung Umsatz verlieren.

5.1.2 Installation

ERP-Systeme bestehen aus Komponenten oder Modulen. Z.B. gibt es in der Regel Module für den Vertrieb, für das Controlling, für die Anlagenbuchhaltung etc. In den meisten Fällen greifen diese Module auf eine gemeinsame Datenbank zu, teilen sich bestimmte Datenbanktabellen und arbeiten in der gleichen Umgebung und mit der gleichen Benutzeroberfläche. Die Trennlinie zwischen den Modulen ist daher eher theoretischer Natur und wird durch Zuordnungen der Menüpunkte oder der verwendeten Programmbestandteile zu einem Modul definiert.

---

[27] SQL: Structured Query Language

Die meisten ERP-Systeme sind so konzipiert, daß sie grundsätzlich komplett installiert werden. Die Komplettinstallation ist technisch viel einfacher handhabbar. Nicht genutzte Module werden nicht konfiguriert, müssen je nach Lizenzmodell auch nicht bezahlt werden, verbleiben aber Systembestandteil.

Die Installation einzelner Module eines ERP-Systems ist aus dem genannten Grund unüblich, bei manchen Systemen aber durchaus möglich. Teilt man bei solchen Systemen die Module auf verschiedene Installationen auf, so gewinnt man die Freiheit, sie getrennt voneinander auf neue Versionen zu aktualisieren.

Um das produktiv genutzte System möglichst von allen Störungen freizuhalten, wird üblicherweise das komplette System über alle Architekturebenen mehrfach auf mehreren gleichartigen Rechnern installiert: Als

- Entwicklungssystem,

- Testsystem und

- Produktivsystem.

Dies betrifft auf jeden Fall Applikations- und Datenbankserver, je nach Architektur bei n-stufigen Systemen auch Teile des Clients.

5.1.3 Releasewechsel

Selbstverständlich unterliegt auch ERP-Software einem ständigen Wechsel zu neuen Versionen, die neue Funktionen und Fehlerbereinigungen enthalten oder gar auf neuen Technologien basieren. Für ein im Betrieb befindliches ERP-System ist die Aufgabe des Releasewechsels aber sehr komplex, da sie folgenden Anforderungen unterliegt:

- Der Systembetrieb darf höchstens kurzzeitig an arbeitsfreien Tagen unterbrochen werden.

- Die aktuellen Stamm- und Bewegungsdaten müssen komplett und zeitpunktgenau in das neue System übernommen werden.

- Alle Systemeinstellungen, die bereits im alten Release verfügbar waren, müssen beibehalten werden oder auf sinnvolle Weise an veränderte Konfigurationsmöglichkeiten angepaßt werden.

- Anwenderspezifische Ergänzungen des Systems müssen an das neue Release angepaßt werden.

Würden diese Aufgaben nicht von geeigneten Funktionen des ERP-Systems unterstützt, so käme jeder Releasewechsel einer Migration auf ein anderes System gleich; der Aufwand wäre immens. Aus diesem Grund bieten die ERP-Anbieter die Möglichkeit, unter Beibehaltung aller Daten und unter weitgehender Beibehaltung der Einstellungen auf eine neue Version zu wechseln. Schwierig gestaltet sich die Anpassung von Ergänzungsentwicklungen. Sie müssen meist von Hand überarbeitet, auf jeden Fall aber umfangreich getestet werden. Der Aufwand für ein Releasewechselprojekt steigt daher vor allem mit der Anzahl der unternehmensspezifischen Ergänzungen, die entwickelt worden sind.

Neben den neuen Versionen einer Software gibt es immer auch Fehlerkorrekturen, die unabhängig davon von den Softwareherstellern zur Verfügung gestellt werden. Sie werden meist in periodischen Abständen als Sammlung angeboten, die automatisiert in das System eingespielt werden kann. In dringenden Fällen reicht dies nicht aus, der Anwender oder ein Berater muß dann automatisiert oder von Hand den Quelltext aufgrund von Hinweisen in Supportdatenbanken korrigieren.

5.1.4 Schnittstellen

Praktisch kein Unternehmen verfügt über eine Anwendungslandschaft, die ausschließlich von einem Hersteller stammt. Erstens verhindert dies in den meisten Fällen das organische Wachstum des Unternehmens und seiner IT. Man entscheidet sich jeweils für die Lösung, die den momentanen Anforderungen am besten entspricht und muß sich im Falle von Strategieänderungen, technologischen Neuerungen und Unternehmensakquisitionen immer wieder neu orientieren. Zweitens ist eine solche Monokultur oft auch überhaupt nicht erwünscht, da sie das Unternehmen in eine zu große Abhängigkeit vom Softwarehersteller führen würde.

Aus diesen Gründen muß quasi jedes ERP-System in irgendeiner Form mit anderen Softwaresystemen im Unternehmen kommunizieren. Die ERP-Anbieter stellen Schnittstellen für den Datenaustausch zur Verfügung. Deren

Anwendungsfälle können grob nach den beiden folgenden Kategorien unterschieden werden:

- Bei der *Einführung* des ERP-Systems muß initial ein größerer Datenbestand aus Altsystemen übernommen werden. I.d.R. wird ein Batchverarbeitungsprozeß gestartet, der vorformatierte Daten aus Dateien einliest, beispielsweise Kunden- oder Artikelstammdaten.

- Im *laufenden Betrieb* müssen häufig andere Systeme angebunden werden. I.d.R. werden einzelne Datensätze zwischen den Systemen ausgetauscht, um systemübergreifende Geschäftsprozesse zu ermöglichen. Ein typisches Beispiel ist die Erfassung eines Auftrags in einem Online-Shop, welcher im ERP-System weiterverarbeitet wird.

Die ERP-Systeme auf dem Markt unterscheiden sich bezüglich ihrer Schnittstellen sehr deutlich hinsichtlich folgender Punkte:

- Die *Anzahl der bereitgestellten Schnittstellen* bestimmt die Wahrscheinlichkeit, mit der ein Anwender für sein konkretes Problem eine vorgefertigte Lösung finden wird. Während einige ERP-Systeme vor allem Stammdaten austauschen können, bieten andere z.b. zusätzlich die Möglichkeit seitens externer Systeme Aufträge in das ERP-System einzubuchen.

- Für die *Flexibilität der Schnittstellen* ist entscheidend, wieviele Möglichkeiten der technischen Realisierung es für den Austausch bestimmter Daten gibt, wieviele verschiedene Protokolle also unterstützt werden. Je größer die Zahl dieser Möglichkeiten ist, desto größer ist die Wahrscheinlichkeit, eine gemeinsame Schnittstellentechnik zwischen dem ERP-System und dem anzubindenden System zu finden.

- Damit zusammen hängt die *technische Ebene* der Schnittstellenimplementierung. Muß direkt auf die Datenbank zugegriffen werden, so ist im Falle von externen Schreibzugriffen die Datenkonsistenz gefährdet. Werden nur Fileschnittstellen zur Verfügung gestellt, so gestaltet sich die Konstruktion synchroner Schnittstellen aufwendig. Am elegantesten ist ein objektorientierter Zugriff externer Systeme auf Geschäftsobjekte (z.B. Kunden, Aufträge, Artikel) des ERP-Systems, wenn für das verarbeitende Programm innerhalb des ERP-Systems transparent bleibt, ob es sich beim aufrufenden System um das gleiche System oder um ein Fremdsystem handelt. Für jede potentiell aufrufende Plattform muß dafür eine Klassenbibliothek bereitgestellt werden, die Aufrufe des ERP-Systems erlaubt. Alternativ können einige ERP-Systeme XML-Dateien, die einem vordefinierten Schema entsprechen, per Http austauschen. Eine solche XML-Datei kann beispielsweise Parameter enthalten, um ERP-seitig bestimmte Routinen wie die Auftragsverbuchung anzustoßen.

- Die *Kontinuität (Abwärtskompatibilität)* der Schnittstellen, die manche Hersteller versprechen, hält den Anpassungsaufwand bei Releasewechseln gering.

Zwischen mehreren Systemen des gleichen Herstellers besteht oft die Möglichkeit, einen Funktionsaufruf einfach um die Angabe des aufzurufenden Systems zu ergänzen. Der Aufruf wird dann auf einem entfernten, aber gleichartigen System ausgeführt.

Ein sehr alter Standard, der von vielen ERP-Systemen unterstützt wird, ist EDI (Electronic Data Interchange). EDI ist eine Schnittstelle für den Datenaustausch mit ERP-Systemen von Geschäftspartnern. Mittels EDI kann man z.B. Aufträge, Rechnungen und Auftragsbestätigungen papierlos übermitteln.

Man unterscheidet zwischen synchronen und asynchronen Aufrufen. Asynchrone Schnittstellen sind komplexer. Bei asynchroner Verarbeitung braucht das aufrufende Programm den Programmfluß nicht unterbrechen, um auf eine Reaktion des aufgerufenen Programms zu warten. Es kann in seiner Verarbeitung fortfahren und wird beim Eintreffen einer Reaktion benachrichtigt. Diese Verarbeitung, die zwingend Multithreading voraussetzt, braucht nicht vom aufrufenden Programm verwaltet werden, sondern wird durch ein Basissystem gewährleistet. Die meisten ERP-Systeme stellen sowohl synchrone als auch asynchrone Schnittstellen zur Verfügung.

Verbindungen zwischen verschiedenen betriebswirtschaftlichen Anwendungssystemen werden heute häufig nicht durch direkte Verbindung zwischen zwei Systemen, sondern durch eine EAI-Middleware realisiert. Die

Schnittstellen, die ERP-Systeme mitbringen, verlieren dadurch aber nicht an Bedeutung, da EAI-Systeme auf diese Schnittstellen aufbauen.[28]

5.1.5 Entwicklungsumgebung

Im Lieferumfang der meisten ERP-Systeme ist die Entwicklungsumgebung enthalten, mit der auch die Entwickler des Softwarehauses die Standardkomponenten der betriebswirtschaftlichen Anwendungen erstellt haben. Einige Hersteller liefern sogar deren Quellcode ohne Zusatzkosten mit aus.

Die Entwicklungsumgebungen der ERP-Systeme beinhalten meist alle üblichen Werkzeuge der Softwareerstellung: einen Editor, einen Debugger, Tools zur Performancemessung, Tools zur Erstellung von Masken und Menüs sowie viele weitere Hilfsmittel.

Da ERP-Systeme kritische Geschäftsprozesse unterstützen und üblicherweise dreifach für Entwicklungs-, Test- und Produktivzwecke installiert werden, sind zuverlässige und einfache Deploymenttools wichtig. Im besten Fall, den nur wenige Anbieter erreichen, wird der Deploymentprozeß vollständig innerhalb der Entwicklungsumgebung abgebildet, so daß der Entwickler keine Eingriffe auf Ebene des Betriebssystems oder der Datenbank vornehmen muß. Prüfung und Überführung von Datenobjekten, Programmen, Bildschirmoberflächen, Texten und anderen Bestandteilen der Anwendungen obliegen dann vollständig der Kontrolle des ERP-Systems. Inkonsistenzen durch Fehler auf darunter liegenden Ebenen werden minimiert.

Dem Entwickler beim anwendenden Unternehmen ist es daher möglich, komfortabel die Anwendungen um eigene Logik zu ergänzen, ohne einen Bruch in der Datenanbindung oder in der graphischen Darstellung in Kauf nehmen zu müssen.

Bedient sich ein Entwickler der integrierten Entwicklungsumgebung des ERP-Systems, so kann er komfortabel auf die folgenden Komponenten zugreifen:

- *Benutzerschnittstelle*: Der Entwickler entwirft Dialogbildschirme, die sich automatisch in die Gestaltung der Oberfläche einpassen. Für den Endanwender ist nicht erkennbar, ob er mit einem Standardmodul

---

[28] Näheres zum Thema EAI wird ausführlich in dem entsprechenden Kapitel behandelt.

oder mit einer unternehmensspezifischen Ergänzungsentwicklung arbeitet.

- *Datenbank*: Das dem ERP-System zugrunde liegende Datenbanksystem bleibt für den Entwickler transparent. Seine Anweisungen werden in SQL-Zugriffe auf die Datenbank übersetzt, die für das jeweilige System optimiert sind. In einigen Fällen ist sogar die Zuordnung von logischen Datensichten, auf denen er arbeitet, zu physischen Tabellen auf der Datenbank für ihn unsichtbar. Das Datenmodell innerhalb des ERP-Systems muß nicht unbedingt demjenigen entsprechen, das auf der Datenbank angelegt wird.

- *Schnittstellen*: Wie oben erwähnt, bieten die ERP-Systeme Schnittstellen für die externe Kommunikation. Diese können natürlich nicht nur für den externen Zugriff auf Standardmodule genutzt werden. Innerhalb des ERP-Systems kann mit der integrierten Entwicklungsumgebung auch der ERP-seitige Teil der Kommunikation gesteuert werden.

5.1.6 Laufzeitumgebung

Erst in letzter Zeit gehen Anbieter betriebswirtschaftlicher Applikationen dazu über, Laufzeitumgebungen von Drittanbietern für ihre Produkte zu verwenden. Insbesondere im Umfeld des E-Business wird die Java-Laufzeitumgebung von Sun bzw. ein J2EE-kompatibler Applikationsserver eines anderen Herstellers verwendet, gelegentlich auch die .NET-Plattform von Microsoft. Die meisten ERP-Systeme jedoch bringen nach wie vor ihre eigene Laufzeitumgebung mit.

Die Laufzeitumgebung übernimmt viele grundlegende Programmfunktionen, die der Programmierer einer einzelnen Anwendung dann auf einfache Weise in seine Programme einbauen kann. Die folgende Liste stellt einige Funktionen von ERP-Laufzeitumgebungen zusammen. Die wenigsten Anbieter können alle diese Funktionen abdecken.

- *Speicherverwaltung*: Die Laufzeitumgebung weist den ablaufenden Programmen Speicher und andere Ressourcen zu.

- *Scheduling*: Die Laufzeitumgebung verwaltet den Ablauf von Prozessen nach vordefinierten Prioritäten und Zeitplänen.

- *Dispatching*: Die Laufzeitumgebung verteilt Anforderungen nach Rechenzeit auf die Betriebssystemprozesse.

- *Spooling*: Die Verwaltung von Druckjobs wird zentral erledigt. Der Entwickler einer Anwendung muß nichts anderes tun, als diese Funktion in sein Programm einzubinden.

- *Einbindung der Hilfe-Funktion*: Allgemeine Hinweise sind ohne weiteres Zutun des Anwendungsentwicklers eingebunden, applikationsspezifische Texte können kontextabhängig von ihm gepflegt werden. Die Hilfefunktion kann vom Endbenutzer über alle Module einheitlich mit denselben Tastatur- oder Mauskommandos aufgerufen werden.

- *Einbindung von Benutzerparametern:* Ist ein Benutzer beispielsweise für eine bestimmte Kostenstelle zuständig, so kann er an zentraler Stelle definieren, daß Eingabefelder für die Kostenstelle in jedem Fall mit diesem Wert vorbelegt sind. Verlangt ein Entwickler die Eingabe einer Kostenstelle in seinem Programm, so erhält der Benutzer die Nummer seiner Kostenstelle als Defaultwert im Eingabefeld, ohne daß der Entwickler dieser speziellen Anwendung dies eigens vorgesehen hätte.

- *Einbindung von Suchhilfen*: Verlangt in obigem Beispiel der Entwickler die Eingabe einer Kostenstelle, so kann der Benutzer sich eine Referenztabelle aller möglichen Eingabewerte (hier: Kostenstellen) anzeigen lassen und daraus einen Wert auswählen. Wiederum ist keine besondere Entwicklungsarbeit erforderlich.

- *Prüfung von Eingabefeldern*: Mit der Suchhilfe im Zusammenhang steht die automatische Prüfung eines Eingabewertes anhand einer Referenztabelle. Um im Beispiel zu bleiben: Nur gültige Kostenstellennummern werden akzeptiert. Der Entwickler braucht wieder nichts anderes zu tun, als vom Eingabefeld auf die Referenztabelle zu verweisen. Gibt es keine Referenztabelle für ein Eingabefeld, so kann der Entwickler Datenformate (z.B. für Währungsfelder) definieren, die die Laufzeitumgebung bei der Eingabe durch den Benutzer prüft.

- *Verarbeitung von Dialogbildschirm und zugehörigem Programm*: Der Entwickler braucht nur die Ein- und Ausgabebildschirme zu definieren und seine Programme mit den Feldern und Menüpunkten in Beziehung zu setzen. Die Einbindung seiner Programme erledigt die Laufzeitumgebung.

- *Berechtigungsprüfung*: Welche Daten ein Benutzer lesen und ändern darf, wird an zentraler Stelle festgelegt, im besten Fall mittels vordefinierter Profile. Der Entwickler der einzelnen Anwendung kann diese Berechtigungsprüfung übernehmen.

- *Transaktionssicherheit und Sperrverwaltung*: Beim Zugriff auf die Daten des ERP-Systems soll sichergestellt sein, daß eine Transaktion entweder ganz oder gar nicht ausgeführt wird. Die dazu notwendigen Zwischenschritte (Erstellen und ggf. späteres Löschen eines Protokollsatzes) erledigt die Laufzeitumgebung. Wird ein Datum für ein Programm reserviert, so ist der Zugriff für andere Programme gesperrt.

Da ein Web-Client in den meisten Fällen nachträglich auf ein bestehendes System aufgesetzt wurde, gibt es hierfür oft eine eigene Laufzeitumgebung. Prinzipiell bestehen zwei grundsätzliche Möglichkeiten: Entweder wird eine Applikation weiter auf der ursprünglichen Umgebung ausgeführt und nachträglich durch ein Subsystem webtauglich gemacht, das dynamisch Html erstellt. Oder ein Webapplikationsserver wird in die bestehende Laufzeitumgebung integriert. Mittels einer eigenen Sprache oder durch Verwendung einer der verbreiteten Sprachen (z.B. PHP, ASP, JSP) werden dann Webapplikationen erstellt.

5.1.7 Administration

Dem Administrator des Systems stellen ERP-Systeme eine Reihe von Funktionen anheim. Die Benutzer- und Rechteverwaltung erlaubt die Definition von Autorisierungen. Sie werden nach Anwendungen, nach Daten oder nach einer Kombination aus beidem definiert. Um die Zusammenstellung der Rechte für den Administrator zu vereinfachen, bringen einige ERP-Systeme vordefinierte Profile für typische Benutzergruppen mit, die beispielsweise die Rechte eines Anlagenbuchhalters oder eines Einkaufssachbearbeiters abdecken.

Zur Systemüberwachung enthalten die ERP-Systeme Werkzeuge, die wichtige Systemfunktionen überwachen. So können wichtige Ressourcen ständig beobachtet werden. Bei zu hoher Auslastung wird der Administrator alarmiert, der rechtzeitig Gegenmaßnahmen einleiten kann.

Die ERP-Systeme legen ihre Daten über ein Unternehmen in Datenbanken ab. Dazu benötigen sie Organisationsstrukturen, anhand derer die Daten zusammengefaßt werden. Theoretisch läßt sich ein ERP-System für mehrere Unternehmen verwenden. Praktisch werden mehrere Unternehmen eines Konzerns damit abgebildet. Die Konzepte, um dies zu erreichen, sind verschieden: Einige ERP-Systeme legen mehrere, voneinander getrennte Datenbanken an, um verschiedene Firmen abzubilden. Andere führen die Firma (andere Terminologie: Mandant) als Schlüsselfeld in fast allen Datenbanktabellen mit. Dieser Wert muß dann bereits bei der Anmeldung des Benutzers angegeben werden und wird fortan bei allen Datenbankanfragen automatisch ergänzt.

Einige Systeme bieten unterhalb dieser Ebene die Möglichkeit, weitere Organisationsstrukturen zu hinterlegen. Die so definierten Konzernunternehmen können dann rechtlich selbständig Aufträge entgegennehmen, Bilanzen erstellen und verschiedene Geschäftsjahre, Hauswährungen oder Kontenpläne haben.

5.2 Funktionsüberblick

Zweck eines ERP-Systems ist die möglichst umfassende Unterstützung der betriebswirtschaftlichen Funktionen innerhalb eines Unternehmens. Dazu gehören vor allem die folgenden Bereiche, zu denen jeweils einige Funktionen beispielhaft genannt werden. Die Liste ist keineswegs vollständig:

Produktion: Das ERP-System unterstützt u.a. die Bearbeitung folgender Aufgaben:

- Produktionsplanung (Bsp.: Welche Menge einer Produktgruppe soll in einem bestimmten Zeitraum hergestellt werden?)

- Disposition (Bsp.: Was muß das Unternehmen wann herstellen, um die anstehenden Aufträge zu bedienen?)

- Produktionssteuerung (Bsp.: Aus den eingehenden Kundenaufträgen werden Fertigungsaufträge generiert)

Vertrieb: Das ERP-System erlaubt die Erfassung von Angeboten und Aufträgen, erteilt Verfügbarkeitsauskünfte, ermittelt Preise anhand von Regeln, erstellt Auftragsbestätigungen und Lieferscheine.

Beschaffung: Der Einkäufer wird auf Bedarfe aufmerksam gemacht, Bestellanforderungen werden erfaßt, Aufträge an Lieferanten werden ausgestellt.

Materialwirtschaft: Das ERP-System verwaltet die Lagerhaltung mit Zu- und Abgängen, Lieferscheine werden ausgestellt.

Rechnungswesen: Hierzu gehört die Buchhaltung mit Anlagenbuchhaltung (z.B. Verbuchung von Abschreibungen), Hauptbuch (Verwaltung von Sachkonten), Debitorenbuchhaltung (Forderungen gegenüber Kunden) und Kreditorenbuchhaltung (Verbindlichkeiten gegenüber Lieferanten).

Personalwirtschaft: Mit Hilfe des ERP-Systems werden Löhne und Gehälter verwaltet sowie Personaldaten erfaßt.

ERP-Systeme vereinen all diese Funktionen durch eine gemeinsame Datenhaltung. Viele Vorgänge in einem Modul können Daten anderer Module betreffen. Als Beispiel soll der Verkauf von Produkten im Vertriebsmodul betrachtet werden:

- Der Versand verursacht Lagerabgänge, ggf. werden dadurch die Nachbeschaffung oder die Produktion bestimmter Zwischen- oder Endprodukte erforderlich.

- Die Umsatzbuchung erfolgt im Rechnungswesen.

- Eine Provision für den Vertriebsbeauftragten wird in der Lohn- und Gehaltsbuchhaltung erfaßt.

Die hohen Entwicklungskosten für ein ERP-System amortisieren sich für den Hersteller mit der steigenden Anzahl von Kunden. Aus diesem Grund und weil viele ERP-Anwender international tätige Unternehmen sind, bieten fast alle gängigen ERP-Systeme Mehrsprachigkeit und Mehrwährungsfähigkeit. Sie berücksichtigen gesetzliche und steuerliche Grundlagen für das Rechnungswesen in verschiedenen Ländern. Eine Ausnahme gibt es allerdings: Sehr aufwendig und zudem ständigen Änderungen unterworfen ist die landesspezifische Anpassung für personalwirtschaftliche Funktionen. Einige

ERP-Anbieter vermarkten deshalb ihr HR-Modul nur in einem Teil der Länder, die sie mit ihren übrigen Modulen bedienen.

Von großer Bedeutung ist neben der reinen Funktionsvielfalt auch die Benutzerfreundlichkeit der Software. Sie bestimmt entscheidend die Produktivität, die ein Bediener erreicht. Trotzdem wird sie von einigen Anbietern bis heute vernachlässigt. Die Möglichkeiten der Benutzeroberflächen einiger ERP-Systeme bleiben weit hinter dem zurück, was bei Desktop-Anwendungen seit Jahren Standard ist. Drag&Drop-Aktionen mit der Maus z.b. sind einigen ERP-Systemen nach wie vor fremd.

Viele ERP-Hersteller ergänzen ihre branchenunabhängigen Standardsysteme durch branchenspezifische Funktionen und vertreiben diese Branchenlösungen separat. Branchenlösungen gibt es z.b. für die Prozeßindustrie, für Banken, Versicherungen, Dienstleistungsunternehmen und für den öffentlichen Dienst. Während einige Hersteller sich auf wenige Branchen spezialisieren und konzentrieren, um eine möglichst große Fachexpertise wahren zu können, setzen vor allem die großen ERP-Softwarehäuser auf eine möglichst breite Abdeckung aller Branchen.

6 Customer-Relationship-Management (CRM)

Unter den verschiedenen Kategorien von Business-Software dürften Systeme für das Customer-Relationship-Management (CRM) in jüngster Zeit wohl das größte allgemeine Interesse gefunden haben. Der Markt für diese Softwaresysteme wuchs sehr schnell, der Marktführer ist innerhalb weniger Jahre nach seiner Gründung zum Weltkonzern aufgestiegen. Alle großen ERP-Hersteller haben früher oder später die Bedeutung von CRM-Software erkannt und solche Systeme durch Zukauf oder Eigenentwicklung in ihr Portfolio aufgenommen. Heute macht CRM einen wesentlichen Teil des Gesamtmarktes für Business-Software aus.

6.1 *Gegenstand von CRM-Systemen*

6.1.1 IT-Systeme im Vertrieb

Mit dem Wandel von Verkäufermärkten zu Käufermärkten hat sich über Jahrzehnte hinweg ein schleichender Prozeß vollzogen. Er führt dazu, daß heute für praktisch alle Unternehmen nicht die Produktion, sondern der Absatz den limitierenden Faktor darstellt. Dies wiederum erfordert die Optimierung des Unternehmensauftrittes zum Kunden hin. Da es viel billiger ist, einen bestehenden Kunden zu halten als einen Neukunden zu gewinnen, sind Unternehmen gefordert, langfristige Kundenbeziehungen zu pflegen. Ein ERP-System reicht aber nicht aus, um diese Beziehungen abzubilden und ihre Pflege zu unterstützen. Seine funktionale Erweiterung zum Kunden hin ist sehr grob vereinfacht die Quintessenz der CRM-Software.

Die Investitionen in Business-Software, vor allem die in ERP-Software, rechtfertigten sich bis zum Aufkommen der CRM-Systeme ausschließlich mit ihrem Rationalisierungspotential. Ihr Einsatz versprach Einsparungen durch höhere Produktivität der indirekten Bereiche im Unternehmen. Die Ergebnisse wurden zwar nach erfolgter Einführung nur selten gemessen, man kann aber davon ausgehen, daß dieses Ziel in den meisten Fällen erreicht wurde - jedenfalls ist ein Unternehmen ab einer bestimmten Größenordnung ohne umfassendes ERP-System heute nicht mehr überlebensfähig. Die Anbieter von CRM-Software versprachen nun eine weitere Einflußmöglichkeit auf das Unternehmensergebnis: Sie wollten nicht nur Kosten sparen, sondern auch den Umsatz erhöhen können. Mit diesem Anspruch wurde in vielen Unternehmen unmittelbar nach Abschluß einer ERP-Einführung ein weiteres Großprojekt gerechtfertigt.

Für CRM-Systeme gilt aber in besonderem Maße, was für jede betriebswirtschaftliche Software gilt: Das System alleine verbessert den Vertriebserfolg nicht. Ohne begleitende Konzepte, Prozesse und die Motivation der Mitarbeiter wird seine Einführung ohne Erfolg bleiben.

6.1.2 Ein Beispiel für eine intakte Kundenbeziehung

Um zu verdeutlichen, wie eine professionelle Kundenbeziehung aussehen kann und warum sie heute ohne Systemunterstützung kaum zu verwirklichen ist, sei das fiktive Beispiel einer Kundenbeziehung vor einigen Jahrzehnten gestattet: Bankiersgattin Meier betritt ein altes Feinkostgeschäft. Der Verkäufer begrüßt sie und weiß schon, daß sie Pralinés der Sorte X bevorzugt. Er macht sie darauf aufmerksam, daß gerade eine neue Lieferung frisch eingetroffen ist. Außerdem weiß er, daß der Herr Bankier diese Woche Geburtstag feiert und bietet ihr einige Flaschen Sekt zur Auswahl an; sie greift freudig zu. Die Gänseleberpastete, die es letztes Jahr am Geburtstag gab, bietet er ihr nicht an, weil er weiß, daß der Herr Doktor ihr Diät empfohlen hat; das hat sie vor einigen Wochen beiläufig erwähnt. Statt dessen macht er sie auf frische Flußkrebse aufmerksam. Er macht ein gutes Geschäft und verabschiedet sich mit den besten Wünschen an den Herrn Gemahl.

Voraussetzung für diesen erfolgreichen Verkauf waren umfangreiche Kundeninformationen. Ein Unternehmen heute hat es allerdings viel schwerer als der Feinkosthändler vor langer Zeit. Es beschäftigt viele Mitarbeiter und hat (hoffentlich) viele Kunden. Die nötigen Informationen über die Kunden müssen daher nicht nur vorhanden, sondern auch zur richtigen Zeit im Zugriff sein und richtig angewandt werden.

Die Realität heute sieht im Vergleich zu diesem Beispiel bei vielen Unternehmen schlecht aus, hier einige Negativbeispiele:

- Man erhält über Jahre hinweg regelmäßig Werbepost für Lotterien, obwohl man noch nie an einer teilgenommen hat.

- Bei Servicefällen schildert man das Problem ausführlich am Telefon und wiederholt anschließend noch mal alles im persönlichen Gespräch mit dem Servicetechniker.

- Man kauft ein Auto und bekommt schon 6 Monate später einen Werbebrief für das Nachfolgemodell. Wegen eines fälligen Inspektionstermins fragt das Autohaus dagegen nicht nach.

- Eine Bank bietet in einem Brief Kleinkredite *und* Geldanlagen an, statt Kundengruppen einzeln anzusprechen.

- Herstellern mit dezentralem Vertrieb fehlt die Kenntnis global agierender Kunden. Diese können deshalb die Landesniederlassungen gegeneinander ausspielen.

Diese Liste ließe sich fortsetzen. Warum unterlaufen Unternehmen diese Fehler? Entweder fehlen Informationen ganz oder sie sind auf viele Systeme verteilt und im entscheidenden Moment nicht oder nicht in der notwendigen Kombination abrufbar.

Hier setzen CRM-Systeme an, die

1. die *Kundeninformationen* am richtigen Ort zur richtigen Zeit vorhalten,

2. die *Vertriebsprozesse* unterstützen und

3. umfassend alle *Kundenbeziehungen* des Unternehmens informationstechnisch verwalten, unterstützen und fördern. Sie sollen die persönliche, an seinen Interessen orientierte Ansprache des Kunden durch alle Vertriebskanäle ermöglichen.

6.2 Funktionen von CRM-Systemen

Damit ist die Hauptaufgabe von CRM-Systemen bereits umrissen. Um diese drei Ziele zu erreichen, sollen sie alle Vertriebsphasen mit einem integrierten System unterstützen und dabei für alle Kombinationen von Anwendungsbereichen und Kundenkontaktkanälen Funktionen bieten.

6.2.1 Unterstützung aller Vertriebsphasen

Das Ziel, Vertriebsprozesse durch ein CRM-System umfassend zu unterstützen, läßt sich nur erreichen, wenn alle an einem Prozeß Beteiligten ohne

Brüche im Informationsfluß auf eine gemeinsame Datenbasis zugreifen können. Da Geschäftsprozesse mehrere Vertriebsphasen umfassen können, muß ein CRM-System Daten und Funktionen für alle Vertriebsphasen bereitstellen. Im folgenden wollen wir die wichtigsten Vertriebsphasen und (bei weitem nicht vollständige) Beispiele ihrer Systemunterstützung betrachten:

- Bereits bei der *Werbung* für ein Produkt kann ein CRM-System Hilfestellung geben. Auf der Grundlage bekannter Kundeninformationen und -analysen können Kunden oder Kundengruppen individuell angesprochen werden. Die Wirkung solcher individuellen Werbung übertrifft diejenige anonymer Werbung bei weitem. Je mehr Kundeninformationen vorliegen, desto individueller kann die Kundenansprache gestaltet werden. Dies beschränkt sich nicht auf Briefsendungen, sondern schließt persönliche und telefonische Kontakte mit ein. Doch auch die Ansprache eines anonymen Publikums läßt sich mit IT-Unterstützung verbessern: Multifaktorenanalysen der Verkaufszahlen offenbaren Schwächen in bestimmten Regionen oder bei bestimmten Zielgruppen, die daraufhin bei künftigen Werbemaßnahmen gezielt angesprochen werden können.

- Für die Bearbeitung von *Kundenanfragen* kann ein Workflow definiert werden, der eine schnellere und effizientere Bearbeitung ermöglicht. Die Terminologie der CRM-Hersteller ist hier uneinheitlich. Ein "Noch-nicht-Kunde" wird entweder als Lead oder als Kontakt bezeichnet, zu dem z.B. eine Kontakthistorie, besondere Interessen und eine geschätzte Abschlußwahrscheinlichkeit hinterlegt werden können.

- Wenn es nicht um den Vertrieb von Massenware zu Festpreisen an Endbenutzer geht, dann stellt auch die *Verkaufsverhandlung* eine wichtige Vertriebsphase dar. Ein CRM-System kann helfen, Aktivitäten zu verwalten, zu denen beispielsweise Terminserien beim Kunden gehören können. Besuchsberichte können erfaßt und für den Zugriff anderer Vertriebskanäle freigegeben werden. Im Falle fehlgeschlagener Verhandlungen kann die Aktivität zur Wiedervorlage vorgemerkt werden.

- Wie die Erstellung eines *Angebots* systemseitig unterstützt werden kann, hängt stark von der Fertigungsart des Anbieters ab. Bei Variantenfertigern ist die Produktkonfiguration die Hauptaufgabe, die im besten Falle vollkommen automatisiert vom Kunden selbst an einer Weboberfläche durchgeführt werden kann. Ein Produktkonfigurator enthält das Wissen, welche Varianten kombinierbar sind und welche Auswirkungen diese Kombinationen auf den Preis des Produktes haben. Beispiele für Regeln, die im Produktkonfigurator hinterlegt sein können, sind die Tatsache, daß der Dieselmotor nicht mit der Cabriokarosserie kombiniert werden kann und daß die Klimaanlage das Umluftgebläse beinhaltet, welches aber auch separat geordert werden kann.

- Zum *Vertragsabschluß* beim Kunden benötigt der Vertriebsmitarbeiter auf seinem Laptop Daten über Kunden, Wettbewerber, Produkte und Preise. Diese offline bereitzustellen, den Abschluß zu erfassen und später mit dem ERP-System zu synchronisieren, ist eine typische Aufgabe von CRM-Systemen.

- Die *Lieferung und Zahlungsabwicklung* ist Domäne des ERP-Systems. Doch auch hier können CRM-Systeme zur Anwendung kommen, indem sie Informationen über den Status der Auftrags- und Zahlungsabwicklung am richtigen Ort und zur richtigen Zeit verfügbar machen. Der Vertriebsmitarbeiter mit seinem Laptop und der Kunde im Web können sich damit aktuell informieren.

- Der *Service* für ein geliefertes Produkt erfordert wiederum andere Informationen über die dem Kunden gelieferten Produkte. Dies können z.B. technische Dokumente sein, die ein Servicemitarbeiter auf seinem mobilen Gerät automatisch verfügbar gemacht bekommt, nachdem er den Besuch beim Kunden tags zuvor geplant hat. Er kann Daten über Material- und Zeitaufwand mobil zurückmelden, die bei nächster Gelegenheit synchronisiert werden. Diese Vertriebsphase entfällt natürlich im Fall von Verbrauchsartikeln.

- Alle Daten aus diesen Vertriebsphasen können zu gegebener Zeit genutzt werden, um *Werbung* für ein weiteres Produkt noch individueller zu gestalten.

6.2.2 Unterstützung aller Kombinationen von Anwendungsbereichen und Kundenkontaktkanälen

Die Geschäftsprozesse, die die genannten Vertriebsphasen durchziehen, umfassen die drei groben Anwendungsbereiche eines CRM-Systems:

- Vertrieb,
- Service,
- Marketing und Datenanalyse.

Vereinfachend läßt sich zusammenfassen, daß das Marketing festlegt, *wann* (ein Angebot für Weihnachtsartikel macht am 27.Dezember wenig Sinn) man *wen* (Luxuslimousinen wird man nicht bei Teenagern bewerben) *womit* (z.B. Information oder Angebot) *in welcher Form* (Stil) *auf welchem Weg* (Kunden-kontaktkanal) anspricht. Die Ausführung dann zu unterstützen ist Aufgabe des operativen CRM in Marketing und Vertrieb. Der Service schließt sich im Falle von Gebrauchsgütern an den Abschluß an.

Die Datenanalyse unterstützt grundlegende Marketingentscheidungen, bei-spielsweise über Produkt- und Preispolitik, indem sie Informationen als Ent-scheidungsgrundlage zur Verfügung stellt. Dazu kommen auch Data-Mining-Funktionen zum Einsatz, für viele Zwecke sind simple Reports aber vollkom-men ausreichend. Die Analyseergebnisse dienen dazu, die Kundenanspra-che mittels aller Kanäle sowie die Prozesse in Vertrieb, Marketing und Ser-vice selbst weiter zu verbessern.

Daß Marketing und Analyse in CRM-Systemen häufig als Module getrennt werden, hat seine Ursache vor allem darin, daß ursprünglich verschiedene Anbieter die beiden Softwarekategorien vermarktet haben. Inzwischen sind die Kategorien jedoch recht weit zusammengewachsen, da die Anwender-gruppen i.d.R. die gleichen sind.

Ein CRM-System sollte daher diese Anwendungsbereiche abdecken und dabei generell alle im gegebenen Fall sinnvollen Kundenkontaktkanäle zur Ansprache des Kunden nutzen können. Die wesentlichen Kundenkontaktka-näle sind:

- der persönliche Kundenkontakt vor Ort beim Kunden oder im Laden-geschäft des Handels,

- der telefonische Kontakt im Call-Center,

- der Kontakt im Web,

- der Kontakt per E-Mail und

- der Kontakt per Anschreiben oder Warensendung.

Der Preis eines Kundenkontakts über die Kanäle ist sehr unterschiedlich. Während ein persönlicher Kontakt extrem teuer ist, kostet ein Kontakt im Web sehr wenig; das Call-Center liegt dazwischen. Abgesehen von einigen reinen E-Business-Unternehmen überlassen die Unternehmen die Wahl des Kanals aber dem Kunden.

Alle Kombinationen von Anwendungsbereichen und Kontaktkanälen abzudecken, kann z.B. heißen:

- Persönlicher Kontakt im Vertrieb: Auf dem Laptop des Vertriebsbeauftragten sind aktuelle Kundeninformationen für kundenspezifische Angebote verfügbar.

- Persönlicher Kontakt im Service: Der Servicemitarbeiter erfaßt seine Dienstleistung für die spätere Rechnungsstellung mobil auf seinem Laptop. Durch Offline-Zugriff auf Kundendaten kann er individuell beraten.

- Self-Service im Web: Der Kunde erhält online auch außerhalb der Geschäftszeiten Zugriff auf stets aktualisierte Servicedokumente zu den Geräten, die er im Einsatz hat.

- E-Mail-Marketing: Hier ist Vorsicht geboten, da unaufgeforderter E-Mail-Versand die Kundenbeziehung belasten kann. Kundenspezifische Kommunikation, die aufgrund bisher gekaufter Produkte erstellt wird, kann aber an einen Kunden versandt werden, der sich für den Erhalt von Mails ausgesprochen hat.

- Vertrieb im Web: Der Anspruch der CRM-Anbieter, alle Kontaktkanäle im Vertrieb abzudecken, führt natürlich dazu, daß sie auch Online-Shops als ihr originäres Anwendungsfeld betrachten und diese Funktion zunehmend in ihre Systeme aufnehmen. Online-Shops sollen hier aber im Rahmen von E-Business als eigene Softwarekategorie behandelt werden.

6.2.3 Beispiele für konkrete Anwendungen

Das umrissene Aufgabenfeld von CRM-Applikationen umfaßt eine Vielzahl einzelner Funktionen. Um diese Anwendungsbreite zu verdeutlichen, seien einige typische Beispiele herausgegriffen:

Mitarbeiter von Unternehmen, die Kunden sind, werden als Kontakt bezeichnet. Ist ein Unternehmen noch nicht Kunde, so spricht man bei seinen Mitarbeitern von Leads. Wie bereits erwähnt, ist die Terminologie der CRM-Hersteller hier aber nicht ganz einheitlich. Für diese *Kontakte* können in einem CRM-System persönliche Daten hinterlegt werden. Auf diese Weise geht keine Kundeninformation, die ein Vertriebsmitarbeiter erlangt hat, wieder verloren und auch andere Vertriebsmitarbeiter, die ihn vertreten oder mit ihm zusammenarbeiten, haben Zugriff darauf. Neben allgemeinen Adreßdaten, die sich auf einer Visitenkarte finden lassen könnten, sehen die CRM-Systeme Felder vor, die dem eigenen Vertrieb eine gezielte Ansprache des Kontakts erlauben sollen. Sie reichen von einer subjektiven Einschätzung der Wichtigkeit einer Person für die Kaufentscheidung über Berichtswege beim Kunden und über den Einsatz von Konkurrenzprodukten bis zur Vorliebe für bestimmte Werbegeschenke, zu Familienbeziehungen oder zum Golf-Handicap (!). So kann im Laufe einer langjährigen Kundenbeziehung ein sehr detailliertes Profil des Kundenmitarbeiters entstehen, das für alle Vertriebsbeauftragten jederzeit einsehbar ist. Die meisten CRM-Systeme kommen aus den USA, wo mit persönlichen Daten bekanntermaßen etwas bedenkenloser umgegangen wird als hierzulande. In Deutschland und vielen anderen europäischen Staaten dürfte den meisten Einkäufern schlechterdings unwohl werden, wenn ihnen zur Kenntnis käme, daß derartige Daten bei ihren Lieferanten vorliegen. Da zudem die Datenschutzbestimmungen strenger sind, ist also Vorsicht geboten. Nichtsdestotrotz sind die Systeme international, die Felder sind auch für deutsche Vertriebsorganisationen verfügbar und es obliegt ihrer Entscheidung, sie mit Inhalt zu füllen.

Bei indirektem Vertrieb können CRM-Systeme auch das Verhältnis zu den *Vertriebspartnern* verwalten. Informationen über die Partner und ihre Kundenbeziehungen sind in diesen Modulen vorgesehen.

Die bereits erwähnten Produktkonfiguratoren können dazu genutzt werden, um vor Ort beim Kunden auf dem Laptop des Vertriebsmitarbeiters verbindliche *Preisauskünfte* für hochkonfigurierbare Produkte der Variantenfertigung zu ermitteln.

Der Kundendienst kann mit einigen CRM-Systemen auch seine *Einsatzplanung* durchführen und im System hinterlegen, welche Mitarbeiter wann welche Kunden besuchen. *Service- und Garantiefälle* erfaßt er offline und überträgt sie später auf das zentrale System. Dies dient nicht nur Abrechnungszwecken, sondern ermöglicht auch die Erkennung eventueller Produktmängel bei Häufung von Reparaturen und kann als qualitätssichernde Maßnahme an Entwicklung und Produktion weitergemeldet werden.

Ein typischer CRM-Anwendungsfall im Marketing ist die *Segmentierung* (Identifizierung bestimmter Kundengruppen) und *Klassifizierung* (in sehr wichtige A-Kunden, B-Kunden mittlerer Wichtigkeit und C-Kunden, die nur einen kleinen Anteil am Gesamtergebnis ausmachen) von Kunden. Darauf kann die *Kampagnenplanung* aufbauen. (Beispiele: Alle A-Kunden, die seit mehr als 2 Monaten nicht bestellt haben, erhalten ein freundliches Schreiben mit einem Gutschein. Alle Kunden, deren nächster Servicetermin fällig ist, werden angeschrieben. Alle Käufer eines Produktes werden angeschrieben, wenn das Nachfolgeprodukt auf den Markt kommt.) Desweiteren können *Vertriebs- und Kundenanalysen* durchgeführt und darauf aufbauend *Prognosen* erstellt werden. (Beispiele: Der Absatz für ein Produkt wird als saisonabhängig erkannt und die Werbemaßnahmen werden darauf ausgerichtet. Es wird erkannt, daß die Produkte A und B häufig gemeinsam gekauft werden. Bei Kunden, die Produkt A, nicht aber Produkt B gekauft haben, wird deswegen Produkt B besonders beworben.)

6.3 Technologie

Vor einer CRM-Einführung trifft man häufig eine gewachsene Systemlandschaft an, die z.B. aus jeweils eigenen Anwendungen für die mobile Vertriebsunterstützung, für das Call-Center und für die Kampagnenplanung besteht. Die Marketing-Abteilung arbeitet zudem mit einer Vielzahl kleiner PC-basierter Datenbanken, jede davon für genau einen Einsatzzweck. Dadurch sind selbst die eigentlich vorhandenen Informationen nicht im Zugriff. Von Kunden werden die selben Angaben mehrfach verlangt, einmal im Vertrieb, einmal im Service, ein drittes Mal bei einer Kundenumfrage des Marketing.

Die Daten sind lückenhaft und inkonsistent. Wesentliches technologisches Kennzeichen eines CRM-Systems ist deshalb eine gemeinsame *Datenbank* für alle Module. Sie ist Voraussetzung, um das Ziel der Integration aller Kundenkontaktkanäle erreichen zu können. Die häufigsten Datenbanken, die für CRM-Systeme verwendet werden, sind Oracle und der Microsoft SQL-Server.

Alle wichtigen CRM-Systeme sind auf mehreren *Betriebssystemplattformen* lauffähig. Die Applikationsserver laufen vor allem unter Windows-Serverversionen, Datenbankserver oft auch unter Unix. Für die Clients, insbesondere die mobilen Clients mit Synchronisierungsfunktion, kommt meist Windows zum Einsatz. Viele CRM-Systeme ermöglichen inzwischen Online-Zugriffe optional auch ohne Client im Web.

CRM-Systeme müssen zuweilen sehr hohe Benutzerzahlen bedienen, bei einigen Installationen mehrere 10000 Benutzer weltweit. Ihrer *Skalierbarkeit* durch den Einsatz leistungsfähiger Hardware und mehrerer Applikationsserver im Cluster kommt in diesen Fällen große Bedeutung zu.

Da viele Anwender von CRM-Software im Vertrieb und im Service darauf angewiesen sind, einen Teil der Funktionen offline nutzen zu können, müssen die Systeme über *Synchronisierungsfunktionen* verfügen. Sie betreffen vor allem Kunden- und Kontaktstammdaten, aber auch Bewegungsdaten wie z.B. Aufträge, Anfragen und Angebote. Der Mitarbeiter erfaßt oder ändert die Daten beim Kunden auf seinem mobilen Gerät. Beim nächsten Anschluß ans Firmennetzwerk werden die Änderungen auf den Server übertragen und Daten, die inzwischen auf dem Server geändert oder erfaßt wurden, an den mobilen Client übermittelt. Für den Konfliktfall, den Fall also, daß es konkurrierende Änderungen auf Server und Client gegeben hat, müssen vorab Strategien definiert werden. Diese können beispielsweise sein:

- Die erste Änderung gewinnt.
- Die letzte Änderung gewinnt.
- Die mobile Änderung gewinnt.
- Die Anwender werden vorab priorisiert. Der Höchstpriorisierte gewinnt.

- Jeder Konflikt wird manuell von einem Administrator oder einem Verantwortlichen für die betroffenen Daten gelöst.

Solche Konflikte treten auf, wenn ein Datensatz von mehreren Anwendern geändert wird. Änderungen an einem Datensatz müssen aber nicht unbedingt einen wirklichen Konflikt bedeuten: Wenn ein Mitarbeiter die Adresse des Kunden ändert, der andere die Telefonnummer, so könnten beide Änderungen beibehalten werden. Allerdings sind nur wenige CRM-Systeme in der Lage, auf Datenfeldebene statt auf Datensatzebene zu synchronisieren und diese "Fehlalarme" dadurch auszuschließen. Bei diesen Systemen treten Synchronisierungskonflikte entsprechend seltener auf.

Da das Call-Center ein wichtiger Kundenkontaktkanal ist, den CRM-Systeme bedienen wollen, sind die meisten Systeme mit Schnittstellen für *CTI (Computer-Telefon-Integration)* ausgestattet. Wird z.B. ein Kontakt im System aufgerufen, so kann er auf Knopfdruck angerufen werden, ohne seine Nummer zu wählen. Umgekehrt wird die Nummer eines Anrufers erkannt und automatisch das Fenster mit seinen Kunden- und Kontaktdaten geöffnet. Bei Anrufaktionen ruft das System eine vorher definierte Liste von Kontakten an und verteilt sie auf jeweils freie Call-Center-Mitarbeiter.

Die Offlinefähigkeit der CRM-Systeme bedingt, daß sensible Daten auf Laptops gehalten werden. Da diese Rechner im Falle eines Verlustes fremdem Zugriff ausgesetzt sein können, kommt der *Datensicherheit* eine große Bedeutung zu. CRM-Clients müssen entsprechend gut abgesichert sein und Daten verschlüsselt ablegen können. Nur eine hinreichende Verschlüsselung schützt die Daten wirksam vor einer Person, die sich physischen Zugriff auf den Rechner verschafft hat. Viele CRM-Systeme haben an dieser Stelle Sicherheitslücken.

6.4 Integration mit ERP-Systemen

CRM-Systeme haben den Anspruch, die vollständige Funktionalität für das Front-Office abzudecken. Sie verfügen daher in aller Regel über Schnittstellen zu gängigen ERP-Systemen, um Daten an das Back-Office weiterzugeben.[29] Zwischen CRM und ERP müssen eine Reihe von Stammdaten ausgetauscht werden, z.B. Daten über

- Kunden,
- Kontakte,
- Preise,
- Produkte und
- Wettbewerber.

In jedem dieser Fälle muß ein Systemarchitekt entscheiden, welches System das führende sein soll, in dem Änderungen vorgenommen werden. Wäre kein System das führende (und damit die Änderung der Daten auf beiden Systemen möglich), so müßten Synchronisierungsverfahren (wie zwischen CRM-Server und mobilem Client) auch zwischen ERP- und CRM-System eingeführt werden.

Etwas einfacher ist die Architektur bezüglich der Bewegungsdaten. So können zum Beispiel

- Aufträge,
- Serviceanforderungen,
- Angebote und
- Garantiefälle

auf beiden Systemen neu erfaßt werden. Damit ist der Hauptanwendungsfall abgedeckt. Schwierigkeiten würden nur bei Änderung bestehender Aufträge, Angebote oder Servicefälle auftreten, wenn diese in mehreren System erfolgen könnten.

In einigen Fällen ist es unumgänglich, online auf das ERP-System zurückzugreifen, z.B. in den folgenden:

---

[29] Deutlich schlechter ist es dagegen um Schnittstellen zu anderen Front-Office-Systemen bestellt. Will man statt einer Komplettlösung eines Anbieters einen Online-Shop oder ein E-Service-System an ein bestehendes CRM-System anbinden, so ist man als anwendendes Unternehmen selbst für die Schnittstelle verantwortlich. Schnittstellen in diese Richtungen sind häufig unkomfortabel oder gar nicht erst vorgesehen, weil aus CRM-Sicht nur die Verbindung zum Back-Office (ERP) nötig ist und CRM das vollständige Front-End abdeckt.

- Konfiguration oder Preisfindung sind in einigen Unternehmen so komplex oder so häufigen Änderungen unterworfen, daß sie im CRM-System nicht nachgebildet werden können.

- Will ein Kunde bei Auftragserteilung sofort eine verbindliche Terminzusage bekommen, so muß eine Verfügbarkeitsprüfung durchgeführt werden. Die Verwaltung der Lager und Produktionskapazitäten obliegt aber dem ERP-System, eine Online-Verbindung zu ihm ist also unerläßlich. Gegebenenfalls muß eine globale Verfügbarkeitsprüfung, die mehrere ERP-Systeme umfaßt, sogar auf ein SCM- (Supply-Chain-Management)-System zurückgreifen.

- Ähnliches gilt für die Kreditlimitprüfung bei größeren Aufträgen. Die Konteninformationen des Kunden liegen im ERP-System. Offene Forderungen und Zahlungen können zeitgenau nur durch eine Online-Verbindung dorthin abgerufen werden.

Je nach Hersteller des CRM-Systems kann die Integration zwischen seinem Produkt und einem bestimmten ERP-System sehr unterschiedlich sein. Die folgenden 5 Fälle lassen sich unterscheiden:

1. Ein ERP-Anbieter hat selbst eine CRM-Software entwickelt und auf den Markt gebracht. Bereits bei der Konzeption dieser Software konnte die Integration berücksichtigt werden. Diese CRM-Produkte lassen sich leicht mit dem ERP-System des gleichen Herstellers verbinden.

2. Ein ERP-Anbieter hat einen CRM-Anbieter aufgekauft. Er vertreibt und entwickelt dessen Produkte weiter. Die Integration zwischen den Systemen benötigt nach der Übernahme einige Zeit.

3. Ein CRM-Anbieter konzentriert sich auf ein bestimmtes ERP-System, für das er Expertise aufbaut und selbst Schnittstellen entwickelt. Auch in solchen Fällen zeigen sich gute Ergebnisse.

4. EIN CRM-Anbieter und ein ERP-Anbieter gehen eine Partnerschaft ein. Sie bemühen sich um Schnittstellen zwischen den Systemen. Aus Kundensicht besteht die Gefahr, daß die Part-

nerschaft über kurz oder lang aufgelöst wird. Beispiele dafür gab es schon.

5. Es gibt zwischen dem Hersteller des ERP-Systems und dem Hersteller des CRM-Systems keinerlei Zusammenarbeit. Die Integration liegt in der Verantwortung des anwendenden Unternehmens. Die Schnittstellen der meisten Systeme lassen für eine Integration in Anwenderverantwortung leider zu wünschen übrig. Der Aufwand ist deswegen recht hoch.

6.5 Marktentwicklung

6.5.1 Nachfrage

Der Markt für CRM-Software hat eine langanhaltende Boomphase hinter sich. In den neunziger Jahren ist kein anderes Segment des Softwaremarktes gleich schnell und gleich lange gewachsen. Dieses Wachstum hat sich inzwischen abgeschwächt, sei es aufgrund einer gewissen Marktsättigung, sei es aufgrund der insgesamt verschlechterten wirtschaftlichen Gesamtlage. Kleinere Anbieter haben aufgrund dieser Umsatzeinbrüche Schwierigkeiten bekommen und es hat erste Unternehmensübernahmen und -zusammenbrüche gegeben.

Damit bietet sich ein ähnliches Bild beginnender Konsolidierung wie man es einige Jahre zuvor am ERP-Markt beobachten konnte. Verglichen mit anderen Softwarehäusern können große CRM-Anbieter aber immer noch eine rege Nachfrage nach ihren Produkten verzeichnen.

6.5.2 Angebot

Der CRM-Markt ist lange von den Spezialanbietern alleine beherrscht worden. Die meisten unter ihnen haben mit Software für Sales-Force-Automation (SFA) begonnen, die vertriebsrelevante Daten auf die mobilen Rechner der Vertriebsmitarbeiter brachte. Andere haben zunächst Software für die Verwaltung von Call-Centern entwickelt. Aus beiden Gruppen sind später CRM-Anbieter hervorgegangen, die ihre ursprünglichen Anwendungen als Mobile-Sales-Modul bzw. als Call-Center-Modul in umfassende CRM-Lösungen integrierten. Die beiden erfolgreichsten unter diesen Unternehmen waren über lange Jahre Vantive, das inzwischen von Peoplesoft übernommen wurde, und Siebel, das bis heute selbständig ist.

Die großen ERP-Anbieter spielten auf dem aufkommenden CRM-Markt zunächst keine Rolle. Ab etwa Mitte der neunziger Jahre wurden sie aber auf die wachsenden Umsätze der CRM-Spezialisten aufmerksam. Sie begannen, durch Zukäufe oder Eigenentwicklungen aktiv zu werden. Mit immensen Investitionen drängten vor allem Peoplesoft, Oracle und SAP in den Markt.

Einige kleinere Anbieter sind vom Markt verschwunden. Heute gibt es ein Duell um die Marktführerschaft, an dem mit Siebel ein originärer CRM-Anbieter und mit SAP das größte ERP-Softwarehaus beteiligt sind.

6.6 Einige wichtige Anbieter

6.6.1 Peoplesoft/Vantive

Vantive wurde 1990 in Santa Clara (Kalifornien) von Roger Sippl und Steve Goldsworthy, zwei ehemaligen Managern des Datenbankherstellers Informix, gegründet. Das Unternehmen entwickelte und vertrieb erfolgreich SFA-Software und wandelte sich im Lauf der neunziger Jahre zum CRM-Gesamtanbieter.

1999 übernahm mit Peoplesoft einer der größten ERP-Anbieter das Softwarehaus. Peoplesoft hatte im Gegensatz zu seinen ERP-Wettbewerbern lange kein Interesse am CRM-Markt gezeigt; desto überraschender war die Nachricht von der Übernahme. Man erweiterte sein Produktportfolio damit nicht nur um die CRM-Software, sondern begann auch, die Vantive-Suite mit den eigenen ERP-Produkten zu integrieren.

Peoplesoft ist vor allem in den USA stark. Insbesondere unter Unternehmen, die bereits ERP-Software von Peoplesoft einsetzen, verzeichnet man auch im CRM-Segment Erfolge.

6.6.2 SAP

Die SAP AG hat 1996 das Mannheimer Softwarehaus Kiefer&Veittinger übernommen, das SFA-Lösungen herstellte. Viele der damaligen Kunden von Kiefer&Veittinger setzten ERP-Software der SAP ein, zur geographischen kam also die technologische Nähe zwischen beiden Unternehmen.

SAP entschied sich, die bestehenden SFA-Produkte zwar weiterzupflegen, ihren Vertrieb aber komplett aufzugeben. Statt dessen wurde aus dem übernommenen Softwarehaus ein Entwicklungsteam gebildet, das die Aufgabe hatte, auf Basis von SAP-Technologie eine neue Software zu entwickeln. Es wurde später zum Kern der inzwischen stark angewachsenen CRM-Entwicklung der SAP. Dieses Entwicklungsvorhaben war durch eine Reihe von Rückschlägen gekennzeichnet, die das Marketing der Wettbewerber weidlich breittrat. Seit einigen Jahren bietet SAP jedoch trotz aller Verzögerungen eine komplette CRM-Suite an, die auf der gleichen Technologie wie die anderen SAP-Applikationen beruht.

Das CRM-System der SAP wird vor allem von Unternehmen eingesetzt, die schon mit ihrer ERP-Software auf der Kundenliste des Herstellers stehen. Sie profitieren von der Integration der CRM-Software mit der ERP- und Data-Warehouse-Software des Anbieters. Außerhalb des eigenen ERP-Kundenstammes, zu dem allerdings fast alle wichtigen Großunternehmen gehören, faßt SAP schwerer Fuß im CRM-Markt. Eine besondere Stärke der SAP liegt auf dem deutschen Markt.

6.6.3 Siebel

Der größte und erfolgreichste unter den CRM-Spezialisten trägt den Namen von Tom Siebel, der das Softwarehaus 1993 gegründet hat. Der ehemalige Oracle-Manager, der bis heute an der Spitze des Unternehmens steht, konnte es bereits 1996 an die Börse führen und vom SFA- zum CRM-Marktführer weiterentwickeln. Heute ist Siebel ein Weltkonzern, der mit CRM- und E-Business-Software einen Umsatz im Milliardenbereich erzielt.

Die Produkte von Siebel gelten als sehr ausgereift und funktional umfassend. Sie decken ein ausgesprochen breites Anwendungsspektrum im Bereich des CRM ab. Da eine große Funktionsbreite mit einer höheren Komplexität der Einführung und Anpassung einhergeht, soll in Konsequenz die Dauer der Einführungsprojekte recht lang sein. Siebel sieht sich so mit dem gleichen Vorwurf konfrontiert, dem SAP im Bereich der ERP-Software ausgeliefert ist, und begegnet ihm mit angepaßten Speziallösungen für kleinere Unternehmen.

Siebel bietet eine Vielzahl von Branchenlösungen an. Die Software wird für die verschiedensten Wirtschaftszweige in speziell angepaßten Versionen geliefert. So gibt es CRM-Systeme für Finanzdienstleister ebenso wie für die Investitionsgüterindustrie.

Siebel konnte schon als junges Unternehmen viele Weltkonzerne verschiedener Branchen als Kunden gewinnen. Da in vielen dieser Unternehmen bereits ERP-Software der SAP im Einsatz war, hat Siebel sich speziell auf Schnittstellen zu dieser Software konzentriert.

6.6.4 Weitere Anbieter

Im Markt für CRM-Software gibt es eine Reihe von Softwarehäusern, die zum Teil regional, zum Teil auf bestimmte Branchen begrenzt auftreten. Ihre Zahl nimmt zwar ab, sie spielen insgesamt aber nach wie vor eine wichtige Rolle. Einige andere offerieren zwar weltweit und branchenunabhängig ihre Produkte, sind aber erst später in das CRM-Geschäft eingestiegen.

Auch die Suite von Geschäftsanwendungen, die *Oracle* herstellt und vertreibt, enthält eine CRM-Software. Vor allem unter den Unternehmen, die bereits ERP-Software von Oracle einsetzen, gibt es viele, die auch die CRM-Applikationen eingeführt haben oder einführen. Die Stärke von Oracle liegt dabei besonders in Nordamerika.

Clarify war einer der größten selbständigen CRM-Anbieter und wurde dann von Nortel und schließlich von Amdocs übernommen, einem Anbieter von Software für die Rechnungserstellung von Telekommunikationsunternehmen.[30] Clarify bietet eine umfassende CRM-Suite, deren besondere Stärke (und ursprüngliche Herkunft) die Call-Center-Applikationen sind. SAP hat lange Zeit eine Partnerschaft mit Clarify gepflegt, bis man über eigene einschlägige Produkte verfügte.

J.D.Edwards hat trotz einer Partnerschaft mit Siebel[31] eine eigene CRM-Entwicklung begonnen,[32] die sich bislang freilich noch nicht mit denen der großen Anbieter messen kann. Ob sie nach der Übernahme durch Peoplesoft langfristig weitergeführt wird, bleibt abzuwarten.

---

[30] Vgl. http://www.amdocsclarify.com/; 15.07.2003
[31] Vgl. http://www.jdedwards.de/public/0,1921,321%257E1161%257E7609,00.html; 15.07.2003
[32] Vgl. http://www.jdedwards.de/public/0,1540,321%257E1771%257E,00.html; 15.07.2003

Microsoft hat nach der Übernahme von Great Plains die bestehende Part- nerschaft mit Siebel zunächst weitergeführt,[33] dann aber eine eigene CRM- Lösung für kleine und mittelständische Unternehmen angekündigt.[34]

Invensys hat mit der Firma *Baan* auch deren CRM-Software übernommen. Baan hatte zuvor mit Aurum einen der führenden CRM-Anbieter aufge- kauft.[35] Inzwischen hat Invensys Baan an eine Investorengruppe weiterver- äußert.

Auf dem deutschen Markt sind besonders *update.com* aus Wien[36] und *Orbis* aus Saarbrücken noch von Bedeutung. Orbis ist inzwischen Vertriebspartner der SAP, bietet aber noch eigene Zusatzlösungen an.[37]

Einige Anbieter sind spezialisiert auf CRM-Software für kleinere und mittel- große Unternehmen, so etwa *Saleslogix, Onyx* und *Pivotal.* Eine technolo- gische Besonderheit hat *E.piphany* zu bieten: Die CRM-Software basiert komplett auf der Java 2 Enterprise Edition.[38]

Neben den Softwarehäusern, die die komplette CRM-Funktionalität ab- decken können, gibt es etliche kleinere, die einzelne Module anbieten, z.B. für Reklamationsverwaltung (Verteilung der Reklamation, Überwachung der Termine, Dokumentation der Bearbeitung) oder für die Verwaltung und Durchführung von Mailingkampagnen.

6.7 Auswahlkriterien für CRM-Systeme

Bei der Auswahl eines CRM-Systems ist darauf zu achten, daß alle vorhan- denen Kundenkontaktkanäle und Anwendungen abgedeckt werden. Selbst wenn zum Zeitpunkt der ersten Einführung nicht alle Kanäle und Anwen- dungsbereiche unterstützt werden sollen, ist zu beachten, daß eine spätere Erweiterung bei Insellösungen nur schwer möglich ist. Die Funktionsbreite eines Systems steht andererseits häufig in einem Zielkonflikt zur Dauer sei-

---

[33] Vgl. http://www.microsoft.com/presspass/features/2002/Oct02/10-21MSSiebelQA.asp; 15.07.2003
[34] Vgl.
http://www.microsoft.com/BusinessSolutions/Customer%20Relationship%20Management/default.mspx;
15.07.2003
[35] http://www.cbronline.com/research_centres/8b47766fffc684a880256d350047c6cd; 15.07.2003
[36] Vgl. http://www.update.com/company/company_history_de.html; 15.07.2003
[37] Vgl. http://www.orbis.de/orbis/firmenprofil.cfm; 15.07.2003
[38] Vgl. http://www.epiphany.com/products/index.html; 15.07.2003

ner Einführung. Wichtiges Kriterium sollte naheliegenderweise auch sein, ob der Anbieter die eigene Branche mit einer speziellen Branchenlösung berücksichtigt.

Der Integration in die bestehende Systemlandschaft, insbesondere den Schnittstellen zum ERP-System, kommt bei der Auswahl eines CRM-Systems ebenfalls besondere Bedeutung zu. Daneben gelten freilich die im Zusammenhang mit ERP-Systemen genannten Kriterien, z.B. die Solidität des Anbieters.

Auch bei der Entscheidung für die Anschaffung von CRM-Software hat man grundsätzlich die Auswahl zwischen einer Best-of-breed-Strategie und einer Gesamtlösung aus einer Hand. In den wenigsten Fällen allerdings werden innerhalb des CRM-Anwendungsbereiches mehrere Anbieter berücksichtigt. Der Trend geht im Gegenteil eher dahin, ERP- und CRM-Software von einem einzigen Hersteller zu erwerben. Zwei unterschiedliche Anbieter für verschiedene CRM-Module, z.B. für Vertriebsaußendienst und Call-Center, zu wählen, ist dagegen eine seltene Vorgehensweise. Die erhöhte Komplexität ist kaum durch funktionale Argumente zu rechtfertigen. Wenn eine solche Systemvielfalt doch vorkommt, so liegt i.d.R. einer der beiden folgenden Gründe vor:

1. Nach und nach wurden in verschiedenen Unternehmensbereichen unkoordiniert immer andere Applikationen von verschiedenen Herstellern angeschafft, die jeweils nur einen Teil einer CRM-Gesamtlösung abdecken. (z.B. zunächst für ein Call-Center, dann für den mobilen Vertrieb einer einzelnen Vertriebsgesellschaft etc.)

2. Einzelne geschäftskritische Anforderungen machen eine Speziallösung in Teilbereichen erforderlich, die eine umfassende CRM-Suite nicht abdecken kann. (Z.B. Auslegungssoftware, die aufgrund von Anforderungen geeignete Produkte vorschlägt und daher genau auf das Produktspektrum des Anwenders abgestimmt sein muß)

7 Enterprise-Application-Integration (EAI)

7.1 Einsatzzweck

Es gibt kein mittelgroßes oder großes Unternehmen, dessen Systemlandschaft aufgrund einer Prozeßanalyse komplett am grünen Tisch entworfen, aufeinander abgestimmt, sorgfältig ausgewählt und daraufhin eingeführt wurde. Vielmehr sind die Systeme mit den Unternehmen gewachsen. Einzelne Standorte haben eigene Systeme eingeführt. Aufgrund von Budgetbeschränkungen sind zunächst nur die dringendsten Probleme gelöst worden, nur Teile von Geschäftsprozessen unterstützt worden oder Interimslösungen etabliert worden, die eine erstaunliche Beständigkeit an den Tag gelegt haben. Bereichsdenken hat zu vielen Insellösungen geführt, die die Bedürfnisse einer Abteilung optimal abdecken, aber keine Verbindung zu den Systemen anderer Abteilungen haben. Beim Best-of-breed-Ansatz ist die systematische Inkaufnahme von Schnittstellen gar Teil des Konzeptes. Alle diese Faktoren führen zu sehr heterogenen Systemlandschaften mit vielen Schnittstellen und vielen manuellen Interaktionen zwischen verschiedenen Systemen.

Dies ist der Status der DV in fast allen Unternehmen. Ausnahmen gibt es höchstens bei sehr jungen und kleinen Unternehmen, bei einigen wenigen extrem zentralistisch geführten Unternehmen und bei einer sehr geringen Zahl von Unternehmen der IT-Branche, die ein umfassendes Produktspektrum anbieten und die ihre eigene Software weltweit im Einsatz haben.

Unternehmenszusammenschlüsse und -aufkäufe, bei denen zwei vollständig getrennte Systemlandschaften integriert werden müssen, tun ein übriges, um die Heterogenität der Unternehmens-IT zu steigern.

Ein Beispiel: Kundendaten werden in einem ERP-System gehalten, und in einem SFA-System, einem Online-Shop sowie der Call-Center-Anwendung benötigt. Einem führenden System stehen drei empfangende Systeme gegenüber, die über Schnittstellen angebunden sind. Manche Schnittstellen basieren auf regelmäßigen Batchläufen, andere sind als Online-Lösung realisiert und alle Schnittstellen verwenden verschiedene, zueinander inkompatible Techniken. Häufig tritt der Fall ein, daß eine Information zwar im Unternehmen vorhanden, aber nicht im richtigen System verfügbar ist.

Früher wurde "Spaghetti-Code" kritisiert und inzwischen in vielen Fällen recht erfolgreich mit Programmiersprachen, -umgebungen und -richtlinien bekämpft, die zu geordneter Entwicklung zwingen. Auf einer höheren Ebene aber gleichen die Systemlandschaften den Goto-Exzessen aus den Quellcodes von vor 30 Jahren. In vielen Fällen existieren überhaupt keine Übersichten über die gesamte Systemlandschaft, da jedes Projekt nur einen Ausschnitt daraus betrachtet. Wird eine solche Übersicht dann doch einmal erstellt, oft im Rahmen von Diplomarbeiten, entblößt sich die "Spaghetti-Integration".

Dies zu verbessern, ist das Ziel von EAI Software. Ihre Aufgabe ist es, zentral die Kommunikation zwischen den verschiedenen Systemen eines (oder bislang noch selten auch mehrerer) Unternehmen zu verwalten und zu steuern.

Eine einzelne Schnittstelle zu bauen, ist zwar mit proprietären Mitteln i.d.R. billiger als eigens ein EAI-Tool anzuschaffen. Ab einer kritischen Masse lohnt sich aber diese Anschaffung aus Unternehmenssicht, weil viele Projekte davon profitieren können.

7.2 Einsatzbeispiele

Zur Verdeutlichung des Nutzens von EAI-Anwendungen seien einige Anwendungsbeispiele aufgeführt:

7.2.1 Neue Front-End-Anwendung

Ein Online-Shop benötigt für die Benutzerkennungen und die Daten der Kunden Informationen, die zum Teil im ERP-, zum Teil im CRM-System gehalten werden. Das CRM-System kann eine CSV-Datei[39] liefern, die per Ftp[40] übertragen werden kann. Der Online-Shop benötigt aber eine XML[41]-Datei über http.

---

[39] CSV: comma separated values
[40] Ftp: file transfer protocol
[41] XML: Extensible markup language

Eine saubere Lösung arbeitet nicht mit individuellen Datentransformationen, sondern mit einer speziellen Kommunikationssoftware, die die Schnittstellen beider Systeme schon kennt. Die Aufgaben einer EAI-Zwischenschicht könnten sein:

- Der Anstoß der Erzeugung eines Exportfiles im CRM-System in bestimmten Zeitabständen

- Die Transformation und Übersetzung zwischen den verschiedenen Formaten und Übertragungsprotokollen

- Der Transport der Daten zum Online-Shop-System. Falls es mehrere Shop-Systeme (z.B. für verschiedene Vertriebsniederlassungen) gibt, kann das EAI-System anhand der Inhalte der Kundendaten (z.B. des Länderkennzeichens) entscheiden, an welches Shop-System die Daten übermittelt werden.

7.2.2 Integration der Back-End-Landschaft

7.2.2.1 Integration mittels EAI

Wie oben beschrieben, besteht die typische IT-Landschaft in einem Unternehmen aus vielen verschiedenen Systemen. Da punktuell immer wieder Verbindungen notwendig geworden sind, um übergreifende Prozesse zu unterstützen, sind viele dieser Systeme mittels proprietärer Schnittstellen miteinander verbunden. In der folgenden Abbildung ist jedes System mit jedem verbunden. In der Praxis ist diese Annahme unrealistisch, sie dient jedoch dazu, die Tendenz aufzuzeigen. Die Kommunikation ist fehleranfällig und die Schnittstellen sind nur schwierig zu warten.

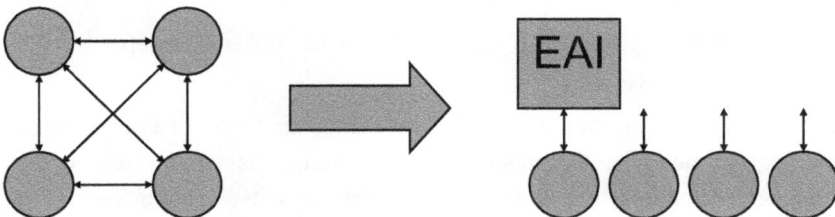

Abb.8: Back-End-Integration mittels EAI

Bei jedem Update eines der beteiligten Systeme müssen Schnittstellen an verschiedenen Stellen nachgezogen werden. Dabei kann es leicht passieren, daß man eine Auswirkung übersieht, die eine Änderung an einer anderen Stelle mit sich bringt.

Die Anzahl der Schnittstellen wird durch den Aufbau multilateraler Beziehungen zwischen den Systemen mittels einer EAI-Software deutlich reduziert.

Wie gesagt ist die Annahme von Verbindungen zwischen allen Systemen eines Unternehmens unrealistisch. Um zu zeigen, daß die Anzahl der Verbindungen durch EAI nicht immer reduziert werden kann, betrachten wir das andere Extrem: Bei sequentiellen Verbindungen kann EAI zwar nicht die Zahl der Schnittstellen verkleinern, wohl aber ihre Wartbarkeit erhöhen.

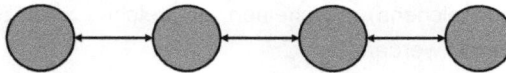

Abb.9: Keine Reduzierung der Schnittstellenanzahl möglich

Man versucht heute, Altanwendungen nicht mehr nur deswegen abzulösen, weil sie auf veralteten Technologien basieren, solange sie die ihnen zugedachte Aufgabe noch stabil erfüllen. Statt dessen integriert man sie unter Nutzung von EAI und verwendet die neuen Plattformen nur für die Realisierung neuer Anwendungen, nicht in erster Linie für Migrationen. Grund für die Ablösung eines Systems besteht nur, wenn

- ein Bestandteil (z.B. Hardware, Betriebssystem, Datenbank) vom Hersteller nicht mehr weitergepflegt wird,

- keine Fachleute mehr zu bekommen sind oder

- die Wartungskosten so hoch sind, daß ein Ablösungsprojekt sich innerhalb kurzer Zeit amortisiert.

Diese Überlegungen betreffen vor allem die Verbindungen zwischen Altsystemen und neu einzuführenden Systemen. Bereits bestehende Verbindungen der Altsysteme untereinander durch EAI abzulösen, bringt unbestreitbare Vorteile bei der Wartbarkeit, ist aber wirtschaftlich oft nicht sinnvoll, weil die Projektkosten im Verhältnis zum Nutzen zu hoch wären. Eine häufige

Strategie bei der EAI-Einführung in einem Unternehmen sieht daher wie folgt aus:

1. EAI wird eingesetzt, um neue Systeme mit der bestehenden Systemlandschaft zu verbinden.

2. Aus Kostengründen werden bereits bestehende Schnittstellen laufender Systeme nur in Ausnahmefällen durch EAI abgelöst.

3. Im Laufe der Zeit wächst so mit den Lebenszyklen der Anwendungssysteme eine Systemlandschaft, die einheitlich integriert ist.

7.2.2.2 Proprietäre Schnittstellen als Alternative bei homogenen Systemlandschaften

Je homogener eine Systemlandschaft ist, desto weniger Bedarf herrscht für EAI. Im Extremfall setzt ein Kunde nur betriebswirtschaftliche Anwendungssoftware eines Anbieters ein. Er wartet immer auf ein System dieses Lieferanten und greift nie auf Spezialanbieter zurück. In solch einem Fall stehen i.d.R. proprietäre Schnittstellen zwischen den verschiedenen Systemen des selben Herstellers zur Verfügung. Meist ist ihre Nutzung in derartigen Anwendungsfällen einfacher und schneller zu realisieren als eine Lösung mittels eines EAI-Tools. Außerdem fallen für die Nutzung proprietärer Schnittstellen üblicherweise keine zusätzlichen Lizenzkosten an, wenn man die betreffende Software bereits im Einsatz hat. Das gleiche gilt für die Wartung: Proprietäre Schnittstellen werden mit neuen Versionen der Anwendungssysteme weiterentwickelt.

Diesen unbestreitbaren Vorteilen stehen allerdings auch einige Nachteile beim Einsatz proprietärer Schnittstellen entgegen. Man verliert die Möglichkeit der zentralen Wartung und Administration aller Schnittstellen, die ein EAI-Werkzeug bietet. Manche Hersteller bieten bestimmte Schnittstellen, die für genau den gewünschten Anwendungsfall benötigt werden, gar nicht erst an. Vielleicht bieten sie sie auch nur in sehr rudimentärer Form an, etwa als manuell anzustoßenden Batch-Import einer ASCII-Datei. Dann dient ein EAI-Einsatz in besonderem Maße der Wartbarkeit.

Möchte man an die gleiche Schnittstelle später doch noch ein anderes System ankoppeln, so ist ein Teil der Arbeit bereits getan, wenn man eine EAI-

Software benutzt hat. Zur Verdeutlichung ein Beispiel: Man verbindet einen Online-Shop von Hersteller A mit dem ERP-System von Hersteller A. Dies ist proprietär sicher einfacher. Benutzt man aber EAI, so ist die Arbeit viel einfacher, wenn man nach einem Unternehmenskauf oder für eine weitere Landesniederlassung den Online-Shop von Hersteller A jetzt auch noch mit dem ERP-System von Hersteller B koppeln muß oder umgekehrt.

7.2.3 Mergers & Acquisitions

Ein wesentliches Ziel von Unternehmensaufkäufen und -zusammenschlüssen besteht i.d.R. darin, Synergien zu nutzen, indem ursprünglich doppelte Funktionen gemeinsam genutzt werden, es also z.B. nur noch eine gemeinsame Personalverwaltung gibt. Dies setzt Geschäftsprozesse voraus, die die ehemaligen Unternehmensgrenzen überschreiten.[42] Kosten und Dauer der Integration der beiden IT-Landschaften bestimmen daher maßgeblich den Erfolg des Zusammenschlusses oder des Aufkaufs.

Kurzfristig können einfache Übergangslösungen wie simple Filetransfers die Kommunikation zwischen den ehemals getrennten Unternehmen ermöglichen. Langfristig entsteht eine neue, gemeinsame Infrastruktur, indem neue Systeme (hoffentlich) gemeinsam konzipiert werden. In einem mittleren Zeithorizont, der einige Jahre dauert, ist es jedoch erforderlich, die bestehenden Systeme auf beiden Seiten zu integrieren. Für einen einheitlichen Auftritt den Kunden gegenüber kann es z.B. erforderlich sein, gemeinsam Aufträge anzunehmen und Rechnungen zu stellen. Dazu ist eine enge Zusammenarbeit zwischen den beteiligten ERP-Systemen notwendig, ein Einsatzfall für EAI. Während der Integration muß der laufende Betrieb natürlich aufrecht erhalten werden.

7.3 Funktionen

EAI-Systeme stellen Verbindungen zwischen Anwendungen her und bedienen sich dafür der auf den jeweiligen Anwendungssystemen und ihren Plattformen verfügbaren Kommunikationsmittel. Um diese Aufgabe zu bewäl-

---

[42] Eine Ausnahme sind Unternehmensaufkäufe zum Zwecke der Diversifizierung, bei denen keine gemeinsamen Prozesse außer der Konsolidierung der Abschlüsse bestehen. (Heute ein seltener Fall, da Unternehmen eher dazu übergehen, sich auf ihre Kernkompetenzen zu konzentrieren)

tigen, müssen sie eine Reihe von Funktionen bereitstellen, die im folgenden betrachtet werden sollen:

Zunächst muß das EAI-System *Nachrichten* zwischen verschiedenen Systemen verteilen können. In Abhängigkeit vom Nachrichteninhalt kann das empfangende System auch variabel sein.

Das EAI-System muß die *Sicherheit* bei der Datenübertragung gewährleisten können. Wichtiges Sicherheitskriterium ist natürlich ein eigenes Benutzerkonzept des EAI-Tools. Wichtig ist aber auch die Möglichkeit zur Verschlüsselung von Nachrichten, wenn der Bedarf besteht.

Ein EAI-System kann *asynchrone Kommunikation* steuern und verwalten. Eine genaue Beschreibung folgt im Abschnitt über die Kategorisierung der Systemintegration nach der Synchronisierung der Kommunikation.

Weil die an der Kommunikation beteiligten Systeme i.d.R. unterschiedliche *Protokolle* verwenden, muß das EAI-System in der Lage sein, die wichtigsten Protokolle zu verstehen und die Datenübertragung zwischen den verschiedenen Protokollen zu überbrücken.

Die Datenstrukturen der beteiligten Systeme sind für ein und das selbe Objekt i.d.R. unterschiedlich. Ein EAI-System ermöglicht es dem Administrator, die Felder einander zuzuweisen (*Mapping*) und aufeinander zu übersetzen. Dies kann komfortabel über eine graphische Benutzeroberfläche geschehen. Für komplexere Datentransformationen muß es aber auch die Möglichkeit geben, sie auf EAI-Ebene zu kodieren. Um einfach Feld auf Feld abzubilden, reichen graphische Werkzeuge aus. Vielfach ermöglichen sie sogar die Definition einfacher Verarbeitungsregeln. Komplexere Zusammenhänge (Bsp.: Wenn in Applikation A gilt, daß Feld1 > Feld 2, dann sende den Inhalt von Feld1 als Feld 17 an Applikation B) werden per Programmierung gelöst. Manche EAI-Systeme bieten dafür z.B. Java-Entwicklungsumgebungen an.

Zunächst werden die *Datenstrukturen* der EAI-Anwendung definiert. Dabei kann es sich um eine umfassende Struktur handeln, die die Gesamtheit aller Felder aller beteiligter Applikationen beinhaltet. Viele EAI Server verwenden

XML als internes Datenformat. Mittels eines Schemas oder einer DTD[43] wird dann definiert, wie die Nachrichten strukturiert sein müssen.

Hierzu ein vereinfachtes Beispiel: Die EAI-Ebene definiert eine eigene Produktdatenstruktur. Alle beteiligten Applikationen verwenden eigene Datenstrukturen, deren Datenfelder entweder in derjenigen der EAI-Ebene vorkommen oder mittels Regeln mit ihnen zusammengeführt werden können. Die EAI-Schicht führt das Feld "Verrechnungspreis pro kg in €". Ein beteiligtes System führt die Felder "Gewichtseinheit" und "Verrechnungspreis pro Gewichtseinheit in US-$". Auf EAI-Ebene wird aus beiden Feldern und einem zu definierenden Währungskurs das Feld "Verrechnungspreis pro kg in €" gefüllt.

Als *Scheduling* wird die Fähigkeit eines EAI-Systems bezeichnet, Nachrichten zeitgesteuert zu übertragen. So kann beispielsweise der Administrator einer EAI-Middleware festlegen, daß Produktdaten jede Nacht zu einem bestimmten Zeitpunkt aus dem ERP-System ins CRM-System übertragen werden, um die Aktualisierungen des letzten Tages nachzuvollziehen. Die Übertragung von Daten kann auch von bestimmten Ereignissen abhängig gemacht werden, die eines der beteiligten Systeme auslöst. Auch hierzu ein Beispiel: Ein Konzern verfügt in seiner Produktionsgesellschaft und den Vertriebsgesellschaften jeweils über eigene ERP-Systeme. Bei Unterschreitung einer vorher definierten Mindestbestandsgrenze im Lagerverwaltungssystem der Vertriebsgesellschaft wird eine Nachricht an das ERP-System der Produktionsgesellschaft ausgelöst, die dort als Auftrag eingeht. In diesem Fall übernimmt ein EAI-System typische Funktionen von EDI.

Neben seinen operativen Funktionen bieten die meisten EAI-Systeme einige *Reports* an, die i.d.R. technischer Natur sind. Diese Auswertungen betreffen z.B. den Datendurchsatz oder die Fehlerhäufigkeit bei bestimmten Verbindungen und Kommunikationsformen.

Einige EAI-Systeme beinhalten Funktionen für das *Load-Balancing*. Nachrichten eines Systems werden nicht an einen bestimmten Rechner weitergeleitet; vielmehr werden sie an eine Gruppe gleichartiger Rechner so verteilt, daß deren Belastung möglichst ausgeglichen ist.

---

[43] DTD: Document type definition

EAI-Systeme können deswegen mit vielen verschiedenen Systemen kommunizieren, weil sie deren Schnittstellen kennen und über entsprechende *Adapter* verfügen. Ein Adapter zu einem bestimmten ERP-System kennt z.B. dessen Schnittstelle für die Neuanlage eines Kunden. Die Kundendaten, die ein anderes System an die EAI-Schicht geliefert hat, werden in das Format gebracht, das diese Schnittstelle erwartet und unter Verwendung des Übertragungsprotokolls, das sie vorsieht, an sie übertragen.

Die Fähigkeit zur Kommunikation über Standardprotokolle ist i.d.R. im Preis der EAI-Basissoftware inbegriffen. Dazu gehören Http, smtp und ftp. Das gleiche gilt für die Datenformate: Standardformate wie XML und csv verstehen die EAI-Systeme ohne zusätzliche Adapter. Oft sind auch häufig vorkommende Zugriffe wie die auf ODBC[44]-Datenbanken, APIs verbreiteter Transaktionsmonitore und Remote-Method-Invocation (RMI) auf Java-Plattformen im Preis der Basissoftware enthalten.

Dagegen müssen Adapter zu spezieller Standardsoftware (z.B. um in einem Peoplesoft- oder Baan-System eine Bestandsbuchung vorzunehmen) i.d.R. gesondert bezahlt werden. Sehr spezielle Adapter zu Legacy-Anwendungen (z.B. zu alten, mainframe-basierten Cobol-Anwendungen), die häufig nicht von den EAI-Anbietern geliefert werden können, müssen entweder selbst erstellt werden (im günstigsten Fall wird wenigstens das Protokoll unterstützt, nicht aber das Datenformat) oder können von Drittanbietern eingekauft werden. Diese Anbieter sind oft Beratungshäuser, die solch eine Lösung einmal für einen Kunden erstellt haben und die Rechte daran anschließend weiterverwerten.

Die Adapter eines EAI-Systems können freilich nie 100% aller eingesetzten Software abdecken. Wenn ein (älteres) System überhaupt keine Schnittstellen für bestimmte Daten oder Prozesse zur Verfügung stellt, so bleibt *Screen-Scraping* als letzter Ausweg: EAI simuliert dabei einen Benutzer, der Daten am Bildschirm liest und über die Tastatur eingibt. Dies ist natürlich immer anwendbar, da jede Applikation eine Benutzerschnittstelle hat.

Eine mögliche Anwendung von Screen-Scraping ist es, Legacy-Applikationen mit einer graphischen Benutzeroberfläche zu versehen oder sie ins Web

---

[44] ODBC: Open database connectivity

zu bringen. Für den Benutzer wird eine neue GUI entwickelt. Seine Eingaben werden an die Benutzeroberfläche der Altapplikation weitergeleitet und
deren Masken sind die Grundlage der neuen GUI-Bildschirme. Aber auch
einfache Schnittstellen lassen sich dadurch realisieren: Eine CRM-Anwendung stellt einen Auftrag in ein hostbasiertes Auftragsverarbeitungssystem
ein, indem sie via EAI einen Benutzer simuliert, der eben diesen Auftrag an
einem Terminal eingibt. Diese Technik ist allerdings sehr aufwendig und fehleranfällig. Man muß tief in die ursprünglich verwendete Technologie eindrin-
gen (z.B. die Kommunikation zwischen Host und Terminal simulieren), um
eine solche Schnittstelle aufbauen zu können. Die Resultate sind teuer und
meist langsam, aber manchmal die einzige Möglichkeit, ein Altsystem in
neue Geschäftsprozesse einzubeziehen.

Einige EAI-Systeme beinhalten Software für die Modellierung und Überwachung von Geschäftsprozessen. Sie können sich nicht mit spezialisierten
Modellierungswerkzeugen messen und werden daher auch kaum zur Definition ganzer Prozeßketten genutzt. Sehr hilfreich sind sie jedoch bei der
Modellierung der Ablauflogik innerhalb der EAI-Schicht. Mit solchen Tools
wird definiert, welche Verarbeitungsschritte aufeinander folgen. Wiederum
ein Beispiel: System a sendet eine Nachricht an EAI. EAI transformiert die
Nachricht nach bestimmten Regeln und sendet sie in Abhängigkeit von ihrem Inhalt an System b oder an System c. Zusätzlich wird eine Mail an eine
E-Mail-Adresse versandt, die in der Nachricht enthalten ist. Dieser Ablauf
wird graphisch modelliert und vom EAI-Server umgesetzt.

Dadurch werden betriebswirtschaftliche Prozesse über Applikationsgrenzen
hinweg nutzbar gemacht. Dies ist prinzipiell auch über Unternehmensgrenzen hinweg möglich, die Technik ist sehr ähnlich. Allerdings hat man dann
die zusätzliche Aufgabe, sich vorab über gemeinsame Formate zu einigen.
Standards dazu sind erst im Entstehen, mehr dazu im Kapitel über B2B-Sy-
steme.

Vor Einführung eines Prozesses, der mehrere Systeme betrifft, sollte definiert werden, wie zu reagieren ist, wenn eines der beteiligten Systeme nicht
erreichbar ist. Ein EAI-System, das in der Lage ist, *Queues* zu verwalten, ist
hierbei sehr hilfreich. Dabei handelt es sich um eine Warteschlange mehrerer Nachrichten bei asynchroner Verarbeitung. Wenn ein System nicht er-

reichbar ist, wird die Nachricht bis zu einem definierten Timeout-Parameter von z.B. einem Tag gepuffert. Erst danach wird eine Fehlermeldung an das System geschickt, das die Nachricht abgesetzt hat. Erfaßt beispielsweise ein Vertriebsmitarbeiter einen Auftrag mit seinem mobilen System, so kann es vorkommen, daß er erst am Samstag seine mobilen Daten mit dem CRM-Server synchronisiert. Der CRM Server will den Auftrag an das ERP-System weitergeben. Angenommen, samstags ist das Wartungsfenster für die ERP-Server, sie sind wegen einer Offline-Sicherung vorübergehend nicht erreichbar. Das EAI-System puffert die Nachricht mit dem Auftrag bis Samstag Nacht, wenn das ERP-System wieder erreichbar ist. Pünktlich zum Arbeitsbeginn am Montag morgen steht der Auftrag im ERP-System und wird verarbeitet.

7.4 Technologie

EAI-Server laufen auf den gängigen Server-Plattformen. Die meisten Systeme sind für Windows und einige Unix-Derivate erhältlich, einige zusätzlich auf Großrechnerplattformen. Clients gibt es, verglichen mit typischen Anwendungssystemen nur wenige, sie werden von Entwicklern und Administratoren genutzt. Meist arbeiten sie unter Windows.

Manche Hersteller bieten die Möglichkeit, die Schnittstellenverarbeitung im Netzwerk auf mehrere Server zu verteilen. Hierfür gibt es verschiedene Modelle. Z.B. kann je ein Server für synchrone Schnittstellen, Batch-Verarbeitungen und einmalige Aktionen zum Laden von Initialdaten dediziert werden. Die Performanz der synchronen Kommunikation auf EAI-Ebene, von der z.B. die Antwortzeiten einer Webanwendung abhängen können, wird dann durch zeitunkritische Vorgänge nicht beeinträchtigt. Beim Ausfall eines Servers kann der andere dessen Aufgaben mit übernehmen und zumindest mit verminderter Performanz den Systembetrieb aufrechterhalten. Auch Load-Balancing (Lastabhängige Aufgabenverteilung) zwischen mehreren EAI-Servern ist sinnvoll, wenn große Datenmengen zu verarbeiten sind.[45]

Interessant ist die Frage nach der Interoperabilität verschiedener EAI-Systeme. Grundsätzlich sollte zwar in einer gut konzipierten IT-Landschaft nur ein

---

[45] Davon zu unterscheiden ist das Load-Balancing zwischen Anwendungssystemen, das von manchen EAI-Systemen verwaltet werden kann, wie im vorigen Abschnitt beschrieben.

EAI-System Verwendung finden. Durch Unternehmenszusammenschlüsse kann aber durchaus der Fall eintreten, daß mehrere im Einsatz sind. Zudem verfolgen einige große Anbieter von Anwendungssoftware, die inzwischen auch selbst EAI-Software anbieten, die Strategie, ihre jeweilige EAI-Plattform gleichsam durch die Hintertür als Bestandteil ihrer Applikationen in die Systemlandschaft ihrer Kunden zu integrieren. Da alle EAI-Systeme Standardprotokolle und -formate beherrschen, können sie natürlich auch miteinander verbunden werden. Dies läuft aber dem Ziel einer zentralen Schnittstellenwartung entgegen und erhöht die Anzahl der Schnittstellen wieder. Langfristig sollte in solchen Fällen eine Vereinheitlichung angestrebt werden, wo sie möglich ist, um nicht doppelt Hardware und geschultes Personal vorhalten zu müssen.

7.5 Exkurs: Sind Web-Services u.ä. eine Alternative zu EAI?

Gelegentlich wird vorgebracht, allgemeine Schnittstellen- und Kollaborationstechniken wie Corba, Microsoft .NET, Java 2 Enterprise Edition oder Web-Services könnten die Aufgaben von EAI-Systemen ebensogut wahrnehmen.

All diese Techniken ermöglichen die rechnerübergreifende Zusammenarbeit zwischen Programmen. Sie ermöglichen den Aufruf von Programmcode durch ein anderes Programm, das auf einem anderen Rechner läuft. Ein Objekt kann eine Methode eines anderen Objektes aufrufen, auch wenn dieses sich auf einem anderen Rechner oder gar (bei Corba und Web-Services) auf einer anderen Plattform und Laufzeitumgebung befindet. Alle genannten und einige weitere Techniken sind angetreten, die Kommunikation zwischen Programmen zu vereinheitlichen. Insofern ist die Frage berechtigt, ob sie ein EAI-System ersetzen können. Hierzu ist anzumerken:

- Viele dieser Techniken setzen bestimmte *Systemgegebenheiten* seitens der an der Kommunikation beteiligten Systeme voraus. Im Falle von .NET ist es z.B. die Microsoft-Plattform, im Falle von J2EE ist es die Java-Laufzeitumgebung.

- Im Falle von Web-Services wird zwar lediglich die *Fähigkeit zur Kommunikation über Http* und zur Auswertung der verwendeten XML-Dateien vorausgesetzt. Bei älteren Anwendungen ist aber auch dies nicht unbedingt gegeben.

- In allen Fällen fehlen *Adapter* zu bereits bestehenden Systemen. Corba z.B. manuell mit einer Cobol-Altanwendung auf einem Mainframe-System zu verbinden, ist sehr aufwendig.

- Zur Gewährleistung der *Transaktionssicherheit* der Kommunikation zwischen den Systemen ist auf jeden Fall ein Applikationsserver erforderlich, wenn kein EAI-System sie gewährleistet.

- Ein EAI-System vereinfacht *Wartung* und Fehlersuche durch eine zentrale Schaltstelle für Administratoren.

- Ein EAI-System ermöglicht die einfache *Erweiterung* der Landschaft um zusätzliche Systeme auf anderen, neuen Plattformen.

- Ein EAI-System vereinfacht die Realisierung des *Best-of-Breed-Ansatz*es bei der Softwarebeschaffung.

- Keine der genannten Techniken hat sich bislang umfassend durchsetzen können. In jedem Fall gibt es Plattformen, auf denen sie nicht unterstützt werden. Im Falle der Web-Services könnte sich eine solch umfassende Akzeptanz in den nächsten Jahren noch entwickeln.

- Web-Services stellen Programmfunktionen mit Aufruf durch XML-Dateien via Http über Firewalls hinweg zur Verfügung und stellen damit ein potentielles Sicherheitsrisiko dar. In Zukunft werden Firewalls den Verkehr auf dem Http-Port 80 auf Inhalte von Web-Services filtern müssen.

- Ein unbestreitbarer Vorteil von Web-Services wären eine automatisierte Suche nach geeigneten Services anhand von UDDI[46] und die Generierung der Zugriffe mittels WSDL.[47] Beides ist bislang aber noch nicht in größeren Projekten in der Praxis realisiert.

Alle diese Techniken haben sinnvolle Einsatzfelder innerhalb von Subsystemen einer Anwendungslandschaft. Aus den genannten Gründen können sie

---

[46] UDDI: Universal discovery and integration
[47] WSDL: Web services description language

aber m.E. in einer unternehmensweiten Architektur nur theoretisch ein EAI-System ersetzen, nämlich in dem Fall, daß die Systemlandschaft am Reißbrett entworfen würde. Dies ist aber höchstens für sehr junge Unternehmen relevant.

7.6 Kategorien von Systemintegration

In der Praxis findet man zwischen Unternehmensapplikationen eine Vielzahl von Schnittstellen und Integrationsszenarien, die von EAI-Systemen unterstützt werden können. Um diese auf den ersten Blick leider etwas unübersichtliche Materie zu systematisieren, werden im folgenden Kriterien definiert, nach denen sie kategorisiert werden können.

7.6.1 Nach den zu integrierenden Systemen

Die häufig vorgenommene Unterscheidung zwischen Front-End- und Back-End-Systemen wird nicht ganz einheitlich gehandhabt. Als Front-End-Applikationen gelten u.a. alle Programme, die für die Unterstützung der verschiedenen Kundenkontaktkanäle im Rahmen des CRM Anwendung finden. Back-End-Systeme arbeiten dagegen im Hintergrund an unternehmensinternen Aufgaben oder an der Schnittstelle zu Lieferanten. Typisches Beispiel sind ERP-Systeme, aber auch Funktionen des Supply-Chain-Management oder der Data-Warehouse-Systeme gehören in diese Kategorie.

Bezüglich der EAI-Anwendungen ergibt sich aus dieser Unterscheidung die Abgrenzung zwischen der

- Anbindung von Front-End-Systemen an Back-End-Systeme und der
- Verbindung verschiedener Back-End-Anwendungen untereinander.

Der theoretisch mögliche dritte Fall der Integration mehrerer Front-End-Anwendungen untereinander tritt in der Praxis kaum auf, da erstens die Front-End-Landschaft meist homogener (weil jünger) ist als die Back-End-Landschaft und zweitens die datenbezogene Integration zwischen verschiedenen Front-End-Anwendungen meist dadurch realisiert wird, daß sie an die gleichen Back-End-Systeme angeschlossen werden.

Fall 1 betrifft vor allem den Austausch von Kunden- und Produktstammda-
ten, die vom ERP-System an ein CRM-System geliefert werden; das CRM-
System stellt Aufträge ins ERP-System ein und fordert Angebote an.

Bei Fall 2 ist weiter zu unterscheiden:

- Werden nicht alle ERP-Funktionen in einem integrierten System abgewickelt, so müssen sie über Schnittstellen verbunden werden. Selbst
  wenn alle verwendeten ERP-Anwendungen vom gleichen Hersteller
  stammen, müssen diese Systeme nicht notwendigerweise integriert
  sein, insbesondere nach Unternehmenszusammenschlüssen oder im
  Falle verschiedener Niederlassungen mit jeweils eigenen ERP-Systemen. Die Integrationsaufgabe kann dann z.b. darin bestehen, den Datenaustausch zwischen Personalwirtschaft, Produktionswirtschaft und
  Lagerhaltung zu ermöglichen.

- In quasi allen größeren Unternehmen gibt es Back-End-Anwendungen
  für spezielle, unternehmens- oder branchenspezifische Aufgaben. Sie
  sind meist in Eigenregie entwickelt worden. Da sie oft schon sehr lange im Einsatz sind, basieren sie häufig auf älteren Plattformen. Sie
  bieten Funktionen, die sich in dieser Form in keiner Standardsoftware
  finden lassen. Nichtsdestotrotz müssen sie mit den ERP-Anwendungen Daten austauschen. Beispiele hierfür sind

  o Vertragsverwaltungssysteme bei Versicherungen, die speziell
    die eigenen Versicherungsprodukte berücksichtigen oder

  o Auslegungswerkzeuge bei Maschinenbauunternehmen, die
    nach Eingabe bestimmter Parameter eines Anwendungsfalls ei-
    nen Artikel aus dem eigenen Produktspektrum empfehlen, der
    den Anforderungen am besten entspricht.

7.6.2 Nach der Integrationsebene

Grundsätzlich ist die Integration dreistufiger Client-Server-Anwendungen auf
allen drei Architekturebenen möglich: auf Datenbank-, Applikations- und
GUI-Ebene.

Die Integration auf *Datenbankebene* sollte jedoch nur in Betracht kommen,
wenn eine Schnittstelle lediglich lesend auf die Daten zugreifen soll, die eine

Applikation in der Datenbank hinterlegt hat. (Beispiel: Eine CRM-Anwendung liest täglich Produktdaten aus dem ERP-System aus, schreibt sie aber nie zurück. Führendes System für Produktdaten ist das ERP-System; nur dort können sie geändert oder gelöscht werden.)

Applikationen auf Datenbankebene zu integrieren, ist bei schreibendem Zugriff seitens der Schnittstelle sehr gefährlich, da die Applikation die Hoheit über ihre Daten verliert. Die Datenintegrität wird deshalb gefährdet, dies sollte tunlichst vermieden werden. Läßt es sich im Einzelfall nicht umgehen, so ist genauste Kenntnis der Applikationsdatenstruktur und der Art ihrer Zugriffe nötig. Insbesondere müssen eventuelle Batch- und Reorganisationszugriffe der Applikation auf die Datenbank bekannt sein. Von ihr bei einem Tabellenzugriff auf anderen Tabellen mitgeführte Zähler, Auswertungen etc. müssen berücksichtigt werden. Eine solch detaillierte Kenntnis einer Anwendung erfordert nicht nur großen Einarbeitungsaufwand, sondern setzt auch die Verfügbarkeit des Quellcodes voraus. Im Falle von Standardsoftware scheidet diese Möglichkeit im Grunde schon deshalb aus, weil theoretisch mit jedem Versionswechsel oder Bugfix-Release nicht nur die Funktion der Schnittstelle, sondern die Integrität der ganzen Datenbank gefährdet wird.

Lesender Zugriff auf Datenbankebene ist unproblematischer. Er bietet sich insbesondere dann an, wenn Applikationsschnittstellen bei Altanwendungen fehlen oder sehr unkomfortabel sind.

Die am häufigsten verwendete Integrationsebene im Client-Server-Modell ist die *Applikationsebene*. Fast alle Anwendungen bieten Schnittstellen an, über die mit ihnen kommuniziert werden kann. Sie selbst können dann die empfangenen Daten prüfen und in ihrer Datenbank ablegen. So behalten sie die Hoheit über ihre Datenbank. Die Schnittstellen der Standardanwendungen unterscheiden sich zwar sehr stark bezüglich ihrer Dauerhaftigkeit (Anpassungsaufwand bei neuen Versionen!) und des Komforts, den sie dem Schnittstellenentwickler bieten (Extremfälle: Klassenbibliothek vs. ASCII-Filetransfer). Die unkomfortabelste Schnittstelle auf dieser Ebene ist aber einer Schnittstelle auf Datenbankebene aus den erwähnten Gründen allemal vorzuziehen.

Die Integration auf *GUI-Ebene* ist eine typische Aufgabe von Portalservern. Im einfachsten Fall werden verschiedene Webseiten in Frames zu einer einzigen zusammengefaßt. Ein Geschäftsprozeß kann dann von einem Benutzer unter Verwendung mehrerer Applikationen in einem einzigen Bildschirmfenster ausgeführt werden.

Eine weitergehende Integration auf dieser Ebene bildet im Grunde die Multitasking-Fähigkeiten moderner Client-Betriebssysteme im Web nach. Im besten Fall kann ein Objekt, z.b. ein Kundenauftrag, mittels Drag-and-Drop von einer Anwendung in eine andere gezogen und dort weiterbearbeitet werden.

Im Grunde gehört zu dieser Kategorie auch die Möglichkeit, den Client-Rechner des Benutzers in ein Integrationsszenario einzubeziehen, diesen also Daten lokal mit einer Anwendung, beispielsweise einem Tabellenkalkulationsprogramm, bearbeiten zu lassen.

Auch Screen-Scraping fällt in diese Kategorie, wenngleich es technisch vollkommen unterschiedlich gestaltet ist. Der Zugriff auf die Benutzeroberfläche eines zu integrierenden Systems obliegt dann nicht dem Benutzer, sondern der EAI-Software. In welcher Form die Ein- und Ausgabe des Benutzers diesem dargestellt wird, ist dabei vollkommen frei gestaltbar, dafür gelten aber die bereits genannten Nachteile.

7.6.3 Nach dem Objekt der Integration

Auf technischer Ebene können zwei Systeme miteinander verbunden werden, indem sie entweder Daten oder Nachrichten austauschen. Aus Sicht der Schnittstelle ist unbekannt, wie die beiden beteiligten Systeme diese Daten verarbeiten. Diese Form der *Integration von Daten* ist ein häufiger Fall bei Schnittstellen, die ohne EAI-System verwirklicht werden. Die SAP stellt auf dieser Ebene beispielsweise die IDOC-Schnittstelle zur Verfügung.

Dagegen spricht man von der *Integration von Objekten*, wenn beiden beteiligten Anwendungen der betriebswirtschaftliche Zusammenhang eines Datenobjekts bekannt ist.[48] Beispielsweise tauschen sie Daten über einen Kunden aus, dessen Anschrift sich geändert hat, indem eine Anwendung das entsprechende Kundenobjekt an die andere Anwendung übermittelt. Ein Beispiel aus der SAP-Welt für diese Schnittstellen sind BAPIs.[49] Sie dienen

---

[48] Im Falle der Integration auf Datenbankebene ist dies zumindest für eine Applikation nicht vollständig möglich.
[49] BAPI: Business application programming interface

der Kommunikation mehrerer SAP-Systeme untereinander, sind aber auch offen für die Benutzung durch Fremdsysteme. SAP-Adapter von EAI-Servern können BAPIs ansprechen.

Am aufwendigsten ist die *Integration von Prozessen*. Die Geschäftsprozesse, die mehrere Applikationen betreffen, werden modelliert und sind Grundlage der Schnittstellengestaltung. Viele EAI-Anbieter liefern derartige Funktionalität mittlerweile. Um wieder auf das Beispiel SAP zurückzukommen: Eine Integrationstechnologie auf dieser Ebene ist das ALE, das für die sogenannte lose Kopplung mehrerer SAP-Systeme konzipiert ist.

7.6.4 Nach der Mittelbarkeit der Kommunikation

Die meisten älteren Schnittstellen – mit der üblichen Arroganz gegenüber früheren Informatiker-Generationen dürfen wir von herkömmlichen Schnittstellen sprechen – stellen eine Verbindung zwischen genau zwei Systemen her. Die Systeme werden direkt miteinander verbunden. Herkömmliche Schnittstellen stellen eine *Punkt-zu-Punkt-Verbindung* her. Es gibt keine zentrale Stelle, die die Schnittstellen überwacht, verwaltet und administriert. Meist werden proprietäre Schnittstellentechniken einer der beiden beteiligten Applikationen verwendet, um auf diese herkömmliche Weise eine andere Applikation anzusprechen. Auf Seiten der anderen Applikation muß dann die benötigte Logik programmiert werden, um die Daten, die geliefert werden, so zu interpretieren, daß sie verwertet werden können.

Moderne Schnittstellen basieren dagegen auf einem zentralen Server. *Serverbasierte Kommunikation* leitet die Verbindung zwischen den beteiligten Applikationen über eine Middleware (i.d.R. ein EAI-System), die Adapter zu den beteiligten Systemen hat. So kann an einer zentralen Stelle die Kommunikation gesteuert werden.

7.6.5 Nach der Synchronisierung der Kommunikation

Beim Design einer Schnittstelle ist es wichtig festzulegen, ob *synchrone* Kommunikation ausreicht oder *asynchrone* Kommunikation erforderlich ist. Asynchrone Kommunikation ist aufwendiger als synchrone. Sie liegt immer dann vor, wenn das aufrufende System mit seiner Verarbeitung fortfahren kann, ohne die Antwort des aufgerufenen Systems abzuwarten.

Hierzu ein Beispiel: System a (ein Online-Shop für Kunden) stellt eine Anfrage an System b (ein ERP-System). Der Online-Shop fordert beim Logon des Kunden schon aktuelle Kundendaten aus dem ERP-System an. Er wartet aber nicht auf die Antwort, sondern fährt mit seiner Verarbeitung fort; der Kunde surft über die Seiten. Nach der Bearbeitungszeit des aufgerufenen ERP-Systems antwortet dieses und die Nachricht wird an das aufrufende System, den Online-Shop, geschickt. Dieser hat nun minutenaktuelle Kundendaten zur Verfügung, ohne daß der Kunde die 10 oder 20 Sekunden des ERP-Aufrufs abwarten mußte. Die Seite mit seinen Kundendaten ruft er ohnehin meistens erst nach dieser Zeit auf, zunächst stöbert er im Katalogangebot. Greift er wider Erwarten doch sofort auf die Kundendaten zu, so kann der Online-Shop ihm entweder die letzte bekannte Version anbieten oder ihn doch einige Sekunden auf die Antwort des ERP-Systems warten lassen.

Für asynchrone Aufrufe kann ein Timeout-Parameter eingestellt werden: Nach einer bestimmten Zeitspanne ohne Rückmeldung gilt der Aufruf als erfolglos und die EAI-Middleware meldet dies an das aufrufende System zurück. Durch einen Timeout-Parameter ist auch eine Kombination von synchroner und asynchroner Verarbeitung in einem Prozeß möglich. Ein Beispiel: Ein Kunde erteilt in einem Online-Shop einen Auftrag. Der Online-Shop versucht, beim Supply-Chain-Management-System ein Lieferdatum für diesen Auftrag zu erfragen. Auf die Antwort wartet er für 20 Sekunden und zeigt sie im Erfolgsfall dem Kunden unmittelbar am Bildschirm an. Meldet sich das Supply-Chain-Management-System nicht innerhalb von 20 Sekunden zurück, weil es überlastet ist, so kann der Kunde nicht länger hingehalten werden und es wird von der synchronen zur asynchronen Bearbeitung übergegangen. Der Kunde sieht einen Bestätigungsbildschirm ohne Lieferdatum und bekommt das Lieferdatum später per Mail mitgeteilt.

7.6.6 Nach der Schreibberechtigung der Systeme für bestimmte Daten

Der Sinn von Schnittstellen zwischen verschiedenen Systemen ist naheliegenderweise, daß sie Daten austauschen können. Im einfachsten Fall speichert nur eines der beteiligten Systeme bestimmte Daten; die anderen Systeme dienen lediglich ihrer Ausgabe oder ihrer Weiterverarbeitung für bestimmte Zwecke. Leider ist dieser einfachste Fall recht selten. Üblicherweise müssen ein und dieselben Daten an mehreren Orten oder in mehreren Systemen vorgehalten werden.

Auch dieser Anforderung kann noch recht einfach begegnet werden: Wenn *n* Systeme mit bestimmten Daten arbeiten müssen, so wird eines davon zum führenden System in bezug auf diese Daten definiert. Es ist das einzige System, das schreibend zugreifen darf. Benutzer, die die Daten nicht nur lesen, sondern auch ändern möchten, müssen auf dieses führende System zugreifen. Alle *(n-1)* anderen Systeme sind lediglich empfangende Systeme. Sie halten die Daten vor, aktualisieren sie durch Anfragen an das führende System entweder in vordefinierten zeitlichen Abständen oder online bei jedem Zugriff, können sie aber nicht ändern.

I.d.R. reicht dieses Szenario vollkommen aus. Man definiert z.B., daß das ERP-System als einziges Produktdaten ändert, das CRM-System als einziges Kundenkontaktdaten ändert. Die jeweils anderen Systeme bekommen täglich eine Aktualisierung des kompletten Datenbestandes oder sie fordern sie für jedes benötigte Objekt, d.h. für jedes Produkt oder für jeden Kontakt, jeweils bei Bedarf an.

Am schwierigsten zu realisieren ist der Fall, daß mehrere Systeme auf die selben Daten schreibend zugreifen können. Man bezeichnet ihn als *verteilte Datenhaltung*. Er ist technisch äußerst aufwendig, wenn die Transaktionssicherheit gewährleistet bleiben soll. Eine detailliertere Beschreibung der Problematik würde hier den Rahmen sprengen, dazu sei auf Lehrbücher zum Thema Datenbanksysteme verwiesen.[50] Hier nur ein Beispiel: Ein System a habe gemeinsam mit zwei weiteren Systemen b und c Schreibberechtigung auf Kundendaten. System a ändert Daten, teilt dies den Systemen b und c mit. A muß auf eine Bestätigung von b und c warten, erst dann darf die Änderung endgültig sein. Meldet eines der beteiligten Systeme keinen erfolgreichen Schreibvorgang zurück, weil ein Fehler auftritt, so muß die Änderung auf allen anderen Systemen rückgängig gemacht werden können. Dies zu realisieren ist sehr schwierig, die Performanz solcher Systeme ist schlecht. Deshalb sollte verteilte Datenhaltung vermieden werden.

---

[50] Vgl. z.B. Kemper, A./ Eickler, A.: Datenbanksysteme: eine Einführung, 3.Aufl., München u.a. 1999, S. 403 ff.

7.6.7 Nach dem Ort der Konvertierung

Wenn mehrere Systeme miteinander kommunizieren sollen, deren Schnittstellen mit verschiedenen Datenformaten arbeiten, so muß ein Austauschformat definiert werden, das zwischen ihnen übertragen wird. Dabei kann es sich um eines der Datenformate der beiden beteiligten Systeme oder um ein drittes Format handeln. Ist ein EAI-Server an der Kommunikation beteiligt, so kann dort solch ein drittes Format definiert werden.

Viele EAI-Server arbeiten mit XML-Dateien. Sie erhalten Eingabedaten eines Systems und formatieren sie in eine XML-Datei um, die dem für diesen Datenaustausch definierten Schema entspricht. Man kann nun zwei Fälle unterscheiden:

- Ein Integrationsserver erhält die Information im Ausgangsformat und konvertiert sie in sein Format.

- Auf dem sendenden System wird bereits das Austauschformat erzeugt.

Der zweite Fall wird mit Hilfe sogenannter *Wrapper* realisiert, die die Daten bereits vor dem Versenden konvertieren.

7.6.8 Nach der Anzahl der beteiligten Systeme

Diese Unterscheidung mag sehr trivial sein; sie ist jedoch für kleinere Unternehmen wichtig für die Beurteilung der Frage, ob der Einsatz eines EAI-Systems sich lohnt. Als kritische Masse gelten 3-5 an einer Kommunikation beteiligte Softwaresysteme. Nur darüber kann der Nutzen von Enterprise-Application-Integration den Aufwand überwiegen.

7.6.9 Nach der Heterogenität der beteiligten Systeme

Auch diese Differenzierung erscheint banal, ist aber wichtig. Der Einsatz eines EAI-Servers zur Verbindung mehrerer Produkte ein und desselben Herstellers ist weniger sinnvoll. Homogene Landschaften können i.d.R. günstiger mit proprietären Schnittstellen des Herstellers integriert werden.

7.6.10 Intra-Enterprise vs. Inter-Enterprise

Die bisher erwähnten Beispiele haben vorausgesetzt, daß Integrationsszenarien *innerhalb* eines Unternehmens aufgebaut werden (Intra-Enterprise).

Die Verbindung eigener Systeme mit denen von *Geschäftspartnern* (Inter-Enterprise) fällt in den Aufgabenbereich von B2B-Software. Die verwendeten Techniken sind sich aber sehr ähnlich; Grund genug für viele EAI-Anbieter, sich mit veränderten Versionen ihrer EAI-Produkte als B2B-Anbieter zu positionieren. Wesentlich höher sind in diesem Fall natürlich die Sicherheitsanforderungen für die Kommunikation.

7.6.11 Funktionsaufrufe vs. Nachrichten

Remote-Function-Calls in der Programmiersprache ABAP der SAP und Remote-Method-Invocation in Java sind Beispiele für Aufrufe von Methoden auf einem entfernten Rechner, die aber innerhalb einer Systemumgebung bleiben. Diese Systemumgebung stellt z.B. sicher, daß Anzahl, Typ und Reihenfolge der zu übergebenden Felder bei aufrufendem und aufgerufenem System kompatibel sind.

Eine Nachricht dagegen kann beliebigen Inhalt haben. Die Programmierer der beiden Systeme sind selbst dafür verantwortlich, daß die Nachricht, die eine Applikation sendet, von der anderen in jeder Situation verstanden werden kann.

7.7 Marktentwicklung

Der Markt für EAI-Software ist derzeit von zwei gegenläufigen Entwicklungen geprägt. Zum einen läßt sich unter den EAI-Spezialanbietern der ersten Stunde eine Konsolidierung beobachten, die die Anzahl der Anbieter verringert. Zum anderen drängen Softwarehäuser aus anderen Bereichen auf den EAI-Markt, was die Anzahl der Anbieter erhöht. Sowohl Infrastrukturanbieter wie Bea als auch ERP-Anbieter wie SAP haben den Markt gerade erst entdeckt und bieten inzwischen erste Versionen von EAI-Systemen an.

Der Markt für Integrationssoftware ist nach wie vor ein Wachstumsmarkt. In vielen Unternehmen sind in den vergangenen Jahren und Jahrzehnten heterogene Applikationsinfrastrukturen entstanden, die noch nicht mit Hilfe von Middleware integriert worden sind. Das Marktpotential dürfte sicherlich erst in einigen Jahren ausgeschöpft sein.

Typische EAI-Projekte erfordern im Vergleich zu anderen IT-Projekten einen hohen Beratungsaufwand. Der relative Anteil der Softwarelizenzkosten an den gesamten Projektkosten ist dagegen eher unterdurchschnittlich, insbesondere dann, wenn die EAI-Software nicht nur zur Anbindung neuer, sondern auch zur Integration bestehender Anwendungen genutzt wird. Aus diesem Grund kommt dem Markt für Beratungsdienstleistungen im EAI-Umfeld eine erhebliche Bedeutung zu.

Unter den EAI-Spezialisten sind vor allem folgende Namen zu nennen:

- *Seebeyond* bietet eine umfassende Suite von EAI-Werkzeugen, die die wesentlichen Funktionen abdeckt.

- *Tibco* hat ebenfalls eine umfassende EAI-Lösung und ist insbesondere bei Banken und Versicherungen stark vertreten.

- Auch *Vitria* gehört zu den Komplettanbietern, ist allerdings bislang vor allem auf dem nordamerikanischen Markt stark.

- *Webmethods* ist besonders bekannt geworden, weil die SAP einen Teil der Produkte unter eigenem Namen vermarktet hat.[51] Der Business Connector der SAP besteht im wesentlichen aus der Integrationsmiddleware von Webmethods und dem entsprechenden Adapter zu SAP-Systemen. Er darf von SAP-Kunden ohne zusätzliche Lizenzkosten genutzt werden, wenn mindestens ein SAP-System an dem Integrationsszenario beteiligt ist.

- Auch *Mercator* zählt zu den EAI-Spezialisten, die insbesondere viele wichtige Finanzdienstleister zu ihren Kunden zählen. Mercator gehört inzwischen zu Ascential,[52] einem Nachfolgeunternehmen von Informix, das nach dem Verkauf der Datenbanksparte an IBM entstanden ist.

Neben den Spezialanbietern gibt es IT-Dienstleister und Softwarehäuser mit einem breiteren Produktspektrum, die insbesondere als EAI-Anbieter auftreten:

- *Sybase* ist mit den Produkten von *new era of networks* in den EAI-Markt eingestiegen.[53]

---

[51] Vgl. http://www.webmethods.com/partners/partnerDetail/1,2121,30,00.html; 5.7.2003
[52] Vgl. http://www.ascential.com/news/2003/aug/08042003.htm; 5.9.2003
[53] Vgl. http://www.sybase.com/detail/1,6904,1020027,00.html; 5.7.2003

- *IBM* hat mit *MQSeries* schon seit langem eine nachrichtenbasierte Middleware im Portfolio. Mit dem Zukauf von *Crossworlds* ist dieses um eine EAI-Suite ergänzt worden, die Adapter und Werkzeuge für die Prozeßintegration umfaßt.[54]

- Die ERP-Größen *Oracle* und *SAP* haben eigene EAI-Lösungen ange-kündigt und erste Versionen vorgestellt. Sie spielen bisher noch keine große Rolle im EAI-Markt. Das enorme Investitionsvolumen, das sie in die Entwicklung dieser Produkte stecken können, läßt aber darauf schließen, daß sie in absehbarer Zeit mit führenden Produkten am Markt vertreten sein werden. Viele Anwender warten lieber auf das Produkt "ihres" Lieferanten als das Risiko des "Early Adopters" einzu-gehen. Deshalb ist damit zu rechnen, daß beide Anbieter über kurz oder lang zu den wichtigsten auch im EAI-Sektor zählen werden. Ähn-lich verlief jedenfalls die Entwicklung in Bereichen wie CRM und Supply-Chain-Management; auch hier traten Oracle und SAP später als die Spezialanbieter auf dem Markt in Erscheinung, konnten dann aber schnell an Bedeutung gewinnen.

- *Microsoft* ist mit dem Biztalk-Server auf dem EAI-Markt vertreten. Man versucht offenbar, den Erfolg zu wiederholen, den der SQL-Server auf dem Datenbankmarkt hatte, indem man den Markt von unten aufrollt. Biztalk ist mit Abstand das billigste vergleichbare Produkt. Es ist vielen Wettbewerbern zwar funktional unterlegen, hat aber einen weiten, po-tentiellen Einsatzbereich insbesondere bei kleinen und mittelgroßen Unternehmen. Für die Prozeßmodellierung wird auf MS Visio zurück-gegriffen.

- *Bea* ist mit Weblogic Marktführer bei J2EE-Applikationsservern. Bea Tuxedo ist der führende Transaktionsmonitor der Vor-Web-Ära. Da-raus leitet sich die Stoßrichtung ab, mit der Bea den Markt für Integra-tionssoftware in Angriff nimmt: Im Vordergrund steht zunächst die In-tegration mit J2EE-Umgebungen und mit Applikationen, die auf der Tuxedo-Plattform laufen.

---

[54] Vgl. http://www.7b.software.ibm.com/wsdd/library/techarticles/xworlds/xworlds.html; 5.7.2003

7.8 Auswahlkriterien für EAI-Systeme

Bei der Auswahl eines EAI-Systems gelten natürlich im wesentlichen die selben Kriterien wie bei der Auswahl anderer Standardsoftware: Performanz, Kosten, Funktionen, Reputation des Herstellers etc. Besonderer Augenmerk ist aber im Falle von EAI auf einige Punkte zu legen, die dabei von besonderer Wichtigkeit sind:

Erstes Kriterium sollte sicherlich sein, ob ein EAI-System über *Adapter* für die wichtigsten bereits eingesetzten Applikationen eines Unternehmens verfügt. Im besten Fall sollten sie vom Hersteller selbst geliefert werden; falls nicht, dann von Partnern. Handelt es sich bei den zu integrierenden Systemen vor allem um Altsysteme oder Eigenentwicklungen, so sollte vor dem Erwerb einer EAI-Software die Abschätzung des Aufwandes stehen, der bei der Eigenerstellung entsprechender Adapter anfällt.

Die *Verfügbarkeit von EAI-Experten* auf dem Beratungs- und Arbeitsmarkt ist derzeit noch eingeschränkt. Berater oder Mitarbeiter mit guten Kenntnissen eines führenden Systems zu finden ist nicht einfach. Im Falle der Entscheidung für ein Nischenprodukt ist es noch deutlich schwieriger. Im Extremfall ist der Softwareanbieter quasi Monopolist auf dem Beratungsmarkt für die Durchführung von Projekten mit der eigenen Software.

Vor allem dann, wenn EAI-Middleware Verwendung finden soll, um Anwendungen unternehmensübergreifend miteinander zu verbinden, sind die der Software zugrundeliegenden *Sicherheitskonzepte* von entscheidender Bedeutung. Dazu gehört die Möglichkeit zur Verschlüsselung von Nachrichten ebenso wie das Rollenkonzept des Werkzeugs selbst.

Die angebotenen Systeme unterscheiden sich deutlich bezüglich der *Werkzeuge* zum Mapping von Datenstrukturen und zur Definition von Workflows. Welche und wieviele Funktionen mittels einer graphischen Oberfläche bedienbar sind, ist außerordentlich verschieden. Beides kann die Effizienz, mit der an den Systemen im Rahmen eines Projektes gearbeitet wird, erheblich zum Positiven oder zum Negativen beeinflussen.

Soll ein EAI-System in einem großen Unternehmen alle Integrationsaufgaben im Rahmen einer bestehenden IT-Infrastruktur übernehmen, so ist seine *Skalierbarkeit* entscheidend. Nicht alle Systeme lassen sich auf mehrere

Server verteilen und nicht alle sind für Integrationsaufgaben geeignet, die mehrere Tausend Nachrichten oder Funktionsaufrufe täglich umfassen.

8 B2B-Systeme

8.1 E-Business

8.1.1 Gegenstand des E-Business

Die üblichen Geschäftsprozesse für Bestellung, Auftragsbearbeitung und Zahlung sind in den letzten Jahren zunehmend automatisiert worden, um Doppelerfassung von Daten und Systembrüche im automatisierten Geschäftsprozeß zu eliminieren. Innerhalb eines Unternehmens waren solche Rationalisierungsprojekte meist einigermaßen erfolgreich, was nicht zuletzt die Umsätze der ERP-Hersteller belegen.

Ein Schwachpunkt dieser Prozesse ist aber die Schnittstelle zwischen den beteiligten Unternehmen geblieben. Die Bestellung wird beim Kunden ins ERP-System eingegeben, die Rechnung wird gedruckt, sie wird per Post oder Fax zum Lieferanten geschickt und wird schließlich dort in dessen ERP-System eingegeben, obwohl die Daten schon maschinenlesbar verfügbar gewesen wären. Die Auftragsbestätigung wird beim Lieferanten erzeugt, verschickt und manuell mit dem zugesagten Liefertermin in das System des Kunden eingegeben, ebenso die Rechnung.

Will man solche Doppelerfassungen vermeiden, so müssen die beteiligten Unternehmen sich vorab auf ein Datenformat für Rechnungen, Aufträge und andere Geschäftsdokumente einigen, die sie auszutauschen gedenken. Alternativ dazu kann einer der Geschäftspartner dem anderen die Möglichkeit geben, Daten über eine Weboberfläche im Internet direkt in seine Systeme einzupflegen. Häufigstes Beispiel hierfür sind Online-Shops, die eingegebenen Daten sind in diesem Fall naheliegenderweise Bestellungen.

EDI (Electronic Data Interchange) bietet eine Lösung für den elektronischen Austausch von Geschäftsdokumenten, die seit Jahren vielfach im Einsatz und sehr ausgereift ist. Leider erfordert EDI hohe Anfangsinvestitionen, ist recht umständlich und teuer und wird deshalb nur von großen Unternehmen angewandt, zwischen denen umfangreiche Geschäftsbeziehungen bestehen. EDI ist ungeeignet, wenn zwei Unternehmen nur gelegentlich in Geschäftsbeziehung zueinander treten. Kleinere und mittelgroße Unternehmen verfügen wegen der hohen erforderlichen Anfangsinvestitionen nur selten über die technischen Möglichkeiten von EDI. EDI kann als Vorläufer von B2B-E-Business-Anwendungen gelten.

E-Business hat in den letzten Jahren weit über die IT-Branche hinaus viel Aufmerksamkeit erregt. E-Business und E-Commerce sind in den neunziger Jahren häufig gebrauchte Schlagwörter gewesen. Bei E-Business geht es um weit mehr als nur um die Ablösung von EDI-Nachrichten durch modernere Formate und ihren Austausch mittels modernerer Protokolle. Ziel ist es, im Gegensatz zu EDI nicht nur die Abwicklung, sondern auch die Anbahnung von Geschäften elektronisch zu unterstützen.

Viele E-Business-Anbieter traten in den neunziger Jahren völlig neu in ihre jeweiligen Märkte ein. Bekanntestes Beispiel dürfte wohl die Firma Amazon sein, die keinerlei Erfahrung mit dem Buchhandel hatte und dennoch zur Nummer Eins der Internet-Buchhändler wurde. Aber auch bestehende Unternehmen entdeckten das Internet als Vertriebskanal. Viele lagerten ihre Online-Angebote in eigene Abteilungen oder auch in Tochterunternehmen aus. Integrations-Middleware stand noch kaum zur Verfügung, so daß die unternehmensinternen Prozesse beim Anbieter häufig nicht durchgängig unterstützt wurden. In der Konsequenz hatten einige Anbieter damit zu kämpfen, daß sie die online erteilten Aufträge mangels geeignet angebundener Logistik nicht zeitnah erfüllen konnten. E-Business verfehlt sein Rationalisierungspotential, wenn die verwendete Software die elektronisch erhaltenen Informationen (z.B. Bestellungen) nicht automatisiert an die bestehenden Erfüllungssysteme (z.B. ERP-Systeme) weitergeben kann.

Die ersten E-Business-Anbieter mußten sich Mitte der neunziger Jahre noch auf eigenentwickelte Software verlassen, doch schon bald traten die ersten Softwarefirmen auf, die sich auf die Erstellung von Programmen für den elektronischen Handel spezialisiert hatten. Die jeweiligen Spezialanbieter deckten sowohl den Austausch von Geschäftsdokumenten zwischen Unternehmen als auch Online-Shops mit Standardsoftware ab.

Die großen ERP-Anbieter dagegen boten erst später Software zur Unterstützung des E-Business an. Die Unternehmen, die online Geschäfte machen wollten, standen aber unter Zeitdruck, um früh Kundschaft im neuen Online-Geschäft an sich zu binden. So entstanden in den neunziger Jahren viele teure und schwer integrierbare Individuallösungen.

Die große Euphorie der ersten Jahre des E-Business wurde, wie allgemein bekannt ist, jäh beendet. Viele neugegründete Unternehmen sind wieder verschwunden, wurden übernommen oder meldeten Insolvenz an. Der Markt hat sich konsolidiert, er hat aber immer noch Wachstumspotential.

8.1.2 Kategorien elektronischer Geschäfte

Im Umfeld des E-Business haben sich einige Begriffe durchgesetzt, die inzwischen schon fast Allgemeingut geworden sind. Sie sollen deshalb hier nur kurz erklärt werden:

- Als *E-Commerce* bezeichnet man den Teil des E-Business, der sich mit elektronischem Handel beschäftigt. Dazu gehören vor allem Online-Shops.

- Häufig werden Teilmärkte als x2x (sprich: x to x) bezeichnet, um deutlich zu machen, welche beiden Seiten an den Geschäften beteiligt sind. Dabei steht an Stelle von x

  o C für Consumer, also Endverbraucher,

  o B für Business, also Unternehmen oder

  o G wie Government oder A wie Administration für staatliche Stellen.

Beispiele: Amazon macht hauptsächlich Geschäfte mit Endkunden, gehört also zum B2C-Bereich. Die EDI-Nachfolgesysteme gehören zum B2B-Sektor. Auktionshäuser wie ebay vermitteln C2C-Geschäfte. Online-Zusammenschlüsse von Verbrauchern zwecks Preisverhandlungen kann man als C2B-Anwendungen bezeichnen. Unter G2C fallen z.b. Angebote der Kommunen für KfZ-Anmeldungen im Internet.

Daneben gibt es vielfältige Kriterien, nach denen sich E-Business-Anwendungen unterscheiden lassen, hier einige Beispiele:

- Nach dem Bestehen eines *Rahmenvertrages*: Dies ist i.d.R. bei B2C-Anwendungen nicht gegeben, oft aber bei B2B-Applikationen.

- Nach der *Voraussetzung spezieller Software* auf beiden Seiten: Bei B2C-Anwendungen wird i.d.R. auf der Kundenseite nur ein Browser vorausgesetzt. B2B-Anwendungen dagegen bestehen oft auf beiden Seiten aus spezieller Kommunikationssoftware.

- Bei Online-Shops nach der *Konfigurierbarkeit* der verkauften Produkte: Die Verwaltung von Produktvarianten erhöht beträchtlich die Komplexität einer Shop-Anwendung.

- Nach der Geschlossenheit der *Benutzergruppe*: B2C-Anwendungen stehen üblicherweise auch anonymen Neukunden offen.

- Nach der Art der *Preisfindung*:

  o Online-Shops machen ein Festpreis-Angebot, das kundenspezifisch rabattiert sein kann, aber nicht verhandelbar ist.

  o Auktionen

  o Ausschreibungen

8.2 Elektronische Marktplätze

8.2.1 Aufgabe elektronischer Marktplätze

Elektronische Marktplätze führen Angebot und Nachfrage auf bestimmten Märkten in Rechnernetzen, insbesondere im Internet, zusammen. Zur Erläuterung sei ein kurzer Ausflug in die Volkswirtschaftslehre gestattet: Viele Theorien der VWL basieren auf der Annahme der vollkommenen Märkte. Diese Annahme beinhaltet eine ganze Reihe von Annahmen, unter anderem vollständige, sekundengenaue Information aller Marktteilnehmer über das Marktgeschehen. Praktisch ist dies in vielfacher Hinsicht nicht relevant, in den sich ergebenden Konsequenzen aber dennoch eine Grundlage für vielfältige Berechnungen und Schlußfolgerungen. Der Markt steuert über den Preis das Aufeinandertreffen von Angebot und Nachfrage.

Elektronische Marktplätze sind ein Schritt, diesen Annahmen etwas näher zu kommen: Informationen über Marktteilnehmer werden online publiziert. Innerhalb einer Branche (vertikale Marktplätze) oder entlang einer Wertschöpfungskette (horizontale Marktplätze) kann man mit Hilfe des elektronischen Marktplatzes Geschäftspartner finden und mit Ihnen ins Geschäft kommen.

Die Anbieter können neben Herstellerinformationen auch ihre Kataloge ver-
öffentlichen, so Produktinformationen für Nachfrager zur Verfügung stellen
und diese Produkte dann entweder zum Festpreis anbieten, versteigern oder
sich an Ausschreibungen beteiligen. Für die Produktkataloge ist in Deutschland mit BMEcat ein Standard zur Beschreibung und Formatierung recht
weit verbreitet. Er basiert auf einer allgemeinen, branchenüberschreitenden
Produktklassifikation, die der Bundesverband Materialwirtschaft, Einkauf und
Logistik e. V. (BME) erarbeitet hat.[55] Nachfrager können die Kataloge der
Anbieter betrachten, sich an Versteigerungen beteiligen oder ihre Beschaf-
fungen ausschreiben.

Auf Online-Marktplätzen werden also wie beim Wochenmarkt Angebot und
Nachfrage nach bestimmten Gütern zusammengeführt. Dabei kann es sich
um

- Ausschreibungen (durch einzelne, mächtige Nachfrager oder auch
  durch Nachfragergruppen), um

- Auktionen (mit verschiedenem Modus, i.d.R. jedoch meistbietend) o-
  der um

- Festpreisangebote (letztlich also eine Art gemeinsamen Online-Shop
  mehrerer Anbieter) handeln.

- Darüber hinaus gibt es die Möglichkeit der Online-Börse, bei der ein
  (elektronischer) Makler den Preis aus den Kauf- und Verkaufsangebo-
  ten der Marktteilnehmer so ermittelt, daß ein maximaler Umsatz abgewickelt werden kann.

Nach dem Abschluß eines Geschäftes auf einem Online-Marktplatz muß es
abgewickelt und zentral dokumentiert werden. Bei Beschaffungsprozessen
entlang einer Wertschöpfungskette ist der Wechsel eines Anbieters mit Aufwand verbunden. Die Nachfrager wechseln ihre Anbieter entsprechend selten. Die Abwicklung kann in solchen Fällen zum Schwerpunkt der Markt-
platzaktivitäten werden.

---

[55] Vgl. http://www.bmecat.org/; 21.07.03

8.2.2 Anforderungen an elektronische Marktplätze

Die genannten Aufgaben definieren die funktionalen Anforderungen an Marktplatzsoftware. Sie erlaubt die Definition und Durchführung der damit verbundenen Prozesse. Darüber hinaus kann der Betreiber Reports durchführen, um das Marktgeschehen zu analysieren.

Produktinformationen so aufzubereiten, daß die Produkte mehrerer Anbieter für die Nachfrager vergleichbar werden, erfordert tiefe Produktkenntnis bei der Erstellung des Marktplatzes. Dies dürfte der Hauptgrund sein, daß die erfolgreichsten Marktplätze sich auf einzelne Branchen spezialisieren. Die einfachste Form eines Marktplatzes, ein Portal, das auf Seiten der Anbieter verlinkt, bietet dem Nachfrager dagegen nur wenig Mehrwert.

Neben diesen fachlichen Anforderungen gibt es technische Anforderungen für die Erstellung eines Marktplatzes: Die Dateiaustauschformate der beteiligten Unternehmen für die bereitgestellten Daten müssen gegenseitig verstanden werden. Ebenso muß der Marktplatz mit den Systemen der beteiligten Unternehmen zur Abwicklung der Sach- und Finanztransaktionen kommunizieren können. Da die Benutzergruppen von Marktplätzen üblicherweise geschlossen sind, sind Techniken für Verschlüsselung und Authentifizierung erforderlich.

Der entscheidende Erfolgsfaktor für elektronische Marktplätze ist eine ausreichende Zahl von Marktteilnehmern. Für den Betreiber stellt sich diese Tatsache bei Eröffnung eines Marktplatzes als Henne-Ei-Problem dar: Fehlen die Nachfrager, so finden sich keine Anbieter und umgekehrt. Erfolgreiche Marktplätze werden deshalb insbesondere von großen Branchenverbänden betrieben, die große Teile der Marktaktivitäten bündeln können. Andere mögliche Betreiber sind Anbieter, Nachfrager, Verbände, neutrale Betreiber oder der Softwarehersteller selbst.

Marktplätze eignen sich nicht für alle Märkte. Sie sind desto besser anwendbar,

- je vergleichbarer die Produkte sind,
- je größer die Anzahl der gehandelten Einheiten ist,
- je größer die Anzahl der Marktteilnehmer ist und

- je einheitlicher die Transaktionen definiert sind. (Dies betrifft u.a. die Einheitlichkeit von Nebenkosten, Verpackung, Lieferung, Versicherung und Qualitätsgarantie.)

8.3 E-Procurement

Ausgangspunkt für die Entwicklung von E-Procurement-Software war die Beobachtung, daß die Beschaffung indirekter Güter in den meisten Unternehmen immense Prozeßkosten verursacht.

Ein herkömmlicher Beschaffungsprozeß von solchen Gütern, die nicht direkt in ein Endprodukt eingehen sieht etwa wie folgt aus: Ein Mitarbeiter benötigt Büroartikel, er wendet sich an die zuständige Sekretärin, diese sich an die Einkaufsabteilung. Dort wird geprüft und genehmigt oder abgelehnt. Im Falle der Genehmigung wird versucht, diese Bedarfsanforderung mit anderen aus anderen Abteilungen zu einer Bestellung zusammenzufassen. Es wird ein Lieferant ausgewählt, die Ware bestellt, dann folgen Wareneingang, Rechnungsprüfung, Zahlung und Weiterverrechnung an die anfordernde Kostenstelle. Die Prozeßkosten, die dadurch entstehen, daß Mitarbeiter sich mit diesen Vorgängen befassen, sind bei der Beschaffung eines neuen Abteilungsdruckers sicherlich gerechtfertigt, bei der Beschaffung von Büromaterial können sie sich aber leicht auf ein Vielfaches des eigentlichen Warenwertes belaufen.

Aus diesem Grund versucht man diesen Prozeß nun so weit wie möglich zu automatisieren. Dies kann nur gelingen, wenn man ihn auch vereinheitlicht und wenn man dem bestellenden Mitarbeiter für geringwertige Güter mehr dezentrale Entscheidungsfreiheiten im Rahmen dieser Vereinheitlichung zubilligt, um Genehmigungsschritte einzusparen. Darüber hinaus benötigt man Software-Systeme, die diesen schlankeren Prozeß unterstützen.

E-Procurement-Systeme halten Kataloge eines oder einiger weniger Lieferanten beim Kunden für dessen Mitarbeiter verfügbar. Sie werden via Web von Hand oder per XML-Schnittstelle aktuell gehalten. Dadurch werden sowohl die Beschaffungsnebenkosten als auch die Anzahl von Lieferanten drastisch reduziert. Häufigste Anwendung von E-Procurement ist die Beschaffung von Büromaterial. Als Format für die verwendeten Kataloge kann z.B.

BMECat Anwendung finden. Für die Anbindung der Lieferanten müssen diesen geeignete Schnittstellen zur Verfügung gestellt werden.

E-Procurement-Systeme sind i.d.R. webbasierte Anwendungen, die beschaffungsberechtigten Mitarbeitern im Intranet zur Verfügung stehen. Der anfordernde Mitarbeiter erfaßt seine Bestellanforderung online. Die Bestellung geht, ggf. nach einer Genehmigung, die eine übergeordnete Instanz ebenfalls online erteilt, an den Lieferanten. Voraussetzung hierfür ist, daß es einen unternehmensweit gültigen Katalog bestellbarer (Büro-)materialien gibt. Die Konditionen für diese Produkte sind mit dem oder den Lieferanten vorab ausgehandelt. Die Anzahl der Lieferanten für Büromaterial reduziert sich dadurch natürlich drastisch. Daß die Einkaufspreise für die Güter verbessert werden können, da bei einem Lieferanten größere Mengen beschafft werden, ist aber eher ein positiver Nebeneffekt. Im Fokus steht vor allem die Senkung der Prozeßkosten.

Der Mitarbeiter erhält die Berechtigung, bis zu einem bestimmten Betrag pro Periode Waren einer bestimmten Kategorie online ohne weitere Genehmigung anzufordern. Alternativ kann ein Workflow festgelegt werden, in dessen Rahmen online die Genehmigung durch den Kostenstellenverantwortlichen oder den zentralen Einkauf erfolgt. Dem Mitarbeiter stellt sich die E-Procurement-Seite wie ein unternehmensinterner Online-Shop dar.

Die Seite befindet sich i.d.R. im Intranet des Kunden. Bei Beschränkung auf einen Lieferanten könnte sie auch im Extranet des Lieferanten liegen. Für Außendienst-Mitarbeiter sind auch mobile Lösungen (z.B. WAP) denkbar. Bei entsprechender Einbindung in die Systemlandschaft wird auch der Wareneingang vom Anforderer selbst online bestätigt und im transaktionalen System verbucht, indem das E-Procurement-System auf das ERP-System zugreift.

Die meisten Anbieter von E-Procurement-Software haben ihre Systeme inzwischen zu umfassenden Lösungen zur Unterstützung der Einkaufsfunktion im Unternehmen ausgebaut. Bekannte Beispiele sind Ariba Spend Management[56] und SAP Supplier Relationship Management[57].

[56] Vgl. http://www.ariba.com/solutions/solutions_overview.cfm; 25.07.2003
[57] Vgl. http://www.sap-ag.de/germany/solutions/srm/; 25.07.03

Funktionen solcher umfassenden Lösungen sind z.B.

- Strategische Werkzeuge *zur Planung und Analyse der Beschaffung*: Kennzahlensysteme werden als Meßgrößen festgelegt und ausgewertet. Termintreue und Reklamationsquote eines Lieferanten werden z.B. automatisch mitgeführt. Beschaffungsmuster im Unternehmen können ausgewertet werden. Daraufhin kann man Einkaufsentscheidungen überdenken. (Ein Beispiel: Der Bedarf an einem Produkt hat sich deutlich vergrößert, also kann man bessere Konditionen aushandeln, monatlich bestellen, zentral lagern und Lieferkosten sparen.)

- *Tracking*: Der Lieferstatus ist für den Einkäufer jederzeit nachvollziehbar, die Zahlungsfolge und der Lieferplan sind für Lieferanten nachvollziehbar. Letzteres ist vor allem bei Einbeziehung direkter Güter wichtig.

- Erstellung und Verwaltung von *Online-Ausschreibungen*.

- Werkzeuge, die die *Auswahl und Evaluierung von Lieferanten* unterstützen.

- *Zentrale Sammlung vieler Lieferanten und Produkte seitens des Software-Anbieters:* Dies gibt dem Einkäufer die Möglichkeit, aus einer Vielzahl von Anbietern die passenden auszuwählen. Ein global zentrales System verwaltet eingestellte Informationen der Anbieter und stellt sie Nachfragern zur Verfügung. Damit wird kleineren Anbietern die Chance gegeben, auch in entfernten Märkten Kundenbeziehungen aufzubauen. Einkäufer haben den Vorteil erhöhter Markttransparenz ohne größeren Rechercheaufwand. Bislang hat sich dieses Angebot allerdings noch kaum durchsetzen können.

Mit Einschränkungen und Modifikationen sind E-Procurement-Systeme auch für direkte Güter anwendbar, die im Gegensatz zu Büromaterial in die Endprodukte eingehen. Dazu ist die Integration in die operativen ERP-Systeme der beteiligten Unternehmen notwendig; deswegen sind ERP-Anbieter hier im Vorteil gegenüber reinen B2B-Spezialisten. Solche Beschaffungssysteme können mit sehr umfangreichen Funktionen ausgestattet sein, z.B. können Bestellungen automatisch generiert werden, wenn ein Mindestlagerbestand unterschritten wird oder wenn geplante Verbräuche anstehen. Hier verschwimmen die Grenzen zwischen E-Procurement-Systemen, unternehmensübergreifenden Geschäftsprozessen und umfassenden Supply-Chain-Management-Anwendungen.

8.4 Unternehmensübergreifende Geschäftsprozesse

8.4.1 Austausch von elektronischen Geschäftsdokumenten

EDI haben wir als verbreitete Lösung für unternehmensübergreifende Geschäftsprozesse bereits kurz betrachtet. Wie erwähnt, ist EDI teuer in der Einrichtung und aufwendig im Betrieb und daher für kleinere Unternehmen wenig geeignet. Es gibt Standards für die EDI-Formate, der bekannteste ist EDIFACT, ansonsten muß das Datenaustauschformat zwischen den Beteiligten vereinbart werden. Alle großen ERP-Systeme verfügen über integrierte EDI-Schnittstellen. Ziel der EDI-Anwendung ist die Automatisierung von Geschäftsbeziehungen durch Verbindung der operativen Systeme über die Unternehmensgrenzen hinweg. Dadurch werden teure Papierschnittstellen im Prozeßablauf beim Austausch von Geschäftsdokumenten wie Bestellung, Lieferschein oder Rechnung vermieden.

Im Vergleich zu unternehmensinterner Integration, z.B. mittels EAI, ergeben sich aus technischer Sicht zusätzliche Schwierigkeiten, wenngleich die Abwicklung ähnlich erfolgt:

- Es soll nicht alles offengelegt werden. Die Unternehmen möchten einander nur genau die Daten mitteilen, die notwendig und vorab festgelegt sind. Eventuell sollen auch nicht alle Systeme, Schnittstellen und Prozesse allen Beteiligten bekannt sein.

- Es gibt zusätzliche Sicherheitsanforderungen, der Datenverkehr muß i.d.R. verschlüsselt werden.

- Die Kommunikation soll über Firewalls hinweg im Internet oder aber auf einer sicheren Leitung erfolgen, aber nicht innerhalb eines Unternehmensnetzwerkes.

Für die Systeme, die solche Prozesse unterstützen, hat sich keine eigene Bezeichnung durchgesetzt. Je nach Blickwinkel sind E-Procurement, EAI oder Supply-Chain-Management betroffen. Entsprechend vielseitig ist das Spektrum der Softwareanbieter, die sich auf diesem Markt tummeln.

Fast allen Systemen gemeinsam ist, daß sie das EDI-Format ersetzen, indem sie XML-Dokumente über das Protokoll Http austauschen. XML via Http ist vor allem für kleinere Unternehmen eher wirtschaftlich einsetzbar als EDI. Für kleine Lieferanten großer Kunden, die ihre Prozesse automatisieren wollen, gibt es eine halbmanuelle „Notlösung": Der Lieferant bekommt Geschäftsdokumente als XML-Dateien. Er erfaßt seine eigenen Dokumente aber im Web im Extranet des Kunden. Dort wird daraus ein XML-File erzeugt. Die Vorteile liegen fast ausschließlich auf Seiten des Kunden, der seine Einkaufsmacht einsetzt, um diesen Prozeß durchzusetzen.

Vorab müssen sich natürlich beide Seiten auf ein Schema oder eine DTD einigen, der die ausgetauschten Dokumente entsprechen sollen. XML selbst legt nur die Strukturen fest, definiert aber noch kein Datenaustauschformat. Standards dafür entwickeln sich gerade. Microsoft Biztalk enthält ein ganzes Framework für solche Formate.[58] Andere derartige Initiativen sind entweder branchenspezifisch und behandeln konkrete Prozesse oder stellen branchenunabhängige Spezifikationen zur Verfügung, auf denen man bei der Gestaltung der Dokumente aufbauen kann. Zwei wichtige Initiativen werden im folgenden kurz vorgestellt: RosettaNet und ebXML.

8.4.2 RosettaNet

RosettaNet ist ein 1998 gegründeter Zusammenschluß von Unternehmen der High-Tech-Branche, dem u.a. viele bedeutende Anbieter von Unternehmenssoftware angehören.[59] Ziel ist vor allem die Definition von XML-Schemata und zugehörigen Abläufen für verschiedene Geschäftsobjekte und -dokumente, die in der Branche zwischen Geschäftspartnern ausgetauscht werden. Auf diese Weise sollen Geschäftsprozesse standardisiert werden, damit Unternehmen der Hochtechnologiebranche mit geringem Aufwand in Geschäftsbeziehungen eintreten können.

U.a. gibt es Formate für

- Produkte,
- Aufträge,

---

[58] Vgl. http://www.microsoft.com/biztalk/techinfo/framwork20.asp; 25.07.2003
[59] Vgl. www.rosettanet.org; 21.08.2003

- Rechnungen,

- Liefermeldungen,

- Werbung,

- Angebote,

- Preisauskünfte,

- Verfügbarkeitsprüfungen und

- Abfrage des Auftragsstatus.

Die vorgesehene Vorgehensweise zur Nutzung der Rosettanet-Standards zwischen zwei Unternehmen sieht wie folgt aus:

- Die Unternehmen einigen sich auf Dokumentformate.

- Sie tauschen vorab umfangreichere Daten aus. Dies können z.b. Produktkataloge sein.

- Auf diese Daten verweisen sie in XML-Dokumenten, die sie austauschen und die den RosettaNet-Schemata entsprechen, auf welche sie sich vorab geeinigt haben. So hält sich die Menge der im Verlauf eines Geschäftsprozesses übertragenen Daten in Grenzen.

Geschäftsprozeßimplementierungen heißen Partner Interface Processes (PIP). Sie beinhalten die Nachrichtenformate und die zugehörigen Prozesse.

8.4.3 ebXML

Branchenspezifische Initiativen wie RosettaNet gibt es mehrere. Sie müssen die Standards für den Nachrichtenaustausch nicht vollständig selbst definieren. Die branchenunabhängige Ebene zwischen dem technischen XML-Standard und brancheneigenen Prozessen können sie z.B. von ebXML übernehmen. Unter den branchenunabhängigen Initiativen, die Standards zur XML-basierten Unterstützung von Geschäftsprozessen definieren, dürfte ebXML die wichtigste sein. RosettaNet beispielsweise verweist für den Nachrichtenaustausch auf den ebXML Messaging Service.

ebXML ist ein Zusammenschluß von Unternehmen und staatlichen Organisationen unter Schirmherrschaft der Vereinten Nationen. Ziel ist es, kleineren Unternehmen eine Alternative zu EDI zu bieten. Insbesondere Unternehmen aus Entwicklungs- und Schwellenländern sollen die Gelegenheit bekommen, in Geschäftsbeziehungen zu Großunternehmen aus Industrienationen einzutreten, ohne schon an technischen Hürden zu scheitern.

Es gibt Standarddokumente für Geschäftsvorfälle und Methoden, um diese Standards zu erweitern. Die Schemata und Prozeßdefinitionen, die solche Erweiterungen beschreiben, sollen in einer zentralen Registry abgelegt werden. Sie werden als Collaboration Protocol Agreement bezeichnet. Unternehmen können dort ihre Formate hinterlegen. Neue Kunden oder interessierte Lieferanten können aufgrund dieser Informationen Kontakt mit ihnen aufnehmen und Angebote anfordern bzw. abgeben.

8.5   E-Selling

Online-Shops werden meist mit Endkundengeschäft (B2C) assoziiert. Sie werden deshalb im nachfolgenden Abschnitt behandelt. Auch zwischen Unternehmen kommen aber Online-Shops zum Einsatz, insbesondere für mittelpreisige Produkte und bei breiten Produktlinien. An dieser Stelle sei kurz auf die besonderen Anforderungen hingewiesen, die an Online-Shops im B2B-Einsatz gestellt werden.

B2B-Online-Shops sind häufig nicht öffentlich zugänglich, sondern haben eine *geschlossene Benutzergruppe*. Neukunden melden sich zunächst beim betreibenden Unternehmen, bekommen eine Benutzerkennung und können dann bestellen. Hintergrund ist, daß man nicht an Adressen liefern will, deren Existenz man nicht verifiziert hat. Häufig wird auch die Kreditwürdigkeit eines Kunden zunächst geprüft, um zu entscheiden, welche Zahlungsmöglichkeiten man ihm online gewährt.

Wie im Geschäftsverkehr zwischen Unternehmen üblich, kommen auf die Listenpreise oft *kundenspezifische Rabatte* zur Anwendung. Der Online-Shop muß deswegen die Preisfindungslogik des ERP-Systems entweder nachbilden oder die Preise online bei diesem erfragen.

Da die Produkte, die zwischen Unternehmen verkauft werden, häufig in Variantenfertigung hergestellt werden, verfügen viele B2B-Shopsysteme über die Fähigkeit zur *Produktkonfiguration*. Der Kunde kann online Merkmalsausprägungen des gewünschten Produkts auswählen und kombinieren. Der

Konfigurator erlaubt nur zulässige Kombinationen und errechnet aus der Auswahl den Preis.

B2B-Shops bieten häufig eine *Verfügbarkeitsprüfung* an. Um dem Kunden online Auskunft geben zu können, muß das Shopsystem Zugriff auf die Verfügbarkeitsdaten im ERP- oder SCM-System haben.

Einige B2B-Shops bieten dem Kunden Einblick in historische Rechnungen und ältere Bestellungen. Diese Funktion wird mehr und mehr auch von B2C-Shops übernommen und stellt daher kaum noch eine Besonderheit dar. Im Falle des B2B-Shops ist aber die *Integration der Kunden- und Auftragsdaten mit anderen CRM-Anwendungen* unerläßlich, da im Gegensatz zu vielen B2C-Shops das Web i.d.R. nicht der einzige Absatzkanal ist. Daten, die bei Kundenbesuchen oder im Call Center erfaßt wurden, müssen ebenso berücksichtigt werden.

8.6 Marktentwicklung

Anbieter aus vielen verschiedenen Softwarebranchen haben den B2B-Markt für sich entdeckt:

- *E-Procurement-Spezialisten* haben ihr Angebot erweitert und decken neben reinen Beschaffungsprozessen inzwischen auch andere Geschäftsprozesse im E-Business zwischen Unternehmen ab. Zu nennen sind vor allem Ariba und Commerce One.

- *Supply-Chain-Management-Spezialisten* bieten neben Simulations- und Planungswerkzeugen in zunehmendem Maße auch Software für die Ausführung von Geschäftsprozessen an. Sie unterstützen damit die Lieferkettenbeziehungen zu Lieferanten nicht mehr nur auf strategischer und planerischer, sondern auch auf dispositiver Ebene. Auf diese Weise bauen sie ihre Systeme zu umfassenden B2B-Lösungen aus.

- Die großen *ERP-Generalisten*, allen voran Oracle und SAP, haben mit gewaltigem Entwicklungsaufwand den Vorsprung der ersten Spezialanbieter nahezu eingeholt. Sie bieten inzwischen alle Varianten von B2B-Software an. Insbesondere haben sie Marktplatzsoftware, E-Procurement-Software und Systeme für den elektronischen Austausch von Geschäftsdokumenten zwischen Kunden und Lieferanten im Programm. Damit treten sie zunehmend in Wettbewerb mit den B2B-Spezialisten, mit denen sie in der Vergangenheit Partnerschaften gepflegt haben.

Der Markt für B2B-Software war in besonderem Maße von der Internet-Euphorie der ausgehenden neunziger Jahre betroffen. Entsprechend ernüchternd fiel die Entwicklung der Umsätze und Gewinne, vor allem aber der Aktienkurse der Softwareanbieter in den letzten Jahren aus. Inzwischen stabilisiert sich die Nachfrage, der Markt erholt sich, innovative Produkte werden neu entwickelt und Marktbeobachter gehen für die kommenden Jahre von einer weiter steigenden Nachfrage nach B2B-Software aus.

Der Trend geht eindeutig weg von Stand-alone-Lösungen und hin zu Gesamtlösungen, die mit den bestehenden operativen Systemen, vor allem den ERP-Systemen, integriert sind. Die Einsicht hat sich durchgesetzt, daß B2B-Software, die nicht in die IT-Landschaft eines Unternehmens paßt, sich zwar schnell einführen läßt, auf Dauer aber zu unflexibel und wartungsintensiv ist, im schlimmsten Fall sogar zu Brüchen in den Geschäftsprozessen führt. Von dieser Entwicklung profitieren zwei Gruppen von Softwareanbietern: (a) die Anbieter von EAI-Werkzeugen, die diese Integration leisten und (b) die großen ERP-Hersteller, die alles aus einer Hand anbieten können.

9 B2C-Systeme: Online-Shops

Softwaresysteme, die im Online-Geschäftskontakt mit dem Endkunden verwendet werden, werden als B2C-Systeme (Business-to-consumer) bezeichnet. Dazu gehören vor allem Online-Shops, aber auch Zahlungssysteme.

Nicht alle Produkte eignen sich für den Internet-Vertrieb. Seine Vorteile kommen zur Geltung, wenn (a) eine besonders große Auswahl an Produkten nötig ist, z.B. bei Büchern oder CDs, oder (b) die Produkte durch den Kunden konfiguriert werden können, wie z.b. PCs. In beiden Fällen müßten lokale Einzelhändler große Mengen von Waren oder zumindest von Informationsmaterial vorhalten, um mithalten zu können. Der Betreiber des Online-Shop kann dagegen mit einem Lager oder einem konfigurierbaren Produktionsablauf ein ganzes Land, im Idealfall mehrere Ländern bedienen. Vorteilhaft ist ein Online-Shop (c) auch für den Vertrieb digitaler Güter zum direkten Download; diese Vertriebsform hat sich bislang aber noch nicht sehr weit durchsetzen können. Ungeeignet für den Internet-Vertrieb sind hochpreisige Güter wie Fahrzeuge. Allerdings hat sich gezeigt, daß viele Interessenten durchaus die Möglichkeit nutzen, ihr Wunschfahrzeug online zu konfigurieren, um es dann beim Händler vor Ort zu erwerben.

9.1 Mögliche Architekturen für Online-Shops

Online-Shops sind Web-Applikationen, die Produkte im Internet zum Verkauf anbieten. Allen Online-Shop-Systemen ist folgendes gemeinsam:

- Sie kommunizieren über einen integrierten oder über einen vorgeschalteten Webserver mittels der Protokolle Http oder Https mit den Kunden, die lediglich einen Browser benötigen.

- Da hierfür Html-Seiten dynamisch generiert werden müssen, ist ein Applikationsserver nötig, auf dem die Shopapplikation läuft. Dies kann z.B. ein Java-basierter J2EE-Server sein.

- Da Daten über Kunden, Produkte, Preise u.a. online gelesen und geschrieben werden, benötigt der Online-Shop Zugriff auf ein Datenbanksystem.

Je nach Provenienz des Herstellers lassen sich drei grundsätzliche Architekturen von Online-Shop-Lösungen unterscheiden:

- Im Abschnitt über CRM-Systeme wurde bereits erwähnt, daß der Online-Shop nur einer von mehreren Kundenkontaktkanälen ist. Dies gilt für B2C-Shops zwar häufig nicht, da andere Kanäle ungenutzt bleiben. Es begründet aber die enge *Einbindung von Shop-Software in eine CRM-Gesamtlösung.* Alle Online-Shop-Systeme der namhaften CRM-Anbieter basieren auf diesem Prinzip.

- Online-Shops erfassen Aufträge, die im ERP-System weiterverarbeitet werden müssen. Viele ERP-Anbieter, insbesondere SAP und Oracle, nutzen diesen Umstand als Wettbewerbsvorteil gegenüber Spezialanbietern und vertreiben Shop-Lösungen, die *mit* ihren *ERP-Anwendungen integriert* sind.

- Shopsoftware von Spezialanbietern wie z.B. Intershop wird i.d.R. als *Stand-Alone-Lösung,* also ohne zugehöriges ERP-System, vertrieben. Sie hat keine vorkonfigurierten Schnittstellen zu anderer Software. Es obliegt dem Anwender, sie mittels geeigneter EAI-Werkzeuge oder eigener Schnittstellen in die bestehende Systemlandschaft zu integrieren. Zu dieser Kategorie gehören auch die Shopsysteme, die von den Infrastrukturanbietern gemeinsam mit den Web-Application-Servern, auf denen sie laufen, vertrieben werden.

Die Integration eines Online-Shops mit den Back-End-Systemen ist zwingend erforderlich. Ihr Fehlen oder ihre Mängel waren der Grund für das Scheitern vieler neugegründeter Unternehmen im B2C-Geschäft, die nicht in der Lage waren, die in großer Anzahl eingehenden Aufträge zeitgerecht zu verarbeiten. Ein Online-Shop bietet zwei wesentliche Vorteile gegenüber anderen Vertriebswegen: a) einen Anreiz für den Kunden, der 7x24 Stunden bequem von zu Hause bestellen kann und b) einen Produktivitätsgewinn im Vertrieb, da der Kunde selbst den Auftrag schon maschinenlesbar erfaßt. Ein Shop, der einen Auftrag nur in eine lokale Datei oder eine lokale Datenbank schreibt, ohne ihn weiterzuverarbeiten, macht diesen Produktivitätsvorteil gegenüber anderen Vertriebswegen zunichte. Die Aufträge müssen in diesem Fall anschließend von Hand in ein ERP-System eingegeben werden, in dem Lieferung, Lagerhaltung und Zahlung abgewickelt werden. Geht eine unerwartet große Zahl von Aufträgen ein, so kann sie nicht zeitnah bearbeitet werden; Kunden wenden sich ab. Verfügbarkeitszusagen, Lieferverfolgung und die Einsicht in Kundendaten aus anderen Kanälen sind online in diesem Fall natürlich auch nicht möglich.

9.2 Benutzer

Im Gegensatz zu manchen B2B-Shops richten sich B2C-Shops i.d.R. an eine offene Benutzergruppe. Es ist nicht notwendig, sich vorab offline um eine Benutzerkennung zu bemühen, um online einkaufen zu können. Insofern besteht keine zwingende Notwendigkeit für ein Logon. Üblicherweise werden die Benutzer dennoch durch Benutzername und Paßwort authentifiziert, um ihnen die Neueingabe von Adreß- und Zahlungsinformationen bei jedem Bestellvorgang zu ersparen. Zudem erlaubt die Identifizierung der Kunden die Sammlung von Kundendaten und die kundenspezifische Preisgestaltung.

Da Benutzer sich online anmelden können, gibt es keine Garantie, daß die eingegebenen Daten korrekt sind. Die meisten Shops beschränken sich darauf, wenigstens die E-Mail-Adresse des Benutzers zu verifizieren, indem sie einen speziell generierten und nur für kurze Zeit gültigen Link zu einer Freischaltungsseite per E-Mail verschicken.

9.3 Funktionen

Die wesentlichen Funktionen von B2C-Online-Shop-Systemen sind sicherlich fast jedem aus eigener Anschauung bekannt. Der Vollständigkeit halber sollen sie hier dennoch kurz aufgezählt werden:

- Ein *Katalog* ermöglicht die hierarchische Kategorisierung der angebotenen Produkte. Zum einzelnen Produkt gibt es Detailansichten mit ausführlichen Informationen und Bildern.

- Gelegentlich bietet sich auch die Möglichkeit, *3D-Ansichten* der angebotenen Produkte ins Netz zu stellen. Da der Seitenaufbau aufgrund der zu übertragenden Datenmenge oft schleppend vorangeht und je nach eingesetzter Technologie Browser-Plug-Ins beim Kunden erforderlich sind, hat sich diese Funktion nur für Nischenanwendungen durchgesetzt.

- *Werbe-Banner* können auf Shop-Seiten effizienter eingesetzt werden als auf anonymen Internet-Seiten, da Kundeninformationen vorliegen. Es ist dem System bekannt, welche Produkte der Kunde schon bestellt hat. Er bekommt personalisierte Werbung (a) für Produkte aus der selben Kategorie im Katalog, (b) für Produkte, die häufig mit diesen zusammen gekauft werden (Cross-Selling) oder (c) für höherwertige Produkte (Up-Selling).

- In das Shopsystem integrierte *Suchmaschinen* ermöglichen dem Kunden die Produktsuche nach Schlagworten, Produktnamen, Artikelnummern oder als Volltextsuche über die Produktbeschreibungen.

- Ausgewählte Produkte kann der Kunde einem *Warenkorb* hinzufügen, sie wieder entfernen oder die Bestellmenge ändern.

- Die *Preisfindung* der meisten B2C-Shops ist denkbar simpel: Die Produkte werden zum Festpreis angeboten. Da Shopsysteme aber sowohl für den B2C- als auch für den B2B-Einsatz angeboten werden, bringen die Softwaresysteme Funktionen zur Preisfindung mit.

- Beim *Check-Out* werden Kundeninformationen eingegeben oder bestätigt, Lieferbedingungen angezeigt oder ausgewählt und die Bezahlung abgewickelt.

- Im Falle integrierter Shop-Systeme wird der *Auftrag* an ein ERP-System *weitergegeben*.

- Gelegentlich findet sich die Funktion, dem Kunden eine *Verfolgung des Auftragsstatus* zu ermöglichen. Ihr Einsatz setzt naheliegenderweise eine entsprechende Anbindung an die operativen Systeme voraus.

9.4 Zahlung

Es gab und gibt eine Reihe von Ansätzen für elektronische Zahlungsmethoden, die auf E-Business zugeschnitten sind. Diese haben sich allesamt bislang kaum durchsetzen können. Die gängigsten Zahlungsmethoden sind nach wie vor die herkömmlichen: der Kauf auf Rechnung (insbesondere im B2B-Bereich), die Kreditkarte und Lastschriftverfahren, in den USA häufiger als in Europa auch Nachnahme.

Nicht praktikabel sind diese Zahlungsmethoden lediglich für Kleinstbeträge (sog. Micropayments), z.B. als Bezahlung für das Lesen eines Artikels. In allen anderen Fällen sind sie durchaus einsetzbar. Für den Anbieter stellen sie (mit Ausnahme der Nachnahme, die hohe Transaktionskosten verursacht) allerdings ein Risiko dar: Eine Lastschrift kann zurückgewiesen werden, Rechnungen können einfach nicht bezahlt werden, die angegebenen Kreditkarteninformationen können gestohlen sein. Dieses Risiko auszuschließen, würde eine digitale Signatur seitens des Kunden voraussetzen, die seine Identität verifizieren würde. Dies ist derzeit am Markt aber nicht durchsetzbar. Die Einrichtung ist für den Kunden zu aufwendig. Die Anbieter lassen Forderungsabschreibungen durch Betrug daher einfach mit in ihre Kalkulation einfließen.

Umgekehrt dagegen ist die Verwendung des SSL (Secure Socket Layer) durchaus gebräuchlich. Der Check-Out-Prozeß, zumindest aber die Eingabe der Kreditkarteninformationen, muß heute verschlüsselt sein, um von den Kunden akzeptiert zu werden. SSL stellt die Identität des Anbieters aus Sicht des Kunden sicher, nicht aber umgekehrt die Identität des Kunden aus Sicht des Anbieters.

10 Portale

Der Begriff Portal ist jedem Internet-Benutzer geläufig; seine genaue Definition ist jedoch umstritten. Ein Portal bietet seinem Benutzer den Einstieg in eine Vielzahl von Funktionen auf einer Web-Site. Prinzipiell ist die Pflege einer solchen Seite natürlich auch "von Hand" mittels Html-Kodierung möglich; für umfangreiche Portalseiten wäre der Pflegeaufwand aber unüberschaubar. Portal-Server-Software bietet Funktionen zur Erstellung und Pflege solcher Portal-Sites.

Portale werden entweder im Internet für Kunden, Lieferanten, Bewerber, Investoren und andere Außenstehende angeboten. In diesem Fall vereinen sie den Zugang zu Shopsystemen, Produktdokumentationen, Rechnungseinsicht und anderen Funktionen. Oder sie werden im Intranet für die eigenen Mitarbeiter zur Verfügung gestellt. In diesem Fall liegt ihr wesentlicher Nutzen darin, die Benutzeroberfläche mehrerer Applikationen im Web zu vereinen. Informationen, die ein Benutzer gerade benötigt, sind häufig auf mehrere Datenbanken verteilt, die jeweils nur von einer bestimmten Applikation ansprechbar sind. Innerhalb eines Portals, das diese Applikationen umfaßt, sind die Daten auf einen Blick erreichbar.

10.1 Architektur

Da das Portal vom Benutzer nur im Web aufgerufen wird, also nur per Http(s) mit ihm kommuniziert, stellt es keine Anforderungen an die Client-Plattform und ist von ihr vollkommen unabhängig. Der Benutzer benötigt lediglich einen Browser. In Unternehmen mit heterogener Client-Infrastruktur kann deshalb der Einsatz eines Intranet-Portals mit Zugang zu den wichtigen Applikationen den Pflegeaufwand für GUI-Anwendungen auf Client-Seite verringern, im günstigsten Fall bis auf Null.

Auch bei Portalen hängt die Architektur sehr vom Produktspektrum des Herstellers ab. "One-stop-Shops" wie SAP und Oracle bieten Portale, die auf ihre verschiedenen Applikationen zugreifen. Diese Lösungen sind vorkonfiguriert und schnell einsetzbar, haben aber Schwächen bei der Anbindung fremder Anwendungen. In Unternehmen mit homogener Applikationsinfrastruktur sind sie i.d.R. die erste Wahl. Spezialanbieter dagegen offerieren

Portale, die bei der Einführung mit den bestehenden Applikationen integriert werden müssen. Teils liefern sie Schnittstellen für einige führende Software-systeme mit, teils muß der Kunde diese unter Verwendung der Hersteller-schnittstellen oder eines EAI-Werkzeugs selbst implementieren. Diese Por-tale von Spezialanbietern verfügen zum Teil über sehr weitreichende portal-spezifische Funktionen, insbesondere für die Personalisierung. Zu den Spe-zialanbietern gehören z.B. Hummingbird und Plumtree. Microsoft bietet mit Sharepoint ein preislich sehr günstiges Portal, das funktional etwas zurück-fällt.

10.2 Funktionen

Ziel eines Portals ist es, den Zugriff auf mehrere Websites oder Anwendun-gen zu vereinheitlichen, z.B. auf ERP- oder CRM-Systeme oder auf Legacy-Systeme, die mittels Hybridtechniken webfähig gemacht wurden. Im ein-fachsten Fall läßt sich dies realisieren, indem mehrere webbasierte Applika-tionen in verschiedenen Rahmen eines Browser-Fensters angezeigt werden. Der Mehrwert einer solchen Triviallösung ist natürlich gleich Null. Er ergibt sich erst aus einer darüber hinausgehenden Integration der Anwendungen. Dazu gehört z.B. die Möglichkeit, mit Drag-and-drop zwischen den An-wendungen zu navigieren, also z.B. einen Kundenauftrag aus einer CRM-Anwendung in eine ERP-Anwendung zu ziehen und dort automatisch die Auftragsmaske mit den aktuellen Inhalten geöffnet zu bekommen. Es ist of-fensichtlich, daß zu diesem Zweck die beteiligten Server direkt oder indirekt miteinander kommunizieren müssen. Voraussetzung ist daher entweder eine homogene Struktur der Server-Landschaft oder eine Integration der Syste-me mittels EAI. Anwendungen ausschließlich auf GUI-Ebene zu integrieren, bleibt rudimentär.

Selbstverständlich muß der Administrator eines Portalservers die Möglichkeit haben, die Seiten der Endbenutzer nach seinen Vorstellungen und seinem Corporate Design frei zu gestalten.

Neben dem Zugriff auf Applikationen bieten Portale den rollenbasierten Zu-griff auf Informationsquellen an. Dies können Data-Warehouse sein oder un-strukturierte Informationen, die im Rahmen des Knowledge-Management zu-gänglich gemacht werden. Die Dateiformate können vielfältig sein und auch

Videos umfassen. Geeignete Hardware vorausgesetzt, können manche Portale auch Videokonferenzen zwischen mehreren Benutzern verwalten. Daneben können auch aktuelle Informationen aus dem Web in einem Portal dargestellt werden, z.b. der aktuelle Aktienkurs des eigenen Unternehmens als ständige Einblendung in einem Teil des Portal-Fensters.

Der Administrator eines Portals kann nicht nur festlegen, auf welche Informationen und Applikationen ein Benutzer zugreifen darf, sondern auch den Portalinhalt personalisieren. Die meisten Portale verfügen über Personalisierungsserver, die es ihm erlauben, Regeln wie die folgende zu definieren: "Zeige diesem Anwender in dieser Situation zu diesem Zeitpunkt unter diesen Bedingungen diesen Inhalt".

Der Mehrwert eines Portals steigt weiter, wenn der Anwender sich nur einmal am Portal authentifizieren muß, anstatt sich auf allen verlinkten Seiten und Applikationen anzumelden. Eine einheitliche Anmeldung für alle Anwendungen ist für die Akzeptanz des Portals bei den Benutzern entscheidend. Diese Single-Logon-Funktionalität setzt voraus, daß der Portalserver seinerseits den verwendeten Applikationen gegenüber den Benutzer authentifiziert. Technisch ist dies oft nicht ganz einfach zu realisieren: Die beteiligten Applikationen müssen vom Portal die Information akzeptieren, daß ein bestimmter Benutzer angemeldet ist. Insbesondere bei Anwendungen, die auf älteren Plattformen laufen, kann sich dies schwierig gestalten.

Einige Portale bieten Funktionen zur Zusammenarbeit in Gruppen und zur gemeinsamen Pflege von Webseiten, die fast die Qualität eines kleinen Content-Management-Systems erreichen. Sie erlauben es dem Benutzer, Dokumente ein- und auszuchecken, die dann im Web von anderen Mitgliedern der Gruppe weiterbearbeitet werden und schließlich veröffentlicht werden können.

Die dafür notwendigen Workflows können bei manchen Portalservern auch graphisch definiert werden. Sie lauten z.B.: "Benutzer a bearbeitet ein Dokument, Benutzer b genehmigt es, Benutzer c arbeitet daran weiter, Benutzer b genehmigt wiederum und das Ergebnis wird veröffentlicht."

Die meisten Portalserver integrieren Suchfunktionen. Deren Leistungsfähigkeit reicht aber zumeist nicht an diejenige spezialisierter Suchmaschinen heran. Aus diesem Grund wird häufig auf eine solche zurückgegriffen, um Suchfunktionen innerhalb eines Portals anzubieten.

Portalserver können in einem Teil des Benutzerfensters kleine Applikationen zur Ausführung bringen, z.B. Kalender oder Taschenrechner. Bei den meisten Herstellern hat sich inzwischen die Bezeichnung "Portlets" für diese Applikationen durchgesetzt, nachdem zunächst jeder Hersteller seine eigene Terminologie zu prägen versucht hatte.

11 Web-Application-Server

Der Begriff des Applikationsservers ist aus der Client/Server-Architektur bekannt. Der Applikationsserver ist die Plattform für betriebswirtschaftliche Anwendungslogik. In einer klassischen, zwei- oder dreistufigen Architektur kommuniziert er mit einer GUI-Software, die auf dem Client-PC des Endbenutzers ausgeführt wird. Solche klassischen Applikationsserver setzen also die Installation eines speziellen Programms beim Benutzer voraus; ein Browser allein reicht zur Benutzung der Anwendung nicht aus. Sie werden in aller Regel von den Herstellern der Anwendungssoftware als Bestandteil des Gesamtsystems vertrieben. Wenngleich der Kunde i.d.R. die Möglichkeit hat, eigene Ergänzungsprogrammierung auf Basis dieser Applikationsserver vorzunehmen, werden sie nur in Einzelfällen separat, also ohne die zugehörigen Anwendungsprogramme, vertrieben.

Im Gegensatz dazu werden Web-Application-Server, die die Entwicklung von Webapplikationen ermöglichen, von den Herstellern als separates Produkt betrachtet. Sie können

a) von den Anwendern erworben werden, um Eigenentwicklungen durchzuführen,

b) von Drittanbietern in Lizenz genommen werden, die Applikationen entwickeln und diese samt Web-Application-Server vertreiben oder

c) von anwendenden Unternehmen gemeinsam mit auf ihnen basierenden Applikationen erworben werden. Fast alle Hersteller von Web-Application-Servern bieten solche Applikationen in verschiedenem Umfang an. Die meisten kommerziellen Web-Application-Server bieten Portal- oder Shopfunktionen.

11.1 Der Zweck von Web-Application-Servern

Zum technischen Verständnis der Web-Application-Server ist ein kurzer Rückblick auf die Geschichte des WWW hilfreich: Die Protokolle, auf denen es bis heute basiert, sind ursprünglich nicht für Applikationen, sondern für die Navigation zwischen hyperlinkverknüpften, statischen Seiten konzipiert worden. Web-Server, die bedeutendsten Vertreter sind das Open-Source-

Produkt Apache und der IIS von Microsoft, haben die Aufgabe, einem Benutzer, der im Web surft, die passenden Seiten auszuliefern. Zur Übertragung wird das Protokoll Http verwendet. Der Web-Server erhält eine Anfrage nach einer Html-Seite und stellt sie dem Surfer zur Verfügung. Zur Bereitstellung von statischen Informationen ist dies vollkommen ausreichend.

Will man aber eine Applikation im Web realisieren, so muß man in der Lage sein, diese Html-Seiten programmgesteuert zusammenzustellen. In Abhängigkeit von Benutzereingaben und Datenbankinhalten wird dann eine Seite generiert, die genau die Informationen beinhaltet, die der Benutzer zu diesem Zeitpunkt zu sehen bekommen soll. Entsprechende Programmierumgebungen, die diese Aufgabe erfüllen, können z.B. mit CGI[60] realisiert werden, einer Schnittstelle, die den Webserver mit einem zu erstellenden Programm verbindet. Daneben und zum Teil darauf aufbauend gibt es eine Vielzahl weiterer Techniken für die webbasierte Programmierung, darunter ASP, JSP und PHP, um nur einige Beispiele zu nennen.

Neben der Erzeugung dynamischer Html-Seiten fallen aber weitere Anforderungen an. Web-Programmierung für Unternehmensanwendungen steht vor immer den gleichen Aufgaben: Man muß auf die Datenbank zugreifen, Benutzer authentifizieren, Transaktionssicherheit gewährleisten und vieles mehr. Web-Application-Server erleichtern dem Programmierer von Web-Anwendungen diese Standardaufgaben. Sie stellen eine komfortable Laufzeitumgebung für webbasierte Anwendungen zur Verfügung.

11.2 Java 2 Enterprise Edition (J2EE)

Die meisten der heute verbreiteten Web-Application-Server basieren auf einem Konzept von Sun: der Java 2 Enterprise Edition (J2EE). Die Programmiersprache Java wurde von Sun entwickelt, zunächst für Applets, die man aus dem Internet lädt und im Browser ausführt sowie für Applikationen auf Endbenutzerrechnern. Inzwischen gibt es neben der Standard Edition und der Mobile Edition auch eine Enterprise Edition für die serverbasierte Programmierung von Unternehmensanwendungen.

---

[60] CGI: Common gateway interface

J2EE sieht bestimmte Konstrukte zur Programmierung vor:

- *Servlets* sind bestimmte Java-Klassen, die – wie der Name sagt – serverseitig in einem Container laufen. Sie können zur Erzeugung von Html-Seiten verwendet werden. Daneben können sie auch mit Applets oder Java-Applikationen auf den Client-Rechnern kommunizieren. Da sie heute aber meist für webbasierte Applikationen eingesetzt werden, kommt diese Eigenschaft kaum zur Anwendung.

- *Java Server Pages* (JSP) Seiten sind HTML-Seiten, in die Java-Anweisungen nach einer bestimmten Syntax eingebettet werden. Programmierung und Web-Design werden also in einer einzigen Datei definiert. Da beide Aufgaben meist von verschiedenen Personen erledigt werden, erfordert ihre Entwicklung und Pflege Abstimmungsbedarf.

- Beans sind Java-Klassen, die bestimmte Anforderungen erfüllen. (z.B. müssen sie für alle Felder Setter und Getter-Methoden haben). *Enterprise Java Beans* (EJB) sind Beans, die wiederum spezielle Anforderungen erfüllen und nur in einem speziellen Container ablauffähig sind, eben dem J2EE-Web-Application-Server. Sie können im Netzwerk auf mehreren Rechnern verteilt werden und aufeinander zugreifen.

Fast alle gängigen Web-Application-Server basieren auf J2EE. Ausnahme ist Microsoft: Anstelle der plattformunabhängigen Sprache propagiert der Markführer bei Betriebssystemen aus naheliegenden Gründen die sprachunabhängige Plattform. In die Server-Varianten der Microsoft-Betriebsysteme sind viele Funktionen integriert, die typischerweise auch von J2EE-Servern abgedeckt werden.

Damit ist der Markt für Web-Application-Server faktisch zweigeteilt: Das Gros der Anbieter orientiert sich an den Vorgaben von Sun und vertreibt Web-Application-Server für verschiedene Betriebssysteme, inklusive der Server-Betriebssysteme von Microsoft. Diese beinhalten aber bereits "ab Werk" ähnliche Funktionen, ohne daß zusätzliche Software nötig wäre.

11.3 Funktionen von Web-Application-Servern

Web-Application-Server stellen eine Ablaufumgebung für Anwendungen zur Verfügung, die im Web laufen. Die Entwicklung solcher Anwendungen ist im Grunde auch mit einer der erwähnten Programmierschnittstellen für Webserver möglich, z.B. mit CGI. Bei umfangreichen Anwendungen - und dazu zählen quasi alle betriebswirtschaftlichen Anwendungen - stößt eine solche Architektur aber rasch an ihre Grenzen. Ein Web-Application-Server stellt dagegen alle grundlegenden technischen Funktionen bereits zur Verfügung, die zur Erstellung einer Web-Applikation i.d.R. benötigt werden. Die Applikationsentwicklung kann sich daher auf die Anwendungslogik konzentrieren und gewinnt entsprechend an Geschwindigkeit und Effizienz.

Zu den Funktionen, die ein Web-Application-Server den Applikationen zur Verfügung stellt, gehören u.a. folgende. Sie müssen nicht eigens entwickelt werden, sondern stehen dem Applikationsentwickler anhand vordefinierter Schnittstellen zur Verfügung.

- Der Zugriff auf Systemressourcen und Datenbanken

- Die Benutzerauthentifizierung und die Verwaltung von Benutzerprofilen

- Die Gewährleistung von Transaktionssicherheit für Dateneingaben, die vom Benutzer im Web durchgeführt werden

- Diverse Sicherheitsmechanismen

- Die Verwaltung von Sessions: Http ist aufgrund seines Ursprungs ein zustandsloses Protokoll, das eigentlich nicht für Anwendungen, sondern für statische Seiten konzipiert ist. Infolgedessen "weiß" das Programm zunächst nicht, ob der Benutzer, der eine Seite anfordert, der selbe ist, der zuvor eine andere Seite angefordert hat. Die Lösung: Bei jeder Seitenanforderung wird, z.B. in der URL, jeweils eine eindeutige Session-ID mit übergeben. So weiß der Server, welchen Benutzer er gerade bedient. Dies selbst zu programmieren, ist recht aufwendig. Web-Application-Server stellen dem Programmierer deshalb bereits die notwendigen Funktionen zur Verfügung.

Ein Web-Application-Server vereinfacht nicht nur die Entwicklung eines web-basierten Anwendungssystems, sondern auch dessen Betrieb. Seine Laufzeitumgebung ermöglicht Load-Balancing und Fail-Over zwischen mehreren Servern. Ersteres verteilt die Last gleichmäßig auf die Maschinen, letzteres sorgt dafür, daß beim Ausfall eines Servers die anderen dessen Aufgaben vorübergehend übernehmen. Außerdem sind die wichtigen Web-Application-Server mit Systemüberwachungsmonitoren ausgestattet, die die Arbeit des Operators und Systemadministrators, insbesondere die Fehlersuche, erleichtern.

11.4 Anbieter

Viele Anbieter betriebswirtschaftlicher Software nutzen inzwischen Web-Application-Server als Plattform für ihre Anwendungen und vertreiben diese auch als eigenständiges Produkt. Oracle gehört sogar im Segment der Web-Application-Server selbst zu den führenden Anbietern. Einen Sonderfall stellt die SAP dar, die nach Übernahme von InQMy den gleichnamigen, J2EE-kompatiblen Web-Application-Server in ihre eigene, ABAP-basierte Basistechnologie integriert hat. Dem Architekten einer Anwendung steht damit die Wahl zwischen zwei verschiedenen Laufzeitumgebungen auf einer Plattform offen. Die wichtigsten Spezialanbieter für J2EE-basierte Web-Application-Server sind Bea mit Weblogic und IBM mit Websphere.

12 Supply-Chain-Management

12.1 Der Begriff des Supply-Chain-Management

Der Begriff „Supply-Chain-Management" wurde in der Literatur erstmals 1982 verwendet. Dabei kam der Gedanke auf, die Supply-Chain, also die Logistikkette als Ganzes und nicht aus der eingeschränkten Sicht einzelner Abteilungen, die für Beschaffung, Produktion oder Absatz verantwortlich sind, zu betrachten. Mitte der neunziger Jahre kam der Begriff zunächst in Amerika, später auch in Europa in Mode. Er kann wie folgt definiert werden:

Supply-Chain-Management umfaßt die funktions- und unternehmensübergreifende Planung, Disposition, Abwicklung und Kontrolle der Material- und Informationsflüsse entlang der logistischen Kette, über die Zulieferer, Hersteller, Handel und Endkunde verbunden sind.

Die *Logistikkette* verbindet alle Aktivitäten, die erforderlich sind, um ein Produkt zu produzieren und zu liefern; vom Lieferanten des Lieferanten bis hin zum Kunden des Kunden.

Sie stellt dabei eine prozeßorientierte Zusammenfassung von Einzelprozessen im Unternehmen und dem mit der Leistungserstellung verbundenen Umfeld dar. Alle Elemente der Kette werden so ausgerichtet, daß sie in einem logischen Zusammenhang bezüglich der Ablauforganisation stehen. Die in die logistische Kette eingebundenen Unternehmen stehen zueinander jeweils in einer Kunden-Lieferanten-Beziehung. Ziel dieser Unternehmen ist die Eliminierung der nicht zur Wertschöpfung gehörenden Prozesse, um die Prozeßkosten innerhalb der gesamten Logistikkette zu verringern. Auch wenn sich der Begriff der logistischen *Kette* weitgehend durchgesetzt hat, ist an dieser Stelle anzumerken, daß er die realen Gegebenheiten einer unternehmensübergreifenden Leistungserstellung nur unzureichend wiedergibt. Vielmehr bilden die zu diesem Zweck über Material- und Informationsflüsse miteinander verbundenen Unternehmen ein Netzwerk, weswegen in diesem Zusammenhang häufig auch von *Unternehmensnetzwerken* gesprochen wird.

Dem *Materialfluß* entlang einer Logistikkette vom Zulieferer zum Hersteller über den Handel bis zum Endkunden geht ein *Informationsfluß* in umgekehrter Richtung voraus. Letzterer wird durch nichts anderes als den vorhandenen oder antizipierten Bedarf des Endkunden angestoßen. Der Bedarf des Endkunden ist durch das Produkt, die gewünschte Liefermenge sowie den gewünschten Liefertermin und -ort definiert. Ziel der Planung und Steuerung des Materialflusses entlang der Logistikkette ist, diesen Absatzbedarf genau zum richtigen Zeitpunkt am richtigen Ort in der gewünschten Menge bei gleichzeitig minimalen Prozeßkosten der gesamten Logistikkette zu decken. Die Prozeßkosten umfassen dabei sämtliche Kosten für Güter und Dienstleistungen, die für die Erstellung des Produktes anfallen.

Aus dem terminierten Absatzbedarf werden über die verschiedenen Stufen der Logistikkette hinweg terminierte Beschaffungsbedarfe abgeleitet und damit das Mengen- und Zeitgerüst der Liefer-, Produktions- und Beschaffungspläne jedes Unternehmens in der Logistikkette festgelegt. Dabei erzeugt der Beschaffungsbedarf auf einer Stufe der Logistikkette wiederum einen Absatzbedarf auf einer vorgelagerten Stufe.

Dem Materialfluß entlang der Logistikkette geht auch ein gleichgerichteter Informationsfluß voraus. Vom Zulieferer zum Hersteller über den Handel bis zum Endkunden werden die voraussichtlichen Liefertermine und –mengen der geplanten Anlieferungen von Gütern an die jeweils nächste Stufe in der Logistikkette weitergegeben, die zur Deckung der terminierten Bedarfe herangezogen werden sollen. Sich ergebenden Unter- oder Überdeckungen wird dabei durch Umplanungen auf den vor- oder nachgelagerten Stufen begegnet.

Der Materialfluß folgt letztgenanntem Informationsfluß, indem die Güter vom Zulieferer an den Hersteller physisch angeliefert, vom Hersteller verarbeitet und vom Handel zum Endkunden distribuiert werden. Die beschriebenen Material- und Informationsflüsse spielen sich nicht nur zwischen den in der Logistikkette eingebundenen Unternehmen, sondern jeweils auch innerhalb eines Unternehmens ab, wobei je nach Art des Unternehmens einerseits Informationen über Bedarfe und geplante Anlieferungen sowie andererseits Güter zwischen Einkaufs-, Produktions- und Vertriebsbereich ausgetauscht werden.

Die Planung und Steuerung einer Logistikkette ist horizontal und vertikal integriert. Bezüglich der vertikalen Integration kann zwischen der strategischen und der operativen Ebene unterschieden werden. Auf der strategischen Ebene werden der Aufbau und die Struktur der Logistikkette geplant. Es werden dabei über strategische Partnerschaften die in die Logistikkette eingebundenen Unternehmen und deren Beziehungen zueinander festgelegt. Auf Unternehmensebene werden von diesen Partnern Standortentscheidungen gefällt, die sich auf die räumliche Struktur der Logistikkette auswirken. Gleichzeitig beeinflussen die geplante Produktpalette und Make-or-Buy-Entscheidungen eines Unternehmens den Umfang seiner Einbindung in eine Logistikkette.

Auf der operativen Ebene wird der Betrieb der Logistikkette geplant. Aufbau und Struktur der Logistikkette sowie die verfügbaren Ressourcen, d.h. die Produktionseinrichtungen, Lagerorte und Transportmittel sind hierbei vorgegeben. In einer rollierenden Planung werden die Absatzbedarfe beim Endkunden zunächst in aggregierter Form für Kunden- und Produktgruppen prognostiziert, aus denen der Produktions- und Beschaffungsplan sowie der Distributionsplan für die gesamte logistische Kette abgeleitet werden können. Hierbei werden die An- und Ablieferungen von Gütern für die einzelnen Lokationen, wie z.B. Produktionsstätten oder Warenverteilungszentren, und die Belegungen der in der Logistikkette verfügbaren Fabriken für die im Planungshorizont liegenden Zeitabschnitte festgelegt.

Die aus den vorliegenden Kundenaufträgen abgeleiteten Kundenbedarfe werden mit den statisch geplanten Absatzbedarfen verrechnet und im Rahmen der Disposition dynamisch, d.h. zeitpunktabhängig, in die logistische Kette eingeplant. Sie bilden dabei Auftragsnetze, die sich durch die logistische Kette hindurchziehen. Wie oben beschrieben löst dieser Kundenbedarf einen Material- und Informationsfluß entlang der logistischen Kette aus.

Auf der Steuerungsebene der Logistikkette laufen die Basisprozesse für den Absatz, die Produktion und die Beschaffung ab. Dabei werden Kunden-, Produktions- und Lieferantenaufträge abgewickelt. Ungeplante Ereignisse wie beispielsweise eine unerwartet hohe Nachfrage oder auch ein Produktionsausfall führen zu einer sofortigen Umplanung der Auftragsnetze in der logistischen Kette, um den neuen Bedingungen Rechnung zu tragen.

So gesehen sind die genannten Planungs- und Steuerungsfunktionen innerhalb der Logistikkette horizontal integriert, indem Aktivitäten in den Einzel-

Supply-Chain-Management

prozessen wiederum Aktivitäten in vor- oder nachgelagerten Prozessen entlang der logistischen Kette anstoßen. Neben dieser vorgangsbezogenen Integration der Logistikkette tritt eine datenbezogene Integration, indem die
zur Planung und Steuerung der Logistikkette benötigten Stamm- und Bewegungsdaten in einer zentralen Datenbasis gehalten werden. Beide Formen
der Integration sollen sogenannte Supply-Chain-Management-Systeme sicherstellen, auf die im nächsten Abschnitt eingegangen wird.

Obwohl das Konzept des Supply-Chain-Management insbesondere auf die
unternehmensübergreifende Optimierung der Logistikkette ausgerichtet ist,
setzen Unternehmen dieses Konzept in der Praxis zunächst innerhalb ihres
Betriebes um, indem sie den Einkaufs-, Produktions- und Vertriebsbereich
funktionsübergreifend planen und steuern. In einem zweiten Schritt werden
dann die Material- und Informationsflüsse eines multilokalen Unternehmens
über mehrere Standorte hinweg verbessert, bevor in einem dritten Schritt die
Logistikkette entlang der Kunden und Lieferanten des Unternehmens geplant und gesteuert wird. Diese logische Vorgehensweise entspringt der Erkenntnis, daß erst die unternehmensinternen Planungs-, Dispositions- und
Abwicklungsprozesse integriert ablaufen müssen, bevor ein unternehmens-
übergreifender Informationsaustausch zur Optimierung der Logistikkette
stattfinden sollte.

Der letztgenannte Schritt wird von Unternehmen bisher selten gegangen.
Ein Grund liegt darin, daß hierfür zuvor nur intern genutzte Planungsinforma-
tionen den Kunden und Lieferanten offengelegt werden müssen und das eigene Unternehmen damit bis zu einem gewissen Grad „gläsern" wird. So
lassen solche Informationen beispielsweise Rückschlüsse auf die Auftrags-
lage und die Produktionsauslastung des Unternehmens zu. Unternehmensübergreifende Logistikketten findet man heute besonders in der Automobil-
und Automobilzulieferindustrie sowie in der chemischen Industrie, in denen
stabile Kunden-Lieferanten-Beziehungen vorherrschen.

Wie ist aber Supply-Chain-Management vom Begriff der *Logistik* abzugrenzen? Diese Frage liegt auf der Hand, da in der Logistik ebenfalls Material-
und Informationsflüsse geplant und gesteuert werden. Allerdings stehen bei
der Logistik die unternehmens*internen* Flüsse im Fokus, die es zu optimieren gilt. Entsprechend den Unternehmensfunktionen Beschaffung, Produk-

tion und Absatz, in denen Materialflüsse eine wesentliche Rolle spielen, unterscheidet man auch die Beschaffungs-, Produktions- und Distributionslogistik. Die dahinter stehenden Logistikprozesse führen eine raum-zeitliche Veränderung von Gütern durch. Logistikprozesse sind dabei Transport-, Lager- oder Umschlagprozesse. Supply-Chain-Management umfaßt jedoch mehr als diese Logistikprozesse, nämlich den gesamten Beschaffungs-, Produktions- und Absatzprozeß.

12.2 *Das Supply Chain Operation Reference (SCOR) - Modell*

Die Integration verschiedener Unternehmen innerhalb einer Supply-Chain setzt einen unternehmensübergreifenden, durchgängigen Informationsfluß zwischen den beschriebenen Planungs- und Steuerungsebenen voraus. Damit dieses Ziel erreicht werden kann, ist ein gemeinsames Verständnis der zugrunde liegenden Prozesse und deren Bewertung unumgänglich. Aus diesem Grunde wurde vom Supply Chain Council (SCC) ein Prozeßmodell entwickelt, das dieses gemeinsame Verständnis mit Hilfe von Referenzmodellen herstellen soll.

Das Supply Chain Council ist eine Initiative, die sich 1996 in den USA als unabhängige, gemeinnützige Vereinigung gründete und im Jahre 2002 mehr als 700 Mitglieder aus der Industrie-, Beratungs- und Softwareindustrie zählte. Ziel der Mitglieder ist die Entwicklung und Definition von Standard-Prozeß-Referenzmodellen (SCOR: Supply Chain Operation Reference) zum Informationsaustausch zwischen den Unternehmen der Supply-Chain. Das *SCOR-Referenzmodell* dient dabei dem Zweck, eine firmen- und branchenübergreifend einheitliche und vergleichbare Beschreibung, Bewertung und Analyse von Supply-Chains zu ermöglichen. Es können damit Supply-Chain-Management-Prozesse definiert werden, um Best-Practices-Lösungen abzubilden und Benchmarkingdaten sowie Funktionalitäten von SCM-Software zu vergleichen. Hierzu liefert das SCOR-Modell eine Beschreibungsmethode, eine standardisierte Terminologie und Kennzahlen für die Bewertung von Supply-Chain-Prozessen. Best-Practices-Lösungen werden für unterschiedliche Branchen gesammelt, um sie den SCC-Mitgliedern zur Verfügung zu stellen.

Die integrierte Supply-Chain im SCOR-Modell umfaßt die gesamte Wertschöpfungskette, d.h. alle Material- und Informationsflüsse vom Zulieferer über den Hersteller und den Handel bis zum Endkunden. Die Grundidee des SCOR-Modells besteht darin, logistische Ketten durch vier Kernprozesse zu beschreiben:

- Planen: Hierzu zählen alle vorbereitenden Aktivitäten zu den jeweiligen Ausführungsprozessen im Rahmen der strategischen und operativen Planung einer Supply-Chain.

- Beschaffen: Die Beschaffungsprozesse beschreiben den Einkauf, die Warenannahme, Wareneingangsprüfung, die Einlagerung und die Ausgabe von Material.

- Produzieren: Im Rahmen der Produktionsabwicklung wird für den Produktionsprozeß benötigtes Material angefordert, das Produkt hergestellt, geprüft, verpackt und im Fertigproduktlager eingelagert.

- Liefern: Der Kernprozeß Liefern umfaßt die Erfassung, Verwaltung und Überwachung von Kundenaufträgen, den Warenversand und die Rechnungsstellung sowie die Verwaltung von Auslieferungslagern und von Transportaufträgen.

Mit dem SCOR-Modell werden kundenbezogene Abwicklungsprozesse beschrieben. Sie beginnen mit dem Eingang des Kundenauftrags und enden mit dem Erhalt der Zahlungsbestätigung des Kunden. Zusätzlich werden die Materialflüsse abgebildet. Darin eingeschlossen sind nicht nur die originär das Produkt betreffenden Materialflüsse, bei denen Roh-, Hilfs- und Betriebsstoffe sowie Zwischenprodukte bewegt werden, sondern auch mobile Ausstattungen wie Werkzeuge und Transporthilfsmittel. Marketing- und Vertriebsaktivitäten, Technologie- und Produktentwicklungtätigkeiten wie auch der After-Sales-Service sind in diesem Modell nicht berücksichtigt.

Die Modellierung der Prozesse geschieht bei dem SCOR-Modell in drei Ebenen. Innerhalb der ersten Ebene werden Rahmen und Inhalt des Modells festgelegt und die Wettbewerbsziele gesteckt. Auf der zweiten Ebene wird mit Hilfe von neunzehn standardisierenden Prozeßkategorien eine Lieferkette konfiguriert, die sich aus der gewählten Supply-Chain-Strategie ergibt. In der dritten Modellierungsebene werden Teilprozesse, sogenannte Prozeßelemente, definiert sowie ein- und ausgehende Prozeßinformationen, Kennzahlen, Zielgrößen und Möglichkeiten der Unterstützung durch Informationssysteme zur Zielerreichung festgelegt. Die Prozeßdetaillierung innerhalb des Modells endet bei der Definition der Prozeßelemente. Die Modellierung einzelner Aktivitäten innerhalb eines solchen Teilprozesses erfolgt dann außerhalb dieses Modells mit Hilfe klassischer hierarchischer Prozeßmodelle.

12.3 Supply-Chain-Management-Systeme im Überblick

12.3.1 Aufbau und Typen von SCM-Systemen

Softwaresysteme, die der Planung und Steuerung logistischer Ketten dienen, werden Supply-Chain-Management-Systeme, oder kurz SCM-Systeme genannt. SCM-Systeme bieten Funktionen für die verschiedenen bereits genannten Planungs- und Steuerungsaufgaben in einer Supply-Chain an. Auf Basis der Erfahrungen von Marktuntersuchungen hat die Fraunhofer Gesellschaft ein Funktionenmodell entwickelt, das die wesentlichen Aufgaben von SCM-Systemen gliedern und den Vergleich von SCM-Softwarelösungen unterschiedlicher Anbieter erleichtern soll.

Das SCM-Funktionenmodell unterscheidet grob zwischen Supply-Chain-Planning und Supply-Chain-Execution, d.h. zwischen Planungsaufgaben und Steuerungs-, Kontroll- sowie Unterstützungsaufgaben.

Im Supply-Chain-Planning werden die strategischen und operativen Planungsaufgaben zusammengefaßt. In der strategischen Planung werden die Gestaltung der Supply-Chain geplant und dabei Entscheidungen über Standort- und Lieferantenwahl sowie zum Produktportfolio gefällt. Die Bedarfsplanung prognostiziert die zukünftigen Absatzbedarfe für Produktfamilien, Kundengruppen und Absatzregionen. Die Netzwerkplanung gleicht die sich aus der Bedarfsplanung ergebenden Kapazitätsanforderungen mit dem Kapazitätsangebot der produzierenden Einheiten ab. Im Rahmen der Bestandsplanung werden die Bestände für Lager entlang der Supply-Chain derart geplant, daß die aus der Absatzprognose ermittelten Bedarfe mit dem richtigen Produkt zum gewünschten Liefertermin am korrekten Ort bei minimalen Lagerbeständen befriedigt werden können. Die Distributionsplanung erlaubt eine prioritäts- und regelgesteuerte Verteilung von Gütern an die

Kunden und zwischen den Lagerstandorten der Supply-Chain sowie die Festlegung von Vorgehensweisen bei Unter- oder Überversorgung. Auf Basis der Planungsvorgaben der Distributionsplanung wird eine Transportplanung durchgeführt. Diese umfaßt die Selektion und Kapazitätsbetrachtung von Transportmitteln sowie die Auswahl von Transportdienstleistern. In der Produktionsplanung wird eine werksübergreifende Planung von Materialien und Produktionskapazitäten für vorliegende Aufträge durchgeführt. Die vorgegebenen Ecktermine und Kapazitäten sind die Eingangsparameter für die Feinplanung.

Durch die Feinplanung werden die Produktionsreihenfolgen der Aufträge durch die sogenannte Reihenfolgeplanung festgelegt. Idealerweise wird dabei die Einplanung der Materialien und der Produktionskapazitäten simultan durchgeführt, d.h. die terminierten Bedarfe und Erzeugungsmengen mit dem selben Verfahren wie die Kapazitätsterminierung berechnet, und dabei die vorliegenden Planungsrestriktionen wie z.B. begrenzte Kapazitäten und die Einhaltung des geplanten Liefertermins berücksichtigt. Einige Softwarehersteller versprechen hierbei eine simultane Optimierung der Materialbereitstellung und Belegung von Kapazitäten unter Berücksichtigung der für die Planung und Steuerung relevanten Restriktionen. Die Lösung dieser multidimensionalen Probleme soll dabei quasi in Echtzeit erfolgen. Obwohl häufig von einer Optimierung gesprochen wird, erfolgt in den meisten angebotenen Softwaresystemen jedoch nur die Suche nach einer ausführbaren Lösung.

Die Aufgaben innerhalb der *Supply-Chain-Execution* stellen Abwicklungsfunktionen dar, welche die vorgangsbezogene Integration der Supply-Chain-Prozesse sicherstellen sollen. Durch sie werden die Basisprozesse für den Absatz, die Produktion und die Beschaffung gesteuert und kontrolliert. Zu diesen Aufgaben gehört die Abwicklung von Kunden-, Produktions- und Lieferantenaufträgen, die inhaltlich bereits im vorhergehenden Abschnitt dargestellt wurden. Die vertikale Integration der Planungs- und der Steuerungsaufgaben wird daran deutlich, daß bei einer Kundenanfrage das Lieferdatum des gewünschten Produkts nicht nur unter Berücksichtigung physischer Lagerbestände, sondern auch geplanter Lagerbestandszugänge durch das SCM-System online ermittelt werden kann. Die in der Zukunft liegenden disponiblen Lagerbestandszugänge resultieren hierbei aus den in der Bedarfsplanung prognostizierten Absatzmengen. Diese auf Termin und Menge bezogene Verfügbarkeitsprüfung wird auch *Available-to-promise* oder kurz ATP genannt.

Unterstützungsaufgaben fassen Funktionen der Datenverwaltung und der Kommunikation zusammen. SCM-Systeme besitzen ein Datenmodell der Supply-Chain, in dem die Stamm- und Bewegungsdaten der relevanten Objekte der Supply-Chain abgebildet und gleichzeitig in einer zentralen Datenbasis verwaltet werden. Durch diese datenbezogene Integration kann sichergestellt werden, daß Umplanungen entlang der Supply-Chain ohne zeitliche Verzögerungen oder Medienbrüche erfolgen können. Diese Systemsicht macht die Auswirkungen von Veränderungen an einer Stelle der Supply-Chain auf das Gesamtsystem sichtbar.

Eine Verbesserung der Planungsgeschwindigkeit eines SCM-Systems kann dadurch erreicht werden, daß die Daten der Planungsobjekte teilweise oder vollständig im Hauptspeicher des SCM-Rechners gehalten werden. Entsprechende Kommunikationsschnittstellen erlauben es, die Ergebnisse an andere Systeme, z.B. transaktionale Systeme oder andere Planungssysteme weiterzugeben sowie auch planungsrelevante Informationen von den angebundenen Systemen zu empfangen.

Auf dem Softwaremarkt können grundsätzlich folgende Typen von SCM-Systemen unterschieden werden:

- Strategische Planungssysteme

- Optimierungstools

- Erweiterte ERP-Systeme

Der Schwerpunkt der Funktionalität *strategischer SCM-Planungssysteme* liegt im Supply-Chain-Planning. Dabei unterstützen sie auf der einen Seite die Simulation unterschiedlicher Konfigurationen der Supply-Chain im Rahmen der strategischen Planung. Auf der anderen Seite erlauben Sie die operative Planung der Supply-Chain, um Nachfrage und Angebot an Material und Kapazitäten unternehmensübergreifend in ein Gleichgewicht zu bringen. Abwicklungsfunktionen werden nicht unterstützt, so daß zur SCM-Planung benötigte Stammdaten und transaktionale Daten aus einem ERP-System zur Verfügung gestellt werden müssen, das diese Aufgaben übernimmt. Die

Planungsergebnisse des SCM-Systems werden wiederum an das ERP-System übergeben und stellen die Vorgaben für die im ERP-System durchgeführten Basisprozesse dar.

Optimierungstools bieten auf spezielle Planungsprobleme ausgelegte Optimierungsalgorithmen an, z.B. für die Bestands-, Transport- oder simultane Material- und Kapazitätsplanung. Sie decken dabei nur einen geringen Teil der Aufgaben zur Planung und Steuerung einer Supply-Chain ab, bieten dafür allerdings eine performante und bezüglich der Qualität hochwertige Lösung des Planungsproblems. Solche Optimierungstools finden sich häufig als Softwaremodul in bestehenden SCM-Lösungen anderer Softwarehersteller wieder, können aber auch in ERP-Systeme integriert werden.

Um Supply-Chain-Funktionen *erweiterte ERP-Systeme* sind ebenfalls auf dem Softwaremarkt zu finden. Solche ERP-Systeme sind um Funktionen für die Planung oder die Steuerung einer unternehmensübergreifenden Supply-Chain angereichert worden. Sie erlauben beispielsweise, ATP-Prüfungen durchzuführen oder Transportaufträge abzuwickeln.

12.3.2 Marktüberblick

In den letzten Jahren hat eine Konsolidierung der Anbieter für Business-Software eingesetzt, die sich auch auf den Markt für SCM-Software ausgewirkt hat. Im folgenden sollen die wichtigsten Anbieter für SCM-Software betrachtet werden.

Zu den Anbietern strategischer SCM-Planungssysteme zählen die folgenden Softwarefirmen:

- SAP AG

- i2 Technologies

- Manugistics

Die SAP AG trieb zunächst die Eigenentwicklung des ERP-Systems R/2 und des Nachfolgeprodukts R/3 voran, bevor sie sich Ende der neunziger Jahre dem Thema SCM zuwandte. Nach einer kurzen Kooperationsphase mit dem Marktführer für SCM-Software i2 Technologies beschloß SAP, eine eigene SCM-Software zu entwickeln. Ergebnis war die Ende 1998 verfügbare Software *SAP Advanced Planner and Optimizer*, kurz SAP APO. Sie wurde von

SAP inzwischen als Komponente in die Anwendungssuite Mysap.com integriert und enthält die Module „Supply-Chain Cockpit", „Network Design", „Supply Network Planning", „Demand Planning", „Production Planning and Detailed Scheduling", „Distribution Planning and Deployment" sowie „Transportation Planning and Vehicle Scheduling". In der Praxis wird der SAP APO fast ausschließlich in Verbindung mit dem ERP-System SAP R/3 eingesetzt.

Die Firma i2 Technologies wurde 1988 gegründet und bot ab 1990 das eigenentwickelte SCM-Softwareprodukt *Rythm* an. Sie avancierte durch ihren Entwicklungsvorsprung gegenüber Wettbewerbern zum Marktführer für SCM-Software. Branchenschwerpunkte sind die Elektronik-, Halbleiter- und High-Tech-Industrie. Das aktuelle SCM-Softwareprodukt von i2 nennt sich i2 SIX. Die SCM-Softwarelösung von i2 bietet Schnittstellen zu allen gängigen ERP-Systemen, insbesondere zertifizierte Schnittstellen zu SAP R/3, Oracle E-Business Suite und JDEdwards.

Der SCM-Softwareanbieter Manugistics ist 1986 gegründet worden und bediente zunächst mit seiner eigenentwickelten Software *Manugistics* besonders die Konsumgüterbranche, hat aber inzwischen seine Kundenbasis auf die Bereiche Handel, Pharma-, Automobil-, High-Tech- und Elektronikindustrie ausgedehnt. Manugistics bietet mit seiner Software NetWORKS eine internetfähige Planungslösung zur ganzheitlichen Darstellung und Planung von Unternehmensnetzwerken.

Optimierungstools für das Supply-Chain-Management werden unter anderem von den folgenden Firmen angeboten:

- ILOG

- Wassermann AG

Die Firma ILOG trat bei der Gründung des Unternehmens im Jahre 1987 mit der Geschäftsidee an, Softwarekomponenten zur Optimierung in grundsätzlich beliebigen Anwendungsgebieten zu entwickeln. Die Softwarepalette besteht aus Lösungen zur Visualisierung, zur Optimierung sowie für regelbasierte Systeme. Algorithmen für SCM-Software basieren auf dem sogenannten „Constraint Programming", bei dem der Lösungsbaum durch logisch sinnvolle Bedingungen eingeschränkt wird. Optimierungsalgorithmen von

ILOG setzen alle namhaften SCM-Softwareanbieter wie zum Beispiel SAP und i2 in ihren eigenen SCM-Produkten ein.

Das Beratungsunternehmen Wassermann AG hat nach seiner Gründung 1983 mit der Entwicklung der Software Way begonnen. Diese deckte insbesondere Möglichkeiten zur Simulation von Abläufen, zur Engpaßbestimmung und zur Rückstandsauflösung in der Produktion ab. Im Jahre 2001 übernahm die Firma Swisslog die Mehrheit an der Wassermann AG. Im gleichen Jahr wurde die um weitere Komponenten erweiterte Software HighWAY eingeführt.

Diese Firmen haben Ihre ERP-Systeme um eigenentwickelte oder zugekaufte SCM-Funktionen erweitert:

- Baan

- JDEdwards/Numetrix

- Oracle

- Peoplesoft

Die Brüder Baan hatten zunächst das Ziel, eine Standard-PPS-Software zu entwickeln und anzubieten. Die später entwickelte webbasierte ERP-Software *iBaan* enthält die Supply-Chain-Management-Komponente iBaan Collaboration, die auf den Produkten der von Baan aufgekauften Firmen Berclain und Caps Logistics Inc basiert.

Der zunächst auf die AS/400-Plattform spezialisierte ERP-Anbieter J.D.Edwards übernahm im Juni1999 den SCM-Softwarehersteller *Numetrix*. Die gleichnamige SCM-Software bestand aus den Modulen „Enterprise Planner", „Demand Planner" und „Distrubtion Requirement Planner". Branchenschwerpunkt von Numetrix war die Prozeßindustrie. Die SCM-Lösung von Numetrix ist als SCM-Komponente in die ERP-Suite *J.D.Edwards 5* integriert und weiterentwickelt worden. Sie deckt nun sowohl das Supply-Chain-Planning als auch die Supply-Chain-Execution ab und kann sowohl in der diskreten Fertigung als auch in der Prozeßfertigung eingesetzt werden.

Die ERP-Lösung *Oracle Applications*, die um eigenentwickelte Komponenten für Customer-Relationship-Management und Supply-Chain-Management erweitert wurde, trägt nunmehr die Bezeichnung *E-Business Suite 11i*. Diese Softwareanwendung von Oracle ist vollständig internetbasiert.

Ende 1996 übernahm Peoplesoft zunächst den SCM-Anbieter Red Pepper und konnte damit als einer der ersten ERP-Anbieter SCM-Funktionalitäten vorweisen. Ende 1998 wurde auch die Firma Distinction aufgekauft, deren SCM-Lösung zunächst nur auf Microsoft-Plattformen lief. Die aktuelle ERP-Suite Peoplesoft 8 ist internetbasiert und enthält zur Planung und Steuerung der Logistikkette das Softwaremodul „Supply-Chain Planning", das sich aus den Komponenten „Demand Planning", „Enterprise Planning", „Inventory Policiy Plannung", „Production Planning", „SCM Portal" und „Supply-Chain Warehouse" zusammensetzt.

13 Data-Warehouse-Systeme

13.1 Datenanalysen in Unternehmen

Ein entscheidender Wettbewerbsvorteil eines Unternehmens ist die Möglichkeit seiner Mitarbeiter, schnell und flexibel auf strukturierte Unternehmensdaten zuzugreifen, die für die Entscheidungsfindung in verschiedensten Geschäftsprozessen im Unternehmen benötigt werden. Der Vorteil wird desto größer, je schneller diese Informationen den Mitarbeitern bereit gestellt werden.

Typische Fragestellungen in Unternehmen sind beispielsweise:

- Wer sind die 10 umsatzgrößten und damit wichtigsten Kunden?

- Mit welchen Produkten erziele ich den größten Gewinn?

- In welchen Verkaufsregionen konnte mein Unternehmen im letzten Geschäftsjahr den Marktanteil erhöhen?

Diese und ähnliche Fragen werden täglich von Führungskräften in Unternehmen gestellt. Entsprechende Auswertungen sollen zur Beantwortung dieser Fragen möglichst schnell und übersichtlich von Mitarbeitern des Unternehmens bereit gestellt werden. Diese, zugegebenermaßen oft nicht zu beneidenden, Informationssucher stehen dann vor der Herausforderung, die für die geforderten Auswertungen benötigten Daten aus den EDV-Systemen des Unternehmens zu gewinnen.

In fast allen Unternehmen findet man eine gewachsene Umgebung von EDV-Systemen, die jeweils eigene Datenbestände verwalten und entweder gar nicht oder nur lose über Softwareschnittstellen miteinander verbunden sind, um diese Datenbestände auszutauschen. Die einzelnen Datenbestände haben dabei häufig voneinander verschiedene Datenstrukturen, die bei der Informationssuche analysiert und interpretiert werden müssen.

Die Aufbereitung von Daten aus unterschiedlichen Datenquellen kann sich aus folgenden Gründen als schwierig erweisen:

- Felder aus unterschiedlichen Datenquellen mit gleicher *Bedeutung* haben unterschiedliche Datentypen oder Feldlängen. Beispiel: Die Kundennummer ist in System A numerisch mit der Feldlänge 10, in System B alphanumerisch mit der Feldlänge 12 definiert. Daten müssen somit umformatiert werden, das Abschneiden der Kundennummer aus System B birgt die Gefahr von Dubletten.

- Felder aus unterschiedlichen Datenquellen mit gleicher *Bezeichnung* haben eine unterschiedliche Bedeutung. Beispiel: Die Teileklassifizierung mit den Ausprägungen A,B,C unterscheidet im Vertriebssystem A nach Umsatz, im Vertriebssystem B nach abgesetzter Stückzahl.

- Die Daten aus unterschiedlichen Datenquellen unterscheiden sich im Grad der Aktualität. Beispiel: Die Verkaufsumsätze aus System A wurden mit heute gültigem Umrechnungskurs auf die Hauswährung umgerechnet, die Umsätze aus System B basieren auf einem eine Woche alten Umrechnungskurs.

- Die Datenkonsistenz zwischen den verschiedenen Datenquellen ist nicht gegeben. Beispiel: Zur Kundennummer im Vertriebssystem kann im Controlling-System keine Auswertung durchgeführt werden, da der zugehörige Kunde dort nicht als Datensatz angelegt ist oder unter einer anderen Kundennummer geführt wird.

- Die Daten aus unterschiedlichen Systemen sind nicht vereinbar. Beispiel: Die Produkthierarchie im System A hat eine andere Struktur als in System B.

Aus gewachsenen Systemstrukturen mit heterogenen Datenmodellen müssen Daten aus verschiedenen Systemen zeitaufwendig gesammelt und konvertiert werden, eine Aggregation oder Konsolidierung von Daten ist dabei, wie gezeigt, oft nicht möglich, da die Dateninhalte nicht vereinbar sind.

13.2 Der Begriff des Data-Warehouse

Die hinter dem Data-Warehouse-Konzept liegende Idee ist: Statt aus einer Vielzahl von Datenquellen sollen Informationsbedürfnisse aus einer auf Datenanalyse spezialisierten, integrierten Datenbank befriedigt werden. Das Data-Warehouse soll hierfür ein einheitliches Datenmodell mit einer in sich konsistenten Datenbank bieten. Ein Data-Warehouse führt die Daten eines Unternehmens oder einer Behörde aus unterschiedlichen Anwendungsgebieten in einer Datenbank zusammen und stellt diese in konsistenter Form für Analysen und Berichte für unterschiedliche Benutzer bzw. Funktionsbereiche zusammen. Es ermöglicht dadurch den schnellen Zugriff auf auswertungsrelevante Daten auch in einer heterogenen Systemlandschaft.

Die Datenquellen eines Data-Warehouse sind vor allem unternehmensintern, aber auch unternehmensextern eingesetzte operative Systeme. Diese operativen Systeme speichern Daten, die in der täglichen Abwicklung der Geschäftsprozesse anfallen, und erlauben somit die Erfassung, Verbuchung und Verwaltung von Geschäftsvorfällen. Da diese Systeme transaktionsorientiert arbeiten, werden sie auch transaktionale Systeme oder *OLTP-Systeme* (Online Transactional Processing - Systeme) genannt. Beispielsweise werden ERP-Systeme wie SAP R/3 zu den operativen Systemen gezählt.

In Geschäftsprozessen anfallende Transaktionen führen das Anlegen, Ändern oder Löschen von Daten in den Datenbanken der operativen Systeme mit kurzen Schreib- und Lesezugriffen auf wenige Datensätze der Datenbank durch. Die Änderung von Daten wird online am System durchgeführt, wodurch diese immer zeitaktuell sind. OLTP-Systeme verwenden zur Speicherung ihrer Daten heute nahezu ausschließlich relationale Datenbanksysteme (RDMBS). Dabei werden Datenobjekte (z.B. Aufträge, Bestellungen, Fakturen) in mehreren flachen, zweidimensionalen Tabellen in der Datenbank gespeichert. Zur Wiederherstellung dieser Daten müssen dann aufwendige Verknüpfungen der Datenbanktabellen zur Laufzeit ausgeführt werden. Die Suche nach einzelnen Datenobjekten, z.B. einem oder wenigen Aufträgen, ist noch nicht zeitkritisch, jedoch sind bei komplexen Auswertungen die Grenzen dieser Systeme schnell erreicht; sie ermöglichen keine akzeptablen Antwortzeiten mehr. Zudem werden beim Lesen solcher Daten in RDBMS-Systemen Tabellen für den Zugriff gesperrt (Locking), um Datenänderungen während der Datenbankabfrage zu vermeiden. Selbst mit guten Transaktionskonzepten, die das Locking nur einzelner Tabelleneinträge und die Freigabe bei Lesevorgängen zulassen, können bei komplexen Abfragen andere Benutzer in ihrer Arbeit behindert werden, da Wartezustände auf der Datenbank zunehmen. Zusätzlich werden der oder die Prozessoren des Datenbankservers des OLTP-Systems durch komplexe Auswertungen belastet. Insgesamt sinkt die Performanz des OLTP-Systems.

Durch die Verlagerung der in einem Unternehmen durchzuführenden Auswertungen auf ein Data-Warehouse werden die OLTP-Systeme des Unternehmens entlastet. Um die transaktionalen Daten auszuwerten, werden diese aus den operativen Systemen in das Data-Warehouse übernommen. Je nach Anforderung an die Auswertungen werden entweder die transaktionalen Daten selbst, quasi als Kopie, oder Aggregate von diesen im Data-Warehouse bereitgestellt. Durch das Data-Warehouse-Konzept wird strikt zwischen operationalen und entscheidungsunterstützenden Daten und Systemen unterschieden. Es bietet eine unternehmensweite Datenbasis für verschiedene Ausprägungen managementunterstützender Systeme wie z.B. Planungssysteme. Dabei werden nur entscheidungsrelevante Daten bereitgestellt. Diese Daten sind im Gegensatz zu denen in OLTP-Systemen nicht zeitaktuell und teilweise konsolidiert oder aus den operativen Daten abgeleitet.

Die logische Architektur eines Auswertungssystems, das auf dem Data-Warehouse-Konzept basiert, teilt sich im wesentlichen in die vier folgenden Ebenen auf:

- Datenerfassungsebene

- Datenhaltungsebene

- Datenbereitstellungsebene

- Datenpräsentationsebene

Die *Datenerfassungsebene* schließt zum einen die operativen Systeme ein, in denen die transaktionalen Daten erzeugt und verwaltet werden. Zum anderen umfaßt diese Ebene Werkzeuge, die dem Extrahieren der Daten aus den operativen Systemen, der Transformation der Daten aus den operativen Datenstrukturen in die Data-Warehouse-Struktur oder dem Laden der Daten in das Data-Warehouse dienen. Solche Werkzeuge werden auch *ETL-Tools* genannt, wobei das Akronym ETL für „Extraktion, Transformation und Laden" steht. Bei der Datenextraktion werden die entscheidungsrelevanten Daten für das Data-Warehouse aus den operativen Datenstrukturen selektiert. Durch die anschließende Transformation der Daten werden Attribute von Datenobjekten einheitlich kodiert, gegebenenfalls um inkonsistente Dateninhalte wie z.B. unerlaubte Wertebereiche oder Zeichen bereinigt und die

Schlüsselbeziehungen in den Datenstrukturen aufeinander abgestimmt. Dabei werden auch Daten verdichtet, wenn eine Aggregation der Daten, z.B. zeitbezogen, gewünscht wird. Die vorliegenden Daten können zudem um betriebswirtschaftliche Kennzahlen, z.B. Deckungsbeiträge, angereichert werden. Die transformierten Daten werden in das Data-Warehouse geladen. Dabei entspricht die Struktur der transformierten Daten der Struktur der Zieltabelle im Data-Warehouse.

In der *Datenhaltungsebene* des Data-Warehouse werden die entsprechend den Auswerteanforderungen transformierten Daten aus den operativen Systemen für Analysezwecke vorgehalten. Sogenannte Data-Marts bieten für einen spezifischen Anwendungsbereich eine Teilsicht auf die Datenbasis des Data-Warehouse, z.B. für das Controlling. In einer gesonderten Datenbank werden die Metadaten des Data-Warehouse abgelegt, welche die Datenstrukturen der Datenbasis beschreiben. Diese Datenbank wird auch Metadaten-Repository genannt.

Die *Datenbereitstellungsebene* bildet eine Interpreterschicht zwischen der Datenbank des Data-Warehouse und dem Front-End des Endbenutzers. In diesem sogenannten *OLAP-Prozessor* (OLAP = Online Analytical Processing) werden durch den Endbenutzer gestartete Auswertungen interpretiert und im Hintergrund SQL-Abfragen generiert, um die geforderten Daten aus der Datenbasis des Data-Warehouse zu selektieren. Dabei wird grundsätzlich nur lesend auf die Datenbank des Data-Warehouse zugegriffen. Im Gegensatz zu OLTP-Systemen werden dadurch keine Locking-Mechanismen für Datenbankänderungen benötigt und somit die Systembelastung bei Abfragen vergleichsweise gering gehalten. Die aus der Datenbank des Data-Warehouse selektierten Daten werden durch den OLAP-Prozessor dem Analysewerkzeug auf dem Front-End des Benutzers bereitgestellt.

In der *Präsentationsebene* werden die selektierten Berichtsdaten aufbereitet. Die Präsentation der Daten ermöglichen Auswertungswerkzeuge, die dem Endbenutzer am Front-End einerseits den Zugriff auf die Datenbasis des Data-Warehouse erlauben und andererseits Funktionen zur Analyse und Darstellung der vorgehaltenen Daten zur Verfügung stellen. Der Endbenutzer kann dadurch schnell und einfach eigene Abfragen formulieren und das Layout der Auswerteergebnisse am Bildschirm oder Drucker gestalten.

Im Zusammenhang mit dem Data-Warehouse-Konzept werden auch die Begriffe Data-Mining und Business-Intelligence verwendet.

Data-Mining beschreibt die Idee, einen Datenbestand zu analysieren, um Regelmäßigkeiten und Auffälligkeiten in diesen Daten zu ermitteln. Hierzu werden intelligente Suchstrategien eingesetzt, die komplexe Datenbeziehungen und Datenmuster in den Datenbeständen einer Datenbank aufdecken sollen. Dabei werden u.a. statistische Verfahren und Algorithmen aus dem Bereich der künstlichen Intelligenz verwendet. Die Data-Mining-Methode wird z.B. eingesetzt, um Trends auf Basis historischer Daten zu erkennen und daraus Prognosen abzuleiten.

Der Begriff *Business-Intelligence* ist von dem Beratungsunternehmen Gartner Group geprägt worden. Er wird einerseits von Systemanbietern und Beratern häufig als Oberbegriff für Management-Informations-Systeme verwendet, also für Systeme, die Führungskräfte bei der Entscheidungsfindung durch zielgerichtete Informationsverarbeitung und Informationsbereitstellung unterstützen sollen. Andererseits beschreibt Business-Intelligence analytische Prozesse, die sowohl die Bereitstellung quantitativer und qualitativer Daten als auch die Aufdeckung relevanter Zusammenhänge und die Kommunikation der gewonnenen Erkenntnisse zur Entscheidungsunterstützung umfassen. Vorhandene Unternehmens- und Geschäftsdaten werden dabei in relevantes, handlungsanleitendes Wissen umgeformt. Der Begriff „Business-Intelligence" ist im Zusammenhang mit Data-Warehouse-Systemen mit Vorsicht zu genießen, suggeriert er doch, daß solche Softwarelösungen intelligent seien. Aber: auch in Zukunft werden in den Führungsetagen dieser Welt in erster Linie menschliche Köpfe qualmen. "Intelligent" ist hierbei eher als sinnvoll aufbereitete Informationen zu verstehen - die Denkarbeit bleibt weiterhin dem Menschen überlassen.

13.3 Multidimensionale Auswertungen

Data-Warehouse-Systeme zeichnen sich dadurch aus, ihre Datenbasis gleichzeitig unter verschiedenen Aspekten betrachten zu können. Im Rahmen einer solchen multidimensionalen Betrachtung werden Kennzahlen anhand verschiedener Kriterien gefiltert. Beispielsweise kann der Umsatz einer Produktgruppe des Unternehmens innerhalb eines vorgegebenen Fiskaljahres ausgewertet werden. Anschaulich können die Datenbestände eines Data-Warehouse als anwendungsspezifisch definierte Datenwürfel interpretiert werden, die nach verschiedenen Dimensionen aufgespannt sind.

Bei solchen multidimensionalen Auswertungen wird immer mindestens nach einer Zeitdimension ausgewertet. Zusätzlich sind theoretisch beliebig viele weitere Dimensionen denkbar, nach denen in einer Auswertung der Datenbestand eingeschränkt werden soll. Die praktisch mögliche Anzahl der gleichzeitig auswertbaren Dimensionen wird durch das Design des jeweiligen Data-Warehouse-Systems bestimmt. Merkmale einer Dimension legen den Wertebereich der entsprechenden Dimension fest, nach der eine Kennzahl ausgewertet werden kann. Folgendes Beispiel soll dies verdeutlichen:

Die Kennzahl Unternehmensumsatz soll nach einer Zeitdimension sowie nach den Dimensionen „Produkt" und „Region" ausgewertet werden. Merkmal der Dimension „Produkt" ist die Produktnummer, das Land eines Kunden ist Merkmal der Dimension „Region", das Zeitmerkmal ist „Kalenderjahr/Monat". Nun kann beispielsweise der Umsatz des Produkts „4711" in Deutschland im Monat Januar 2002 selektiert werden.

Bei multidimensionalen Auswertungen kann je nach definiertem Datenmodell im Data-Warehouse zwischen den verschiedenen Dimensionen eines Datenwürfels navigiert werden. Von *Drill-Down* bzw. *Drill-Up* wird gesprochen, wenn zwischen verschiedenen Niveaus der Datenverdichtung gewechselt wird. Wird nach einem bestimmten Wert einer Dimension selektiert, d.h. ein *Data-Slicing* durchgeführt, entspricht das Auswerteergebnis bildlich gesprochen einer Scheibe des betrachteten Datenwürfels. Im Falle des *Data-Dicing* werden gleichzeitig mehrere Dimensionen eingeschränkt.

In einem Data-Warehouse stellt die Funktionalität für mehrdimensionale Auswertungen ein bereits erwähnter OLAP-Prozessor zur Verfügung. OLAP, also Online Analytical Processing, ermöglicht eine explorative, interaktive Analyse auf Basis eines innerhalb des Data-Warehouse anwendungsspezifisch definierten Datenmodells. Grundidee ist hierbei, im Gegensatz zur Bereitstellung von gedruckten, d.h. offline zur Verfügung gestellten Reports, den Datenbestand eines Unternehmens online, also am Computer-Front-End, zu durchforschen und auf der Grundlage eines interaktiv erhaltenen Analyseergebnisses weitergehende Analysen zu starten. Data-Warehouses werden in diesem Zusammenhang in Abgrenzung zu OLTP-Systemen auch OLAP-Systeme genannt.

Bei der Realisierung von OLAP-Prozessoren wird in Abhängigkeit von der darunterliegenden Datenbanktechnik zwischen mehreren OLAP-Varianten unterschieden: ROLAP (Relationales On-Line Analytical Processing) erlaubt eine multidimensionale Sichtweise auf den Datenbestand einer relationalen Datenbank. Bei MOLAP (Multidimensionales On-Line Analytical Processing) stellt das Data-Warehouse eine multidimensionale Datenbank zur Verfügung, in der alle Dimensionsausprägungen gehalten werden. HOLAP (Hybrid On-Line Analytical Processing) ermöglicht, einen MOLAP-Datenwürfel an eine oder mehrere ROLAP-basierte Datenwürfel anzubinden.

13.4 Das SAP Business Warehouse

Die Software SAP Business Warehouse ist eine Data-Warehouse-Anwendung der Firma SAP AG. Sie wurde als Standardanwendungssoftware entwickelt und basiert auf dem Kernel des SAP Systems R/3. Den Anstoß für die Entwicklung dieser Software bei SAP gab die mit dem zunehmendem Einsatz des ERP-Systems SAP R/3 seit Mitte der neunziger Jahre wachsende Erkenntnis, daß bei diesem wie auch bei anderen transaktionalen Systemen ein Performanzkonflikt zwischen den operativen und den Reporting-Funktionen besteht. Zudem war die Übernahme ausgewerteter Daten aus R/3 z.B. nach Microsoft Excel zur weiteren Aufbereitung der Analysen sowie auch die Zusammenführung von Datenauswertungen aus unterschiedlichen SAP-Systemen schwierig. Diese Probleme konnten durch das SAP Business Warehouse, das als eigene Systemplattform seit Mitte 1998 zur Verfügung steht, gelöst werden.

Das Business Warehouse wird von der Firma SAP mit vordefinierten betriebswirtschaftlichen Datenmodellen und Analyseszenarien ausgeliefert. Dieser sogenannte *Business-Content* ist für verschiedene funktionale Anforderungen und Branchen verfügbar, z.B. für das Reporting der Unternehmensfunktionen Finanzen und Controlling sowie beispielsweise für die Branchen Automobilzulieferer und Handel. Der Business-Content soll kurze Einführungszeiten von Reporting-Anwendungen mit dem Business Warehouse ermöglichen. So wirbt SAP damit, daß ganze Kennzahlensysteme für ein

Unternehmen in weniger als drei Monaten eingeführt werden können. Allerdings geht der Business-Content von einem OLTP-System aus, das dem Standard-R/3 entspricht, d.h. einem nicht modifiziertem R/3-System. Einerseits wird man in Unternehmen kein vollkommen unmodifiziertes R/3-System antreffen, so daß die angebotenen Datenmodelle zumindest angepaßt werden müssen. Andererseits wird es fast immer erforderlich sein, auch Fremdsysteme an das SAP Business Warehouse anzubinden. In beiden Fällen können sich die Einführungszeiten von Business Warehouse-Anwendungen deutlich verlängern.

Die *Administrator Workbench* stellt die Entwicklungs- und Wartungsumgebung für das Business Warehouse dar. Sie besitzt Funktionen, um die Datenmodelle im Business Warehouse zu verwalten und um die Datenflüsse im Business Warehouse zu steuern und zu überwachen.

Auch dem SAP Business Warehouse liegt die bereits beschriebene logische Architektur von Data-Warehouse Systemen mit den vier Ebenen zur Datenerfassung, Datenhaltung, Datenbereitstellung und Datenpräsentation zugrunde. Die in den einzelnen Ebenen im Business Warehouse benötigten Funktionen werden durch den *SAP BW Server* bereitgestellt. Der Aufbau des SAP BW Servers erklärt sich aus dem Datenfluß im Business Warehouse.

Datenquellen eines SAP Business Warehouse können OLTP-Systeme, aber auch andere OLAP-Systeme sein. Es ist möglich, Daten aus verschiedenen R/3-Systemen, aus Nicht-SAP-Systemen, aus flachen Dateien und auch aus anderen SAP Business Warehouse-Systemen im Business Warehouse zusammenzuführen. Bei komplexen Datenstrukturen, wie sie in einem OLTP-System, zum Beispiel SAP R/3, vorliegen, können nicht einfach die Inhalte der einzelnen Datenbanktabellen ausgelesen werden, sondern es müssen Datenobjekte, die aus mehreren Tabelleneinträgen zusammengesetzt werden, dem Business Warehouse auf dem OLTP- System zur Verfügung stehen. Datenobjekte bilden dabei eine betriebswirtschaftlich logische Einheit wie z.B. einen Auftrag mit seinen Auftragspositionen. Das Bereitstellen der Datenobjekte auf dem OLTP-System in Form von Datenobjekten wird aus Sicht des Business Warehouse als Extraktion und die Datenstruktur eines solchen Datenobjekts als Extraktstruktur bezeichnet. SAP R/3 kann mit dem

Business Warehouse im Verhältnis zu anderen OLTP-Systemen einfach als Datenquelle integriert werden, denn die dafür notwendigen Extraktstrukturen werden als sogenannte *Standardextraktoren* von SAP im Business-Content mitgeliefert. *Generische Extraktoren* werden benötigt, wenn Fremdsysteme, flache Dateien, aber auch in SAP R/3 eigenentwickelte Datenstrukturen angebunden werden sollen. Sie müssen für die jeweilige Business Warehouse-Anwendung entwickelt werden.

Für die Übernahme der Daten aus dem OLTP-System in das SAP Business Warehouse ist zu jeder Extraktstruktur eine Transferstruktur definiert, die sich im OLTP-System und im SAP Business Warehouse wiederfindet. Extraktstruktur und Transferstruktur eines Datenobjekts im OLTP-System bilden eine sogenannte *Data Source*. Im Business Warehouse werden Felder aus den Transferstrukturen entsprechenden Auswertungsmerkmalen oder Kennzahlen zugeordnet. Diese Übertragungsregeln werden in *Info Sources* definiert. Es können mehrere Data Sources einer Info Source zugeordnet sein. Folgende Datentransfermöglichkeiten bestehen bei der Datenübergabe in das Business Warehouse:

- Übergabe des Feldinhalts 1:1 (einfacher Move)

- Berechnung durch eine ABAP-Routine auf Basis eines oder mehrerer Feldinhalte

- Auslesen einer externen Tabelle auf Basis eines Feldinhalts

- Feldreferenz zwischen zwei Feldern

Die Struktur, in der die Auswertungsmerkmale und Kennzahlen in einer Info Source zur Verfügung stehen, heißt *Kommunikationsstruktur*. Sie legt fest, wie die OLTP-Daten für die Speicherung im Business Warehouse weiterverarbeitet werden sollen.

Die Daten aus einem OLTP-System werden über eine BAPI-Schnittstelle in das SAP Business Warehouse geladen. Bei dem Laden der Daten kann zunächst unterschieden werden, ob es sich um Stamm- oder Bewegungsdaten handelt. Auswertungsmerkmale, die in den Bewegungsdaten enthalten sind, können wiederum durch Stammdaten, die gesondert zu laden sind, genauer beschrieben sein. Die Felder der Bewegungsdaten werden dann bei dem Laden gegen die Stammdaten der zugehörigen Merkmale verprobt. Beispielsweise wird eine Kundennummer im Bewegungsdatensatz nur dann fehlerfrei geladen, wenn in den Stammdaten des zugehörigen Merkmals diese Kundennummer vorkommt. Zum Laden der Daten aus dem OLTP-System in das Business Warehouse kann bei beiden Datenarten ein temporärer Zwischenspeicher im Business Warehouse genutzt werden, der *Persistent Staging Area (PSA)* genannt wird. Die PSA läßt eine zeitlich zur Datenübernahme aus dem OLTP-System asynchrone Weiterverarbeitung der Daten im Business Warehouse zu. Zusätzlich können OLTP-Bewegungsdaten permanent in dem *Operational Data Store (ODS)* historisch gespeichert werden. Ein ODS kann von ein oder mehreren Info Sources mit Daten versorgt werden. Die Transferdaten aus dem OLTP-System werden dort im Original abgespeichert und ermöglichen so einen direkten Durchgriff aus einem Bericht bis in diese detaillierten Daten. Eine Verzweigung auf die Quellinformationen im operativen System wird hierdurch ebenfalls möglich. Das ODS wird auch genutzt, um Daten, die zu unterschiedlichen Zeitpunkten aus verschiedenen Datenquellen geladen werden, synchron weiterverarbeiten zu können.

Die zu analysierenden Bewegungsdaten werden im SAP Business Warehouse in mehrdimensionalen Auswertungswürfeln, den *Infocubes*, gespeichert. Sie erhalten ihre Daten aus den OLTP-Systemen direkt über die ihnen zugeordneten Info Sources oder aus ein oder mehreren ODS-Datenquellen. Infocubes setzen sich aus Dimensionen sowie ihren Auswertungsmerkmalen und Fakten (Wertfeldern oder Kennzahlen) zusammen. Bei der Übergabe der Daten in einen Infocube legen *Fortschreibungsregeln* fest, wie die Daten aus der Kommunikationsstruktur einer Info Source bzw. aus einem ODS in die Auswertungsmerkmale und Fakten überführt werden sollen. Meist wird bei der Speicherung der Daten in einem Infocube gleichzeitig eine Verdichtung vorgenommen. Auswertungsmerkmale in den Infocubes referenzieren auf ihre Stammdaten. Stammdaten eines Merkmals werden im Business Warehouse logisch nicht in Infocubes, sondern in relationalen Tabellen gespeichert. Nachdem die OLTP-Daten in Infocubes bzw. Tabellen des Business Warehouse geladen wurden, stehen sie dem Endbenutzer für Auswertezwecke bereit.

Für die Datenbereitstellung im SAP Business Warehouse ist, wie in anderen Data-Warehouse-Systemen auch, ein OLAP-Prozessor zuständig. Er basiert auf einer ROLAP-Architektur, da dem Business Warehouse eine relationale Datenbank zugrunde liegt. Dieser OLAP-Prozessor erlaubt also eine multidimensionale Sichtweise auf den Datenbestand dieser Datenbank. Eine mehrdimensional gestaltete Abfrage wird dabei in eine SQL-Abfrage auf die relationalen Tabellen der Datenbank des Business Warehouse umgewandelt. Dabei optimiert der OLAP-Prozessor gleichzeitig diese Abfrage, indem er Aggregate nutzt oder Zwischenergebnisse in einem Cache speichert. Aggregate sind merkmalsbezogene Aggregationen von Bewegungsdaten eines Infocubes. Während der Abfrage prüft der OLAP-Prozessor zusätzlich die Berechtigungen des Endbenutzers, um festzustellen, ob dieser den aufgerufenen Bericht verwenden und die dabei abgefragten Daten sehen darf. Nach erfolgreicher Prüfung der Berechtigungen werden die aus der Datenbank des Business Warehouse selektierten Daten dem Front-End des Endbenutzers zur Verfügung gestellt.

Dem Endbenutzer eines SAP Business Warehouse stehen für die Datenpräsentation im Standard die Tabellenkalkulation Microsoft Excel oder ein Web-Front-End zur Verfügung. Im ersten Fall erlaubt ein VBA (Visual Basic Application)-Makro der SAP die Verbindung mit dem OLAP-Prozessor des SAP Business Warehouse. Diese Lösung wird von SAP *Business Explorer* genannt. Der Business Explorer tauscht Informationen mit dem OLAP-Prozessor über eine BAPI-Schnittstelle aus. Im zweiten Fall kann mit Hilfe gängiger Webbrowser über einen Web-Application-Server mit dem OLAP-Prozessor kommuniziert werden. Zusätzlich können über die Schnittstellen XML/A (XML for Analysis), ODBO und BAPI Analysewerkzeuge von Drittanbietern auf das SAP Business Warehouse zugreifen.

14 Praktische Anwendungen am Beispiel SAP R/3

14.1 R/3-Grundlagen

14.1.1 Funktionaler Aufbau des Systems SAP R/3

Die betriebswirtschaftliche Standardanwendungssoftware SAP R/3 ist ein ERP-System mit dem Zweck, die Funktionsbereiche und die darin ablaufenden Geschäftsprozesse in einem Unternehmen systemtechnisch zu unterstützen. Es kann den OLTP-Systemen zugeordnet werden, da es die transaktionsorientierte Erfassung, Verbuchung und Verwaltung von Geschäftsvorfällen erlaubt. Das System SAP R/3 bietet dafür Programmfunktionen an, die logisch in Softwaremodulen zusammengefaßt sind und über eine graphische Benutzeroberfläche bedient werden können. Im wesentlichen können folgende, von SAP mit Kürzeln bezeichnete Softwaremodule zur Unterstützung von Unternehmensfunktionen unterschieden werden:

- *FI, Finanzwesen / Financial Accounting*: Finanzbuchhaltung mit Konsolidierung, Finanzcontrolling und Finanzmittelüberwachung;
- *AM, Anlagenwirtschaft / Assets Management*: Anlagenbuchhaltung, Leasinganlagen, technische Anlagenbuchhaltung;
- *PS, Projekt-System*: Netzplanung, Kostenplanung und Budgetverwaltung, Vorwärts- und Rückwärtsterminierung;
- *CO, Controlling*: Kostenstellenrechnung, Innenaufträge, Kostenträgerrechnung, Markt- und Ergebnisrechnung, Profit-Center-Rechnung;
- *MM, Materialwirtschaft / Material Management*: Einkauf, Bestandsführung, Bewertung, Inventur, Lagerverwaltung, Disposition und Rechnungsprüfung;
- *PM, Instandhaltung / Plant Maintenance*: Arbeits-, Wartungspläne, Instandhaltungsauftragsverwaltung;
- *QM, Qualitätsmanagement / Quality Management*: Prüfplanung, Prüfabwicklung, Dynamisierung, Stichprobenverfahren;
- *SD, Vertrieb / Sales and Distribution*: Konditionen, Preisfindung, Verkauf, Versand, Fakturierung;

- *PP, Produktionsplanung / Production Planning*: Stücklisten- und Arbeitsplatzverwaltung, Absatz-, Produktions-, Bedarfsplanung, Fertigungsaufträge, Kalkulation;
- *HR, Personalwirtschaft /Human Resources*: Zeiterfassung, Lohn- und Gehaltsabrechnung, Reisekostenabrechnung, Personalplanung.

Dazu kommen weitere Softwaremodule oder -funktionen, die übergreifend über einzelne Unternehmensfunktionen oder für spezifische Branchen eingesetzt werden können. Dazu zählen:

- *WF, Workflow*: Regelbasierte Ablaufsteuerung von Transaktionen zur Modellierung von Geschäftsprozeßnetzen im SAP R/3, SAPOffice mit Mail, EDI-System zum Datenaustausch;
- *LO, Logistics*: Logistik-Grunddatenverwaltung, Umweltmanagement, Prognoserechnung, Variantenkonfiguration mit Regeln zur Variantenbildung, Stammdaten-Änderungsdienst, Logistikinformationssystem;
- *IS, Industry Solutions*: Branchenspezifische Softwarelösungen, z.B. für Automotive, Chemieunternehmen, Banken und Versicherungen, Handel.

Die Plattform für sämtliche SAP R/3-Anwendungen bildet das *R/3-Basis-System*, welches von SAP mit einem eigenen Kürzel versehen wurde:

- *BC, Basis System / Basic Components.*

Das R/3-System bedient sich mit seiner softwaretechnischen Aufteilung in eine Datenbankschicht, eine Applikationsschicht und eine Präsentationsschicht einer dreistufigen Client-Server-Architektur. Das R/3-Basis-System umfaßt die beiden letztgenannten Softwareschichten und besitzt hierzu folgende Softwarekomponenten:

- *SAP-Kernel und Basisdienste*: Ausführen von R/3-Anwendungen, Benutzer- und Prozeßverwaltung, Datenbankzugriffsdienste, Kommunikationssteuerung von R/3-Anwendungen untereinander sowie mit Nicht-R/3-Systemen, R/3-Systembetriebssteuerung und -überwachung;

- *ABAP-Workbench*: Entwicklungsumgebung für ABAP-Anwendungen;

- *Präsentationskomponenten*: Steuerung der Interaktion zwischen R/3-System und Benutzer, Schnittstellen zur Integration von Desktop-Anwendungen.

Der SAP-Kernel und die zugehörigen Basisdienste dienen als hardware-, betriebssystem- und datenbankunabhängige Laufzeitumgebung für R/3-Anwendungen. Mit Hilfe der ABAP-Workbench können kundenspezifische Anwendungen in der SAP-Programmiersprache ABAP implementiert oder von SAP ausgelieferte R/3-Anwendungen angepaßt werden. Die Präsentationsschicht des SAP R/3 enthält Software-Komponenten, die eine graphische Benutzeroberfläche bieten. Sie wird *SAP-GUI* (Graphical User Interface) genannt.

Von der softwaretechnischen Sicht des SAP R/3-Systems ist die hardwareseitige Verteilung der genannten Schichten zu trennen. Datenbankschicht, Applikationsschicht und Präsentationsschicht sowie deren zugehörige Softwarekomponenten können jeweils auf einem oder auf mehreren Rechnern installiert sein. Die auf einem oder mehreren Rechnern installierte SAP R/3 – Software wird auch als *R/3-Instanz* bezeichnet.

Eine R/3-Instanz enthält mehrere sogenannte Mandanten. Diese erlauben es, voneinander getrennte Stamm- und Bewegungsdaten in der R/3-Datenbank unabhängig zu verwalten. Mandanten sind also ein datenbanktechnisches Strukturmerkmal eines R/3-Systems. Der Mandant wird als Schlüssel in fast allen Datenbanktabellen mitgeführt. Der Benutzer gibt den Mandanten bereits bei der Anmeldung an und erhält keinerlei Zugriff auf Daten anderer Mandanten.

14.1.2 Die SAP R/3 – Modellfirma IDES

Die Firma SAP bietet mit IDES eine Modellfirma für das SAP R/3-System an. Das Akronym IDES steht für „International Demonstration and Education System". Diese Modellfirma bildet einen fiktiven internationalen Konzern mit Tochtergesellschaften in verschiedenen Ländern im R/3-System ab. IDES enthält beispielhafte Anwendungsdaten für unterschiedliche Geschäftssituationen dieses Beispiel-Konzerns. Diese Anwendungsdaten umfassen

Stamm- und Bewegungsdaten zur Abbildung einzelner Geschäftsprozesse sowie Customizing-Daten zur Parametrisierung des R/3-Systems.

Im IDES sind die Geschäftsprozesse wie in einem realen Unternehmen abgebildet. SAP möchte auf diese Weise die Funktionalität des SAP Systems R/3 an nachvollziehbaren Beispielen deutlich machen. Der Schwerpunkt von IDES liegt dabei nicht auf der Darstellung einzelner Funktionen, sondern auf durchgängigen Geschäftsprozessen und deren daten- und vorgangsbezogener Integration. Zu diesem Zweck bietet IDES eine Reihe beispielhafter Geschäftsprozesse ab, die am R/3-System nachvollzogen werden können. Diese Geschäftsprozesse decken dabei einerseits die Unternehmensfunktionen Absatz, Produktion, Beschaffung, Finanzen und Personal ab, andererseits sind Szenarien unterschiedlicher Branchen hinterlegt.

14.1.3 Systemzugang zum SAP R/3

14.1.3.1 Voraussetzungen für einen SAP R/3-Systemzugang

Bevor Sie mit dem SAP R/3-System arbeiten können, müssen Sie das R/3-Frontend SAP-GUI von der Betriebssystemebene Ihres Arbeitsplatzrechners starten und sich dann am R/3-System anmelden. Wenn Sie Ihre Arbeiten im R/3-System beendet haben, sollten Sie sich vom System wieder abmelden.

Vor der Nutzung des R/3-Frontends muß dieses von Ihnen oder einem Systemadministrator auf Ihrem Arbeitsplatzrechner installiert werden. Bei der Installation des SAP R/3-Frontends SAP-GUI auf einem Personal Computer mit Windows-Betriebssystem wird das R/3-Anmeldeprogramm *SAP-Logon* auf den Rechner kopiert und ein SAP-GUI-Icon auf dem Windows-Desktop eingerichtet. SAP-Logon ist das Windows-Programm, mit dem Sie sich auf Windows-Arbeitsplatzrechnern an SAP-Systeme anmelden können. Es verbindet die graphische Benutzeroberfläche SAP-GUI mit dem SAP-System.

Die Voraussetzung für eine erfolgreiche Anmeldung an einem R/3-System ist eine vom Systemadministrator auf diesem System für Sie eingerichtete Benutzerkennung. Die Benutzerkennung besteht aus einem Benutzernamen und einem persönlichen Kennwort. Eine Benutzerkennung wird generell pro Mandant eines R/3-Systems eingerichtet.

14.1.3.2 Anmelden an das SAP R/3 – System

Führen Sie einen Doppelklick auf das auf dem Windows-Desktop zu finden-de Symbol „SAP-Logon" aus oder starten Sie das Programm SAP-Logon di-rekt von Ihrem Arbeitsplatzrechner. Unter Microsoft Windows können Sie dieses Programm auch aus dem Windows-Menü „Start" ➔ „Programme" ➔ „SAP Frontend" aufrufen.

Das Fenster des Programms SAP-Logon erscheint, in dem die verfügbaren SAP R/3-Systeme aufgelistet sind. Wählen Sie dasjenige R/3-System, für das Sie eine Benutzerkennung erhalten haben und klicken Sie dann auf den Funktionsknopf „Logon". Danach erscheint der Anmeldebildschirm des SAP R/3-Systems.

Geben Sie im Anmeldebildschirm in den entsprechenden Feldern den drei-stelligen Mandantenschlüssel, Ihren Benutzernamen und Ihr persönliches Kennwort ein. Zusätzlich kann im Feld „Sprache" gewählt werden, in welcher Landessprache die SAP-Benutzeroberfläche angezeigt werden soll. Wenn Sie in einer anderen Sprache als der Standardsprache arbeiten möchten, können Sie dort den entsprechenden zweistelligen Schlüssel der gewünsch-ten Landessprache angeben, z.B. „EN" für englisch. Nach diesen Eingaben drücken Sie entweder die Taste „Enter" oder wählen den „Weiter-Knopf" (grünes Icon in der Systemfunktionsleiste). Als Ergebnis erscheint im SAP-Standardsystem das Einstiegsbild „SAP Easy Access".

Wurde Ihr Benutzer neu angelegt, so hat der R/3-Systemadministrator für diesen ein initiales Kennwort vergeben, das bei Ihrer ersten Anmeldung ge-ändert werden muß. Das SAP-System akzeptiert Kennwörter, die minde-stens dreistellig und höchstens achtstellig sind.

14.1.3.3 Abmelden vom SAP R/3 – System

Für die Abmeldung vom SAP R/3-System stehen folgende Optionen zur Ver-fügung:

a) Gehen Sie in das Menü „System" und wählen Sie den Menüpunkt „Abmelden".

b) Klicken Sie rechts oben in der Titelleiste auf das „Schliessen"-Symbol.

c) Wählen Sie in der Systemfunktionsleiste den „Verlassen"-Knopf (gelbes Icon).

Das Dialogfenster „Abmelden" erscheint und teilt Ihnen mit, daß ungesicherte Daten beim Abmelden verloren gehen. Durch Klicken auf den Knopf „Ja" bestätigen Sie Ihre Abmeldung. Sobald die Fenster des SAP-Systems geschlossen wurden, haben Sie sich erfolgreich vom SAP-System abgemeldet.

14.1.3.4 Die Benutzeroberfläche von SAP R/3

Die graphische Benutzeroberfläche des SAP R/3-Systems, die SAP-GUI, wird mit Hilfe von Fenstern auf dem Arbeitsplatzrechner dargestellt. Um im SAP-System an mehr als einer Anwendung zu arbeiten, können auf dem Arbeitsplatzrechner gleichzeitig mehrere Fenster, auch Modi genannt, geöffnet sein. Es können maximal sechs verschiedene Modi erzeugt werden, um die gleiche oder eine andere SAP-Anwendung zu bearbeiten.

Ein SAP-Fenster setzt sich aus einem Bildkopf und einem Bildrumpf zusammen. Der Bildkopf besteht aus der Menüleiste, der Systemfunktionsleiste, der Titelleiste und der Anwendungsfunktionsleiste. Die Menüpunkte in der Menüleiste sind anwendungsabhängig. Über das Menü kann in andere SAP-Fenster, sogenannten *Transaktionen*, gesprungen werden. Eine Transaktion ist ein Baustein einer SAP-Anwendung. Jede Transaktion besitzt ihren eigenen, eindeutigen *Transaktionscode*. In der unter der Menüleiste zu finden-den Systemfunktionsleiste kann im Befehlsfeld dieser Transaktionscode eingegeben werden, um diese Transaktion aufzurufen. Die Systemfunktionsleiste enthält zusätzlich Druckknöpfe für häufig verwendete Funktionen. Links neben dem Befehlsfeld befindet sich der ENTER-Druckknopf, mit dem im SAP-Fenster gemachte Eingaben bestätigt werden. Rechts neben dem Befehlsfeld liegt ein Druckknopf mit einem Diskettensymbol zum Sichern von Eingaben. Rechts daneben finden sich drei Druckknöpfe, um eine Stufe in der Anwendungshierarchie nach oben zu gehen, die aktuelle Anwendung zu beenden und abzubrechen. Wieder rechts daneben sind Druckknöpfe zum Drucken, Suchen und Weitersuchen von Daten sowie zum Blättern innerhalb von Listen, die im Bildrumpf angezeigt werden. Wiederum daneben liegen Druckknöpfe, um einen neuen SAP-Modus zu erzeugen, eine SAP-GUI – Verknüpfung zu erstellen, die SAP-Onlinehilfe aufzurufen und die Anzeige-optionen des SAP-Fensters anzupassen. Die unter der Systemfunktionsleiste zu findende Titelleiste zeigt den Namen der aktuellen SAP-Anwendung oder SAP-Funktion. Unterhalb der Titelleiste ist die Anwendungsfunktionsleiste zu sehen. Über diese können häufig genutzte Anwendungsfunktionen mittels entsprechender Druckknöpfe aufgerufen werden.

Der Bildrumpf eines SAP-Fensters ist zweigeteilt: Im linken Teil befindet sich das Benutzermenü, das hinsichtlich Handhabung und Gestaltung dem Windows-Explorer der Firma Microsoft ähnlich ist. Im Benutzermenü sind Arbeitsgebiete und SAP-Anwendungen in einer Baumstruktur abgelegt. Es kann für unterschiedliche Anwender- oder Anwendergruppen spezifisch gestaltet werden. Anwender haben zusätzlich die Möglichkeit, sogenannte Favoritenlisten im Benutzermenü anzulegen, die häufig verwendete Transaktionen, Dateien oder Web-Adressen umfassen können. Im rechten Teil eines SAP-Fensters liegt der Arbeitsbereich, in dem Daten einer SAP-Anwendung eingegeben, geändert oder angezeigt werden können. Viele SAP-Anwendungen stellen ihre Daten in sogenannten Registern dar, in denen mehrere Eingabebilder auf einem Bild zusammengefaßt sind. SAP nennt solche SAP-Fenster auch Einbild-Transaktionen. Felder im Arbeitsbereich dienen der Eingabe von Anwendungsdaten. SAP unterscheidet hierbei zwischen sogenannten „Muß-" und „Kannfeldern". In Mußfeldern ist die Eingabe von Daten obligatorisch, damit die aktuelle Transaktion beendet werden kann. Sie sind durch ein Fragezeichen oder ein Kästchen mit einem Häkchen gekennzeichnet. Zu einem Feld kann eine Erläuterung aufgerufen werden, indem der Cursor auf dieses Feld gesetzt wird und die Taste *F1* (Hilfe) gedrückt wird oder das Feld mit der rechten Maustaste angeklickt und im erscheinenden Popup-Fenster der Menüpunkt „Hilfe" angewählt wird.

Am unteren Rand des SAP-Fensters befindet sich die Statuszeile. Im linken Teil der Statuszeile liegt der Anzeigebereich für Systemmeldungen. Im rechten Teil werden Informationen über den SAP-Systemstatus angezeigt: Im ersten Feld können alternativ z.B. der Systemname, der Mandant, der Benutzer oder der aktuelle Transaktionscode angezeigt werden; das zweite Feld zeigt den SAP-Servernamen und das dritte Feld den aktuellen Eingabemodus. Es kann zwischen Einfügemodus (INS) und Überschreibmodus (OVR) gewechselt werden.

14.2 Beispielprozeß: Kundenauftragsabwicklung mit SAP R/3

14.2.1 Betriebswirtschaftliche Grundlagen

14.2.1.1 Unternehmensfunktionen

Ein Unternehmen steht mit seinen Kunden und Lieferanten in Beziehung, um Enderzeugnisse abzusetzen bzw. um die für die Produktion dieser Enderzeugnisse benötigten Materialien zu beschaffen. Zwischen dem Unternehmen und seinen Kunden und Lieferanten werden dabei Informationen, Güter und Geld ausgetauscht. Dieser Informations-, Güter- und Geldfluß setzt sich im Unternehmen selbst fort. Er wird von unterschiedlichen Funktionen im Unternehmen getragen. Ein Unternehmen gliedert sich zu diesem Zweck in verschiedene Funktionsbereiche. Die Funktionen in einem produzierenden Unternehmen können unterschieden werden in:

- Absatz,

- Produktion,

- Beschaffung,

- Forschung und Entwicklung,

- Finanzen und

- Personal.

In einem typischen Unternehmen der Industrie lassen sich diese Funktionen wie folgt weiter aufteilen: Der Absatzbereich teilt sich in eine Marketing-, eine Vertriebs- und eine Serviceabteilung auf. Die Marketingabteilung ermittelt Marktpotentiale und betreibt Absatzmarktforschung zur Segmentierung des Marktes in Geschäftsfelder, um darauf aufbauend Marketingaktionen und Werbemaßnahmen zu planen und durchzuführen. Im Vertrieb erfolgen einerseits die Kundenakquisition, das Kundenmanagement und die Produktpreispflege. Andererseits werden die Kundenanfrage-, Kundenauftrags- und Reklamationsbearbeitung, der Versand bestellter und die Fakturierung gelieferter Waren durchgeführt. Der Servicebereich ist für die Serviceabwicklung sowie für die Verwaltung und Instandhaltung der den Kunden verkauften Produkte zuständig.

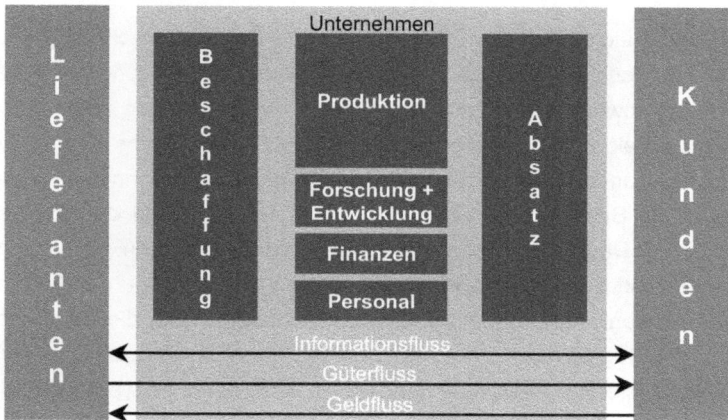

Abb.10: Unternehmensfunktionen

Im Produktionsbereich wird zum einen die Erstellung von Zwischen- und Enderzeugnissen sowie der dafür notwendige Einsatz von Ressourcen geplant und gesteuert. Ressourcen sind Produktionsmittel, dazu gehören Produktionsmaschinen, Werkzeuge und Produktionspersonal, sowie Materialien, die im Produktionsprozeß eingebracht werden. Zum anderen erfolgt im Produktionsbereich die physische Durchführung der Produktion. Diese wird von der Betriebsdatenerfassung und der Qualitätskontrolle begleitet.

Der Beschaffungsbereich umfaßt das Lieferantenmanagement, den Einkauf und die Lieferantenrechnungsprüfung. Zum Lieferantenmanagement gehört die Lieferantenbewertung und die Lieferantenpreispflege. Der Einkauf ist für die Bestellabwicklung, die Bestellüberwachung und die Wareneingangsbearbeitung verantwortlich.

In der Forschungs- und Entwicklungsabteilung werden die Produktplanung auf Basis von Marktforschungsergebnissen und Serviceeinsätzen, die Konstruktion neuer oder geänderter Produkte und Produkttests vor der Markteinführung durchgeführt. Falls erforderlich, werden zusätzlich Produktionsmaschinen oder neue Werkzeuge und Produktionsvorrichtungen konstruiert und getestet.

Der Finanzbereich gliedert sich in internes und externes Rechnungswesen. Im externen Rechnungswesen können die Anlagenbuchhaltung, die Finanzbuchhaltung sowie die Kreditoren- und Debitorenbuchhaltung unterschieden werden. Die beiden letzten überwachen den Zahlungsverkehr mit den Lieferanten bzw. Kunden. Die Finanzbuchhaltung führt die Gewinn- und Verlustrechnung, die Bilanzierung, die Konzernkonsolidierung und den Jahresabschluß durch. Das interne Rechnungswesen wird durch den Controllingbereich abgedeckt. Dem Controlling obliegen die Kostenstellen-, die Kostenträger-, die Ergebnis- und die Profit-Center-Rechnung sowie die Bestandsbewertung. Die zugehörigen Kennzahlen liegen dabei im Plan und Ist vor, so daß darauf basierend Abweichungsanalysen vorgenommen werden können.

Der Personalbereich umfaßt das Personalwesen, die Personalzeitwirtschaft, die Reisekostenabrechnung sowie die Lohn- und Gehaltsabrechnung. Aufgaben des Personalwesens sind die Personaladministration, die Personalbeschaffung und die Tarifverwaltung. Die Personalzeitwirtschaft ist für die Zeitdatenerfassung sowie für die Verwaltung von Zeitkonten und Arbeitszeitplänen verantwortlich und ist in die Betriebsdatenerfassung involviert.

14.2.1.2 Der betriebswirtschaftliche Umsatzprozeß

Aus Sicht des Unternehmens ist das Ergebnis der Austauschbeziehungen mit Kunden und Lieferanten ein generierter Umsatz durch den Absatz der Enderzeugnisse an den Kunden. Die einzelnen Funktionsbereiche sind dabei direkt oder indirekt an der Umsatzgenerierung des Unternehmens beteiligt. Bevor ein Enderzeugnis an den Kunden ausgeliefert werden kann, sind im Unternehmen eine Vielzahl von Abwicklungsaufgaben durchzuführen, die dem betriebswirtschaftlichen Umsatzprozeß dienen. Dieser Umsatzprozeß wird durch konkrete Kundenaufträge initiiert, vom Absatz-, Produktions- und Beschaffungsbereich des Unternehmens getragen und durch einen Informations-, Güter- und Geldfluß begleitet:

- Der Kundenauftrag wird im Vertriebsbereich erfaßt. Im Rahmen der Abwicklung des Kundenauftrags im Unternehmen löst der daraus resultierende *Kundenbedarf* Bestellungen an eigengefertigten Enderzeugnissen in der Produktion aus, die ihrerseits zu Bedarfen an Teilen in vorgelagerten Produktionsstufen und an fremdbeschafften Teilen im Einkauf führen. Durch den aus dem Kundenauftrag abgeleiteten Bedarf führt ein *Informationsfluß* vom Kunden über den Absatz-, Produktions- und Beschaffungsbereich des Unternehmens bis zum Lieferanten.

- Die durch den Einkaufsbereich beim Lieferanten bestellten Teile werden an das Wareneingangslager geliefert und zur Herstellung von Zwischen- und Endprodukten im Produktionsbereich ausgelagert. In Unternehmen der Maschinenbaubranche gliedert sich der Produktionsbereich häufig in einen Fertigungs- und einen Montagebereich. In der Fertigung werden Rohteile aus dem Wareneingangslager oder Zwischenprodukte hinsichtlich ihrer physischen Eigenschaften wie Form oder Oberflächenbeschaffenheit verändert. Die Teile aus der Fertigung werden danach in der Montage zu Komponenten und letztlich zum Fertigerzeugnis zusammengesetzt. Dieses Endprodukt wird nach Fertigstellung im Versandlager zwischengelagert, bevor es an den Kunden ausgeliefert wird. Es führt somit ein *Güterfluß* vom Lieferanten über den Beschaffungs-, Produktions- und Absatzbereich des Unternehmens bis hin zum Kunden. Der Güterfluß wird durch einen gleichgerichteten Informationsfluß begleitet, der die im Güterfluß nachgelagerten Bereiche über Termin- und Mengenänderungen benachrichtigt.

- Nach Rechnungsstellung beim Kunden und Erhalt des Umsatzerlöses kann sich das Unternehmen aus diesem Erlös refinanzieren. Investitionen für Produktionseinrichtungen und Betriebsmittel, der Lohn für Produktionspersonal sowie fremdbeschaffte Materialien werden aus zuvor durch Kundenaufträge getätigtem Umsatz finanziert. Dadurch entsteht ein *Geldfluß* vom Kunden über das Unternehmen bis zu den Lieferanten von Materialien, Produktionseinrichtungen und Betriebsmitteln.

14.2.2 SAP-Planungsstrategien

In der Produktion wird die Erzeugung von Teilen vorgeplant, um die termingerechte Lieferung von Endprodukten aufgrund von Kundenaufträgen zu ermöglichen. Die *Produktionsprogrammplanung* legt hierzu Bedarfsmengen und Bedarfstermine für Enderzeugnisse fest. Dieser *Planprimärbedarf* wird auftragsneutral geplant, d.h. ohne Bezug zu einem konkreten Kundenauftrag. Er stellt für Teile, deren Durchlaufzeit größer als die gewünschte Lieferzeit ist, die Verfügbarkeit sicher. Aus dem Planprimärbedarf wird der Bedarf an Eingangsmaterialien auf vorgelagerten Produktionsstufen abgeleitet und somit der sogenannte *Sekundärbedarf* ermittelt.

Von der Art des Produktionsprogramms hängt ab, bis zu welcher Produktionsstufe ohne Bezug zu einem Kundenauftrag Teile aufgrund eines Sekundärbedarfs gefertigt oder montiert und auf Lager gelegt werden, um kurze Lieferzeiten der Enderzeugnisse zu gewährleisten. Die Lieferzeit eines Enderzeugnisses ergibt sich dann durch die Durchlaufzeit der benötigten Teile und Komponenten in den Produktionsstufen mit Auftragsbezug. Bei produzierenden Unternehmen mit diskreter Fertigung kann unterschieden werden in

- Standardprogramm,

- Variantenprogramm und

- Auftragsprogramm.

Ein Standardprogramm ist dadurch gekennzeichnet, daß die Produktions- und Konstruktionsdaten der Enderzeugnisse bekannt sind. Konstruktionsdaten geben Auskunft über den konstruktiven Aufbau eines Produkts, Produktionsdaten geben Auskunft über den technologischen Prozeß. Bei einem Variantenprogramm sind Produktions- und Konstruktionsdaten für verschiedene Varianten eines variantenbehafteten Produktes bekannt, Regeln definieren die Variantenbildung. Im Fall eines Auftragsprogramms sind Produktions- und Konstruktionsdaten nur teilweise oder nicht bekannt; erst im Auftragsfall werden sie durch die Arbeitsvorbereitung oder die Konstruktionsabteilung festgelegt.

Ein Unternehmen mit Standardprogramm produziert auftragsanonym auf das Lager, von dem die Kundenaufträge bedient werden. Somit wird kein Bezug zwischen Planprimärbedarfen und Kundenbedarfen aus Kundenaufträgen hergestellt. Bei hoher Wertschöpfung in der Montage erfolgt zunächst nur die Lagerfertigung der Komponenten; die Lieferzeit entspricht dann der

Durchlaufzeit der Montage. Bei einem Variantenprogramm werden ebenfalls nur die Komponenten des Enderzeugnisses auf Lager gelegt und im Auftragsfall die Variante gemäß Kundenwunsch montiert. Bei einem Auftragsprogramm werden die benötigten Teile teilweise oder vollständig auftragsbezogen gefertigt und das Endprodukt zusammengefügt.

Zur Abbildung dieser betriebswirtschaftlichen Sachverhalte verwendet das System SAP R/3 sogenannte *Planungsstrategien*, die u.a. indirekt den Stammdaten eines Materials zugeordnet werden können. Mit Hilfe der Planungsstrategien wird u.a. festgelegt, wie die Verfügbarkeitsprüfung durchgeführt wird und in welcher Weise Kundenbedarfe mit Planprimärbedarfen verrechnet werden. Durch diese Verrechnung findet ein Abgleich der Planprimärbedarfe aus der Vorplanung mit den aus Kundenaufträgen abgeleiteten Kundenbedarfen nach Mengen und Terminen statt. SAP R/3 unterscheidet hierbei drei Verrechnungsmodi:

- *Rückwärtsrechnung*: Verrechnung von Kundenbedarfen mit Planprimärbedarfen, deren geplante Bestandszugänge zeitlich *vor* den Kundenbedarfen liegen.

- *Vorwärtsrechnung*: Verrechnung von Kundenbedarfen mit Planprimärbedarfen, deren geplante Bestandszugänge zeitlich *nach* den Kundenbedarfen liegen. Damit droht eine Verschiebung des Kundenliefertermins!

- *Rückwärts-/Vorwärtsrechnung*: Erst Rückwärtsrechnung, falls noch keine vollständige Deckung des Kundenbedarfs durch Planprimärbedarfe erzielt werden konnte, dann Vorwärtsrechnung.

SAP unterscheidet im wesentlichen zwischen den folgenden Planungsstrategien im R/3-System:

1) *Lagerfertigung*: Auf einer oder mehreren Produktionsstufen wird ohne Bezug zum Kundenauftrag produziert und Bedarfe werden zu Losen zusammengefaßt. Bei Lagerfertigung werden folgende Planungsstrategien angeboten:

 a) *Vorplanung mit Endmontage*: Veranlassung der *Herstellung des Enderzeugnisses* auf Basis des Planprimärbedarfs, Verrechnung der Planprimärbedarfe mit eintreffenden Kundenbedarfen.

b) *Vorplanung ohne Endmontage*: Veranlassung der *Herstellung der Komponenten* auf Basis des Planprimärbedarfs, Verrechnung der Planprimärbedarfe mit eintreffenden Kundenbedarfen, Endmontage nach Eintreffen des Kundenauftrags.

c) *Nettoplanung*: Veranlassung der Herstellung des Enderzeugnisses auf Basis des Planprimärbedarfs, *keine Verrechnung der Planprimärbedarfe* mit eintreffenden Kundenbedarfen.

2) *Kundeneinzelfertigung*: Die Erzeugnisherstellung ist an einen vorliegenden Kundenauftrag gekoppelt, Bestände werden für eine detaillierte Auftragskalkulation getrennt geführt und bewertet. Für Kundeneinzelfertigung werden folgende Planungsstrategien angeboten:

a) *Reine Kundeneinzelfertigung*: Fremdbeschaffung und Herstellung des Enderzeugnisses erst bei Eintreffen des Kundenauftrags, *keine Planung von Primärbedarfen*.

b) *Vorplanung ohne Endmontage*: Veranlassung der *Herstellung der Komponenten* auf Basis des Planprimärbedarfs, getrennte Führung und Bewertung der Bestände für Auftragskalkulation, keine Losbildung.

14.2.3 IDES-Beispielprozeß: Kundenauftragsabwicklung mit Endmontage (Montageauftrag)

Der im folgenden erläuterte Beispielprozeß kann mit Hilfe der IDES-Onlinedokumentation Version 4.6B Schritt für Schritt an einem IDES-System vollständig nachvollzogen werden. Gehen Sie zum Aufrufen der IDES-Onlinedokumentation im Menü „Hilfe" auf den Menüpunkt „SAP-Bibliothek" und dann im Hilfe-Fenster auf den Link „IDES", dann „Logistik (LO)" und „Produktionsplanung und –steuerung (PP)". Die Beschreibung des Prozesses findet sich unter dem Link „Montageauftrag".

Ein *Geschäftsprozeß* ist ein informationsverarbeitender Prozeß. Er stellt eine zeitlich-sachlogische Folge von Vorgängen dar, die zur Bearbeitung eines betriebswirtschaftlich relevanten Objekts notwendig sind. Er wird durch einen Prozeßauslöser angestoßen, seine Eingangs- und Ausgangsgrößen sind Informationen. Ein Geschäftsprozeß besitzt eine Durchlaufzeit, die durch seinen Start- und seinen Endtermin festgelegt ist, sowie ein meßbares Bearbeitungsvolumen.

Am Beispiel eines Geschäftsprozesses der IDES-Modellfirma wird exemplarisch die Kundenauftragsabwicklung dargestellt. Dem Geschäftsprozeß liegt eine SAP-Planungsstrategie zugrunde, bei der die benötigten Komponenten auf Lager produziert und im Auftragsfall montiert werden. Der Beispielprozeß zeigt, wie ein Kundenauftrag im Vertriebsmodul SD des R/3-Systems erfaßt und der daraus resultierende Kundenbedarf an das Produktionsplanungs und –steuerungsmodul PP übergeben wird. Aus Sicht der Disposition erfolgt eine Überprüfung des Bedarfs, bevor ein Produktionsauftrag zur Montage der auf Lager liegenden Komponenten erzeugt und freigegeben wird. Nach der Durchführung der Montage wird dieser Montageauftrag im Modul PP zurückgemeldet und anschließend der Versand der Ware und die Fakturierung des Kundenauftrags im Vertriebsmodul SD durchgeführt. Danach werden die durch den Kundenauftrag entstandenen Kosten und erzielten Erlöse im Controlling-Modul CO kontrolliert sowie der Zahlungseingang des Kunden im Finanzmodul FI gebucht. Die einzelnen am R/3-System durchzuführenden Schritte sind wie folgt:

1. Kundenauftrag anlegen

2. Bedarf aus Sicht der Bedarfsplanung überprüfen

3. Montageauftrag rückmelden

4. Abrechnung des Fertigungsauftrags kontrollieren

5. Lieferung anlegen

6. Faktura anlegen

7. Kosten und Erlöse des Kundenauftrags kontrollieren

8. FI-Beleg ausziffern

9. Belegflußanzeige im Vertrieb

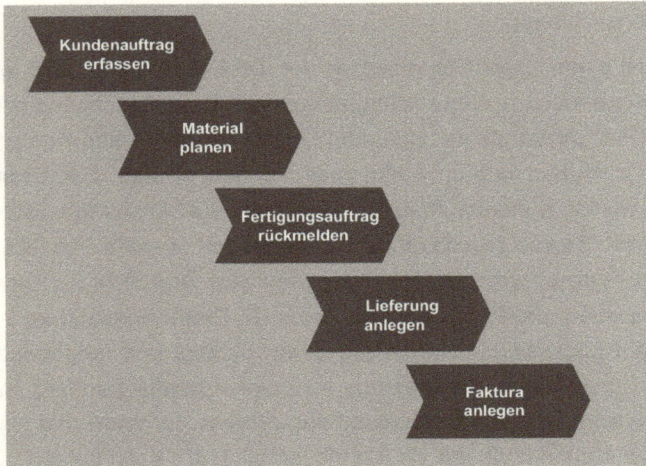

Abb.11: Kundenauftragsabwicklung

14.2.3.1 Kundenauftrag anlegen

Bei dem Anlegen des Kundenauftrags werden zunächst Auftragskopfdaten eingegeben. Dazu gehören einerseits die SAP-Organisationselemente „Verkaufsorganisation", „Vertriebsweg" und „Sparte", die eine aufbauorganisatorische Gliederung des Vertriebs zulassen und eine davon abhängige unterschiedliche Pflege von Vertriebsstammdaten wie beispielsweise die Produktpreise oder Preiskonditionen erlauben. Zu den Auftragskopfdaten gehören andererseits

- die Kundennummer des Auftraggebers und des evt. von diesem differierenden Warenempfängers sowie

- das Bestell- und Wunschlieferdatum.

Das Wunschlieferdatum kann beispielsweise nach der Belieferung des Kunden zur Analyse der Liefertreue mit dem tatsächlichen Lieferdatum verglichen werden.

Im Auftragsrumpf werden die Auftragspositionen erfaßt. Dazu gehören im wesentlichen die Materialnummer des vom Kunden gewünschten Enderzeugnisses sowie die Auftragsmenge. Für jede Auftragsposition können von der Angabe im Auftragskopf abweichende Auftragsdaten angegeben werden wie beispielsweise ein abweichender Warenempfänger oder ein differierendes Lieferdatum.

Durch das Sichern des Kundenauftrags wird der daraus abgeleitete Kundenbedarf an die Produktion übergeben. Aufgrund der Planungsstrategie, die bei dem vom Kunden bestellten Endprodukt im R/3-System hinterlegt ist, wird gleichzeitig ein Produktionsauftrag zur Montage dieses Endproduktes im PP-Modul erzeugt.

14.2.3.2 Bedarf aus Sicht der Bedarfsplanung überprüfen

Die sogenannte Bedarfs-/Bestandsliste erlaubt eine aktuelle Dispositionssicht auf ein Material. Mit Hilfe dieser Liste können die Bedarfe und die Bestellungen eines disponierbaren Materials eingesehen werden. Bedarfe sind geplante Lagerbestandsabgänge. Diese müssen durch geplante Lagerbestandszugänge, d.h. Bestellungen gedeckt sein, damit letztendlich der im Kundenauftrag zugesagte Liefertermin eingehalten werden kann. Eine Zeile in der Bedarfs-/Bestandsliste repräsentiert eine Bestellung, einen Bedarf oder eine Informationszeile, die Bestellungen und Bedarfe fachlich zusammenfaßt.

In der Bedarfs-/Bestandsliste des Endprodukts lassen sich anhand des zuvor angelegten Kundenauftrags der daraus abgeleitete Kundenbedarf, der erzeugte Montageauftrag (im SAP-Jargon: Fertigungsauftrag) und der Kundenauftragsbestand einsehen.

Über die Bedarfs-/Bestandsliste kann in den zuvor erzeugten Montageauftrag verzweigt werden, um die Terminübersicht seiner Arbeitsvorgänge in einem Gantt-Diagramm, den Auftragsstatus oder die Verfügbarkeit der Eingangsmaterialien zu überprüfen.

Das vom Kunden bestellte Enderzeugnis wurde in der Produktionsprogrammplanung vorgeplant. Aus der ihm zugeordneten Planungsstrategie resultierend, wurden die in das Enderzeugnis eingehenden Komponenten produziert und auf Lager gelegt. Diese Komponenten können nun für den vor-liegenden Kundenauftrag reserviert werden.

Damit der Produktionsauftrag in der Montage durchgeführt werden kann, muß er zunächst freigegeben und gesichert werden.

14.2.3.3 Montageauftrag rückmelden

Nachdem der Montageauftrag durchgeführt wurde, kann er im PP-Modul des R/3-Systems zurückgemeldet werden. Dabei werden die geleisteten Zeiten der Produktionseinrichtungen und des Produktionspersonal sowie die Auf-tragsmenge zurückgemeldet und gleichzeitig das erzeugte Endprodukt auf den Lagerbestand gebucht. Im Beispielprozeß wird dabei die Entnahme der Komponenten aus dem Zwischenlager retrograd gebucht, d.h. erst nach Bu-chung des Endprodukts in den Bestand.

14.2.3.4 Abrechnung des Fertigungsauftrags kontrollieren

Im PP-Modul des R/3-Systems kann die Abrechnung des rückgemeldeten Montageauftrags kontrolliert werden. In der Kostenanalyse kann u.a. ein Plan-/Istvergleich der Kosten des Auftrags durchgeführt werden, nachdem die Gemeinkosten, d.h. die dem Auftrag nicht direkt zurechenbaren Kosten, dem Auftrag zugeschlagen wurden. In einer Übersicht lassen sich u.a. die Materialeinzel- und Materialgemeinkosten sowie die Fertigungseinzel- und Fertigungsgemeinkosten analysieren.

14.2.3.5 Lieferung anlegen

Nachdem das Enderzeugnis im Versandlager angeliefert wurde, kann es an den Kunden ausgeliefert werden. Hierzu werden im SD-Modul des R/3-Systems eine Lieferung mit einer Lieferposition angelegt und durch die An-gabe der Kundenauftragsnummer der Bezug zum Kundenauftrag hergestellt. Zur Lieferung wird zusätzlich ein Transportauftrag zur Kommissionierung der Liefermengen erzeugt. Durch die Sicherung des Transportauftrags erfolgt gleichzeitig die Warenausgangsbuchung des Endprodukts aus dem Ver-sandlager.

14.2.3.6 Faktura anlegen

Nach dem Versand der vom Kunden bestellten Ware kann die Rechnung für den Kunden erstellt werden. Durch die Zuordnung der Lieferungsnummer zur Faktura werden die Fakturapositionen aus der Lieferung übernommen. Die Faktura wird durch Sichern im SD-Modul erzeugt.

14.2.3.7 Kosten und Erlöse des Kundenauftrags kontrollieren

Im R/3-Modul CO können die Kosten und Erlöse des Kundenauftrags kontrolliert werden. Zu jeder Auftragsposition kann dazu u.a. ein Plan-/Ist-Vergleich des Gewinns, des Erlöses und der für den Kundenauftrag angefallenen Kosten durchgeführt werden.

14.2.3.8 FI-Beleg ausziffern

Nachdem der Kunde die Rechnung für das von ihm bestellte Endprodukt beglichen hat, muß in der Debitorenbuchhaltung der offene Zahlungsposten zum Kundenauftrag mit diesem Zahlungseingang ausgeglichen werden. Durch den Ausgleich des offenen Postens und das Sichern dieser Auszifferung wird der Zahlungseingang im FI-Modul des R/3-Systems gebucht.

14.2.3.9 Belegflußanzeige im Vertrieb

Mit der Auszifferung des offenen Zahlungsposten zum Kundenauftrag durch den zugehörigen Zahlungseingang ist der Geschäftsprozeß „Kundenauftragsabwicklung mit Endmontage" abgeschlossen.

Zur Nachverfolgung können im SD-Modul vor oder nach dem Ende des Geschäftsprozesses die zu jeder Position eines Kundenauftrages im R/3-System gebuchten Belege, deren Buchungsfolge und ihr jeweiliger Bearbeitungsstatus angezeigt werden.

15 Literatur

Zur Information über die verschiedenen Softwaresysteme sind natürlich vor allem die Internetseiten, Online-Hilfen und Veröffentlichungen der Anbieter interessant. Darüber hinaus sei auf eine kleinere Zahl von Veröffentlichungen verwiesen. Die folgende Liste stellt eine Auswahl dar, ist also keineswegs vollständig.

15.1 *Betriebswirtschaftliche Grundlagen*

Gutenberg, Erich: Grundlagen der Betriebswirtschaftslehre. Bd. 1: Die Produktion, 24. Aufl., Berlin u.a. 1983

Wöhe, Günther: Einführung in die Allgemeine Betriebswirtschaftslehre, 18. Aufl., München 1993

15.2 *Speziellere Literatur zu einzelnen Themen*

Günzel, Holger/ Bauer, Andreas (Hrsg.): Data-Warehouse-Systeme – Architektur, Entwicklung, Anwendung, Heidelberg 2001

Hess, T./ Brecht, L., State of the art des Business process redesign, 2. Aufl., Wiesbaden 1996

Inmoin, W.-H.: Building the Data Warehouse, 2. Aufl., New York 1996

Keller, Wolfgang: Enterprise Application Integration, Heidelberg 2002

Kemper, A./ Eickler, A.: Datenbanksysteme: eine Einführung, 3.Aufl., München u.a. 1999

Stadtler, H./ Kilger, C.: Supply Chain Management and Advanced Planning, Berlin u.a. 2000

Steffens, Franz, OrgIS - ein Organisationsinformationssystem. Grundlagen und Grundideen. Lehrstuhl für Allgemeine Betriebswirtschaftslehre, Organisation und Wirtschaftsinformatik der Universität Mannheim, Mannheim o.J.

Stewart, G.: Supply Chain Operations Reference Model (SCOR): The First Cross-Industry Framework for Integrated Supply Chain Management, in: Logistics Information Management, Heft 10, Nr. 2, 1997, S. 62-67

Weitzel, Tim/ Harder, Thomas / Buxmann, Peter: Electronic Business und EDI mit XML, Heidelberg 2001

15.3 Speziellere Literatur zu einzelnen Systemen

Seemann, A. u.a.: SAP Business Information Warehouse, Bonn 2001

Hildebrand, Knut: Betriebswirtschaftliche Einführung in SAP R/3, Knut Hildebrand (Hrsg.), München u.a., 2000

Pérez, Mario: Geschäftsprozesse im Internet mit SAP R/3 : Chance zur Neugestaltung betriebswirtschaftlicher Informationswege, Bonn 1998

Wenzel, Paul (Hrsg.): Logistik mit SAP R/3, Braunschweig, Wiesbaden 2001

www.ingramcontent.com/pod-product-compliance
Lightning Source LLC
Chambersburg PA
CBHW020834210326
41598CB00019B/1898